패션 MD 2
BRAND 편

일러두기

1. 본문 제목은 브랜드명, 론칭 연도, 브랜드 등급, 국가, 디자이너 순으로 표기했습니다.

2. 브랜드 등급 기준은 다음과 같습니다.
   로우 컨템포러리 : 10~50만 원 선
   컨템포러리 : 30~100만 원 선
   하이 컨템포러리 : 50~200만 원 선
   럭셔리 : 70~300만 원 선
   *가장 낮은 가격은 셔츠 또는 티셔츠 기준이고, 가장 높은 가격은 코트 기준임

3. 브랜드명과 디자이너의 이름이 같은 경우, 브랜드명은 붙이고 디자이너 이름은 띄어서 표기했습니다(일반 브랜드명 모두 붙여서 표기).
   예) Jeremy Scott의 경우, 브랜드는 '제레미스캇'으로 디자이너 이름은 '제레미 스캇'으로 표기

4. 혼란을 최소화하기 위해 정확한 외래어표기법보다 범용적 사용언어로 표기했습니다.
   예) Chiara Ferragni의 경우, 외래어표기법에 따르면 '키아라 페라니'라고 표기해야 맞지만 국내에서 '키아라 페라그니'로 더 널리 알려져 있어서 후자로 표기

편집숍 아이덴티티를
결정하는 브랜드는
따로 있다

김정아 지음

패션 MD

BRAND 2

대한민국 최고의 슈퍼 MD가 알려주는 브랜드 큐레이션의 모든 것!

21세기북스

Contents

일러두기 - 2

Prologue 아무도 알려주지 않지만 반드시 알아야 하는 잘나가는 멀티숍 브랜드 A to Z - 8

PART1. Feminine Look

One Point Lesson 다양한 얼굴을 가진 페미닌룩 - 20
Hepburn look 우아함의 대명사, 헵번룩 - 22

페미닌룩을 만날 수 있는 브랜드 - 24

Self-Portrait - 25 | Alice Mccall - 30 | Alice+Olivia - 32 | Andrew GN - 34 | Bora Aksu - 36
Cacharel - 38 | Carven - 40 | Dice Kayek - 44 | Jourden - 46 | Nanette Lepore - 47
Nicole Miller - 48 | Marie Sixtine - 51 | Maryling - 55 | Milly - 58 | Rebecca Taylor - 60 | Rhiw - 62
Rochas - 64 | Sea New York - 66 | Tibi - 68 | Tracy Reese - 72 | Vera Wang - 74
Marchesa Notte - 78 | Tadashi Shoji - 79 | Vivienne Tam - 81 | Zac Posen - 84

Girlish & Femme Fatale 소녀와 여인 사이, 그 아슬한 줄다리기 - 87

Clover Canyon - 88 | Elie Saab - 90 | Erdem - 92 | Mary Katrantzou - 95 | Peter Pilotto - 98
Prabal Gurung - 100 | Zimmerman - 102

Femme Fatale 거부할 수 없는 치명적인 매력, 팜므파탈 - 104

Yigal Azrouel - 106 | Herve Leger by Max Azria - 108 | David Koma - 110 | Jonathan Simkhai - 111

PART2. Luxury Street Wear

One Point Lesson 남녀노소 누구나 즐길 수 있는 스트리트웨어 - 114
Fun&Funky Look 럭셔리 스트리트웨어의 탄생, 펀&펑키룩 - 116

럭셔리 스트리트웨어를 만날 수 있는 브랜드 - 118

Anna K - 119 | Ashish - 120 | Laurence&Chico - 121 | Au Jour Le Jour - 122 | Chinti&Parker - 124
Daydream Nation - 127 | Etre Cecile - 130 | House of Holland - 132 | Jimi Roos - 133
JOUR/NE - 134 | Katya Dobryakova - 135 | Maison Kitsune - 136 | Markus Lupfer - 138
Michaela Buerger - 140 | Mira Mikati - 142 | MSGM - 144 | Olympia Le-Tan - 146
Opening Ceremony - 148 | Peter Jensen - 151 | Stella In Paris - 152 | Vivetta - 154

Contents

Rock&Punk Street Wear 비주류의 주류화, 펀&펑크 스트리트웨어 - 156

GCDS - 158 | A.F. Vandevorst - 161 | Alexander Wang - 162 | Amen - 164 | AVIU - 166 | RE/DONE - 167 | Christopher Kane - 168 | Coliac - 169 | Drycleanonly Bkk - 170 | Faith Connexion - 172 | Jeremy Scott - 175 | Preen by Thornton Bregazzi - 178 | Public School - 179 | Sold Out Frvr - 180 | The Editor - 181

Gothic&Punk Street Wear 블랙 감성으로 대변되는 다크웨어, 고딕&펑크 스트리트웨어 - 182

Damir Doma - 185 | Haider Ackermann - 186 | Thomas Wylde - 189

PART3. Bohemian Chic

One Point Lesson 여름 패션의 절대강자, 에스닉 스타일 - 192
Boho look it item 보호룩 완성을 위한, 필수 아이템 - 194

보호룩을 만날 수 있는 브랜드 - 196

Calypso st. Barth - 197 | Catherine Malandrino - 198 | Figue - 200 | Heidi Klein - 202 | Jonny Was - 203 | Mara Hoffman - 204 | Juliet Dunn - 205 | Mathew Williamson - 206 | Stella Jean - 209 | Talitha - 210 | Temperley London - 212 | Ulla Johnson - 215 | Mochila - 218 | Other Brand - 220

PART4. Military Look

One Point Lesson 중성적인 매력이 돋보이는 밀리터리룩 - 224

밀리터리룩을 만날 수 있는 브랜드 - 226

Mino Maestrelli - 227 | Army by Yves Salomon - 229 | AS65 - 230 | Furs66 - 231 | History Repeats - 232 | Libertine - 234 | Mr&Mrs Italy - 236 | Project Foce - 238

Contents

PART5. Minimalism

One Point Lesson 결국은 베이직이다, 트래디셔널 미니멀리즘 - 242

미니멀리즘을 만날 수 있는 브랜드 - 244

Magri - 245 | OneSixOne - 249 | Cedric Charlier - 251 | Chalayan - 252 | Derek Lam - 254
Forte Forte - 256 | Jason Wu - 258 | Stephan Schneider - 261 | TELA - 264
Tess Giberson - 266 | Thakoon - 268 | The Row - 270 | Victoria Beckham - 272 | Sita Murt - 276

PART6. Avant Garde Look

One Point Lesson 유쾌한 도발의 시작, 아방가르드룩 - 280

아방가르드를 만날 수 있는 브랜드 - 286

Bernhard Willhelm - 287 | Cote - 290 | Devastee - 292 | Narciso Rodriguez - 295
Jacquemus - 297 | J.W. Anderson - 298 | Pas de calais - 301 | Ports 1961 - 304
Roksanda - 306 | Sofie D'Hoore - 308 | Studio Nicholson - 310 | Walk of Shame - 312
Zero+Maria Cornejo - 315

PART7. Scandinavia

One Point Lesson 미니멀리즘과 실용주의를 지향하는 북유럽 스타일 - 318

북유럽 브랜드 - 322

Hope - 325 | Filippa K - 329 | Tiger of Sweden - 332 | Ann-Sofie Back - 334
By Malene Birger - 336 | Cecilie Copenhagen - 337 | Designers Remix - 338 | Henrik Vibskov - 339
House of Dagmar - 340 | Hunky Dory - 342 | Rodebjer - 343 | Samsoe&Samsoe - 344
Whyred - 346 | Wood Wood - 347 | Other Brand - 348

Contents

PART8. Japan

One Point Lesson 수많은 색채가 공존하는 일본 스타일 - 352

일본 브랜드 - 356

As know as de base - 357 | Clean² - 359 | Enfold - 360 | G.V.G.V - 362 | Hyke - 363
Kamishima Chinami - 364 | Kolor - 365 | Limi Feu - 366 | Mihara Yasuhiro - 368
Mintdesigns - 369 | Muveil - 372 | Theatre Products - 373 | Toga - 374

PART9. Fun Accessory

One Point Lesson 트렌드를 완성하는 감초 같은 아이템, 액세서리 - 378

펀 액세서리를 만날 수 있는 브랜드 - 380

Servane Gaxotte - 381 | Le Briciole - 384 | Linda Farrow - 389 | Anya Hindmarch - 390
Barbara Rihl - 392 | Cecilia Ma - 394 | Charlotte Olympia - 396 | Chiara Ferragni - 398
Itu' - 400 | Les Petits Joueurs - 404 | Joshua Sanders - 408 | Q pot - 412
Slow and Steady Wins the race - 414

Epilogue 패션은 살아 있는 생물이다 - 416

Prologue

아무도 알려주지 않지만 반드시 알아야 하는
잘나가는 멀티숍 브랜드
A to Z

'익숙함=편안함'이라고 이야기할 수도 있지만 역으로 생각하면 흥분이나 호기심, 설렘, 기대라는 정신적 긴장감을 잃어버리기에 좋은 단어다. 새로운 것에 대한 갈망이 변화와 변형, 창조를 낳는다. 매일 아침 자고 일어나면 새로 출시되는 IT 제품, 해마다 새로운 모델을 출시하는 자동차뿐 아니라 문학과 패션, 우리가 매일 사용하는 단어까지 끊임없이 새로운 것이 탄생하고 있다.

새로운 것, 더 새로운 것, 더욱 새로운 것에 대한 갈망은 문학을 비롯해 예술 사조와 패션 흐름의 변화를 가져온다. 하지만 "하늘 아래 새로운 것은 없다 There is nothing new under the sun"라는 말에서 알 수 있듯 이전에 존재하지 않던 것無에서 완벽하게 새로운 것有을 창조할 수는 없다. 각 분야마다 몇 가지 거대한 흐름이 조금씩 변주하며 돌고 돌 뿐이다. 패션 역시 마찬가지다.

누군가는 패션의 흐름을 5년 주기라 이야기하고, 또 다른 누군가는 10년 주기라고 이야기한다. 간혹 20년 주기라고 하는 사람도 있다. 주기야 어찌 됐든 간에 유행은 반드시 돌고 돈다는 데는 이견이 없다고 하겠다.

패션 시장을 움직이는 9가지 트렌드

"길어 봤자 3년이면 되겠지"라고 생각하고 학문과 진리를 탐구하는 고고한 상아탑에서 내려와 넓고 험난한 패션계에 발을 들여놓은 지 벌써 10년이다. 지난 10년 동안 트렌드에 따라 흥망성쇠를 거듭하는 많은 브랜드를 지켜보면서 패션 시장을 움직이는 대표적인 경향을 크게 5~6개의 카테고리로 나눌 수 있게 되었다.

첫 번째는 여성성을 강조하는 페미닌룩Feminsm look, 두 번째는 남성성에 대한 향수를 보여주는 밀리터리룩Military look, 세 번째는 밀리터리룩과 어울리는 럭셔리 스포츠Luxury sports를 포함한 스트리트웨어Streetwear, 네 번째는 깨끗한 컷으로 승부하는 트래디셔널 미니멀룩Traditional minimal look, 다섯 번째는 멋 부리지 않은 듯 편안해 보이면서도 세련된 아방가르드&시크룩Avant-garde&chic look, 여섯 번째는 여름 패션을 대표하는 에스닉 보헤미안 시크룩Ethnic-bohemian chic look이 그것이다.

이 외에도 2010년 초부터 패션계의 주목을 받아 온 북유럽의 실용적인 브랜드, 하나의 단어로 정의 내릴 수 없는 일본의 브랜드, 패션에서 빠져서는 안 될 감초 역할을 하는 액세서리까지 포함해 총 9개 파트로 나누어 정리했다.

처음 이 책을 준비할 당시에는 핫한 멀티숍과 브랜드를 알파벳 순서로 정리하려고 했다. 사전과 같은 구성을 염두에 두었던 것이다. 이런 구성은 브랜드를 쉽게 찾아볼 수 있는 장점이 있는 반면, 브랜드의 아이덴티티와 컬렉션의 느낌을 알아볼 수 없다는 단점이 언급되었다. 각 브랜드의 사진을 일일이 들여다보지 않으면 정보를 한눈에 파악하기가 쉽지 않으리라는 우려로 말미암아 멀티숍과 브랜드를 알파벳 순서가 아닌 편집숍에 필요한 카테고리별로 분류하여 진행하기로 결정했다.

카테고리를 어떻게 분류할 것인지에 대한 고민과 각 카테고리별 브랜드 선별로 서너 달이 훅 지나갔다. 복잡한 생각에 머리가 터져나갈 것 같은 답답함으로 몇 개월을 보냈는데, 그 시간 동안 나름의 생각이 머릿속에서 잘 익어가고 있었던 듯하다. 막상 본문 작업을 시작하자 예상치 못할 만큼 빠른 속도로 내용을 채워 나갈 수 있었던 것을 보면 말이다. 그간의 고민이 무색할 정도로 막힘없이 작업을 해나갔다.

책을 한 권 낼 때마다 아이를 낳는 것만큼 진이 빠지고 기력이 쇠한다. 엄마에게 최고의 행복은 누가 뭐라 해도 아이가 무럭무럭 자라서 세상의 빛이 되는 과정을 지켜보는 것이다. 이 책 역시 마찬가지다. 그간의 개인적 경험과 안목, 반드시 필요한 지식을 모두 담아낸『패션 MD』시리즈가 보다 많은 사람에게 도움이 되길 진심으로 바란다.

무섭도록 빠르게 변하는 세상이다. 패션계는 그 속도가 더욱 빠르다. 이 책에 실린 브랜드 가운데 분명 사라지는 브랜드도 있을 것이고, 새롭게 등장하는 브랜드도 많을 것이다. 여기에 '어, 이게 왜 빠졌지?'라는 생각이 들 만한 브랜드도 있을 것이다. 만약 그런 브랜드가 있다면 열심히 피드백을 해주길 바란다. 독자의 피드백을 받고 리서치해서 재판 때마다 업데이트할 것을 약속한다. 피드백을 열심히 받기 위해 중도 포기했던 인스타그램도 재개했다.

좋은 브랜드, 팔리는 브랜드를 알아보는 힘

『패션 MD』 브랜드 편을 써내려갈 때 책상 머리맡에 세 부류의 독자를 앉혀놓았다. 그들이 내 작업을 지켜보며 질문을 던진다는 생각으로 컴퓨터 모니터의 빈 화면을 채워나간 것이다.

첫 번째 독자는 패션 전공자가 아닌 그저 패션에 관심이 많고 패션을 좋아하는 일반 독자다. 미용실이나 병원, 은행 등에 비치된 <보그> <엘르> 등 패션 잡지책을 뒤적이는 사람들, 편집숍을 좋아하지만 그곳에서 무엇을 어떻게 봐야 할지 모르는 사람을 위해 썼다. 또한 '아무도 알려주지 않는 편집숍 바잉의 비밀'이라는 부제를 단 『패션 MD』 바잉 편을 읽고 "흥미로운 브랜드를 많이 발견했는데, 그 브랜드가 정리된 책이 보고 싶어요"라고 출판사에 피드백을 전했던 독자도 생각했다.

일반 독자를 위해 전문용어 사용은 최대한 자제했으며, 부득이하게 전문용어를 사용해야 할 경우 일반인도 추측 가능한 쉬운 단어로 대체하려고 노력했다. 일반 독자가 이 책을 패션지처럼 가볍게 읽으면서 그중 흥미로운 브랜드 몇 개라도 발견할 수 있다면 그동안의 작업이 어느 정도 성공을 거뒀다고 말할 수 있지 않을까 한다. 이런 의미에서 전편보다 훨씬 더 넓은 독자층을 만날 수 있으리라고 생각한다.

두 번째 독자는 백화점 바이어와 편집숍 바이어, 소규모 편집숍을 운영하려는 전문가, 자의반타의반으로 전문가가 되어야만 하는 사람이다. 이미 『패션 MD』 바잉 편을 읽은 사람이거나 '바잉 엠디' 강의를 들은 사람일 수도 있다. 사실 첫 번째 책도 이런 독자를 위해 쓴 것이었다.

첫 책을 출간하고 많은 독자를 만났다. 그런데 일반 독자는 물론이고 강연과 미팅에서 만나는 관계자들 역시 비슷한 질문을 던져 왔다.

"이 많은 브랜드 가운데 좋은 브랜드, 팔리는 브랜드는 어떻게 고르는가?" "브랜드를 고르는 기준이 뭔지 정확히 알려줄 수 있는가?" "꼭 봐야 할, 반드시 알아야 할 브랜드 리스트를 알려줄 수 있는가?"

이들 질문은 단순한 의문을 넘어 '우리에게는 가이드가 필요하다'라는 강력한 요구였다.

백화점의 바잉 엠디들도 마찬가지다. 그들은 나와 마주칠 때마다 "요즘 가장 핫한 브랜드는 무엇인가?"라는 질문을 빼놓지 않는다. 이 책이 앞선 질문에 조금이나마 대답이 되어줄 수 있다면, 정답은 아니지만 실질적 도움이 될 수 있다면 진심으로 행복할 것이다.

엠디들에게 '브랜드를 보는 눈'은 정말 중요하다. 이를 데이터와 수치 등으로 간단히 설명할 수 있으면 좋겠지만 현실적으로는 불가능한 일이다. 전 세계 패션의 흐름과 국내 시장의 상황, 고객의 요구를 한눈에 파악하려면 '알고자 하는' '배우려고 하는' 개인의 의지와 노력이 무엇보다 중요하다.

내가 지금 당장 브랜드를 보는 눈을 길러줄 수는 없지만 '우리 편집숍에 맞는 스타일과 가격 중심'으로 일정 브랜드를 분류해줄 수는 있다. 이에 각 브랜드를 스타일별로 묶어 카테고리를 나누었고, 가격을 중심으로 럭셔리luxury 이하 럭셔리, 하이 컨템포러리high contemporary 이하 하이 컨템, 컨템포러리contemporary 이하 컨템, 로우 컨템포러리low contemporary 이하 로우 컨템 등으로 나누었다. 더불어 전 세계를 다니며 내 눈에 띄었던 가능성 있고 핫한 브랜드 모두를 리스트에 포함시키려고 나름 노력했다.

세 번째 독자는 '수입 편집숍 바잉 엠디'를 꿈꾸는 사람이다. 아마도 첫 번째 독자군에서 두 번째 독자군으로 넘어가는 단계에 있는 사람일 것이다. 『패션 MD』 바잉 편과 브랜드 편을 읽고 나서 자신의 꿈을 확실히 정하고 전문 패션 엠디로의 길을 차근차근 밟아 나가는 사람도 있을 것이고, 반대로 '내 길이 아니다'라고 여겨 꿈의 방향을 전환하는 사람도 있을 것이다. 어떤 결론을 내리든 간에 꿈의 방향을 결정하는 데 도움이 된다면 이 역시 저자로서 행복한 일이다.

물론 세 부류의 독자 모두를 만족시킬 수 있으리라고는 생각하지 않는다. 하지만 단 몇 명이라도 이 책을 통해 패션에 대한 흥미를 발견하고, 현장에서 바로 적용할 수 있는 도움을 얻고, 어렴풋이 동경하던 자신의 꿈을 구체화시키는 데 일조했다면 전 세계를 돌며 사진을 찍고, 이른 새벽에 일어나 글을 써내려 간 그동안의 작업이 충분한 의미와 가치를 지니게 될 것이다.

잘 나가는 멀티숍 브랜드 A to Z

지난 10년간 맨땅에 헤딩하듯 판매와 바잉, 영업, 브랜드 매니징, 유통까지 모든 경험과 노하우를 차곡차곡 쌓아 왔다. 예상치 못한 시행착오로 발을 동동 구를 때도 많았지만 덕분에 더 강하고 똘똘해졌다. 지금은 웃으면서 이 모든 이야기를 할 수 있지만 유행가 가사처럼 '아픈 만큼 성숙해지는' 참으로 힘들고 거칠기 그지없는 과정이었다.

나와 같은 길을 걸어가는 후배 엠디들과 편집숍 창업자들에게 조금이나마 도움이 될 수 있기를 바라는 마음과 내 경험을 통해 시행착오를 줄였으면 하는 바람으로 2015년 첫 번째 책을 집필했다. 이런 안타까운 마음과 간절함이 통한 것인지 이 책은 '엠디들의 바이블' '엠디들의 교과서'로 불리며 분야 베스트셀러로 자리 잡았다. 지금은 박사학위를 땄던 러시아 문학 강의보다 패션 관련 강의가 더 많이 쇄도하고 있을 정도로 책의 파급력이 상당히 컸다.

'잘 나가는 멀티숍 브랜드 A to Z'를 담고 있는 『패션 MD』 브랜드 편은 2015년 출판한 책의 후속작이다. 첫 번째 책이 엠디 업무에 대한 전반적인 개요를 담고 있다면, 두 번째 책은 수많은 브랜드의 홍수 가운데서 옥석을 가려내는 힘과 브랜딩 노하우 등을 알리는 데 주력했다.

멀티숍은 아이덴티티가 생명이다. 아이덴티티가 없는 곳은 편집숍이 아니라 그저 만물상이자 옷 가게일 뿐이다. 이처럼 중요한 아이덴티티를 결정하는 주요 브랜드를 경향별 카테고리로 묶고, 각 카테고리 안에 어떤 브랜드가 있는지 소개해놓았다.

국내 마켓의 독특한 구조상 독점 브랜드들은 배제했다. 하지만 독점 브랜드일지라도 디스트리뷰션distribution을 하고 있어 홀세일 바잉이 가능한 브랜드는 포함시켰다. 또한 지금은 독점이지만 유통회사가 독점을 포기할 가능성이 높거나 모노 브랜드보다 멀티숍이 더 맞는다고 판단되는 브랜드는 그 가능성을 다시 한 번 생각해보라는 의미로 포함시켰다. 컨템에서 명품을 아우르는 브랜드를 주로 바잉하는 스페이스 눌 Space Null의 바이어로서 럭셔리, 하이 컨템, 컨템, 로우 컨템 브랜드까지만 이 책에 포함시키기로 결정했다. 이런 기준마저 없었다면 리스트 업은 결코 끝나지 않았을 것이다.

물론 이 책에 포함되지 않은 괜찮은 브랜드도 많다. 이 한 권에 전 세계의 핫한 또는 앞으로 핫하게 될 브랜드 리스트를 모두 포함하고 있다고 주장할 생각도 없다. 그저 수십 년간 무척 많은 옷을 사 입어 본 사람으로서 그리고 지난 10년간 슈퍼 엠디로서의 경험을 바탕으로 실제 바잉이 가능한 브랜드 위주로 엄선하여 리스트를 골랐을 뿐이다.

이런 쇼룸을 봤나

『패션 MD』의 첫 번째 책은 전체적인 바잉 업무를 다루었고, 브랜드 선택과 브랜딩 노하우를 담은 두 번째 책에 이어 마지막으로 '쇼룸 편'을 준비하고 있다2018년 출간 예정. 바잉, 브랜딩, 쇼룸을 아우르는 『패션 MD』 시리즈가 '엠디들을 위한 완벽에 가까운 교과서'로 자리 잡을 것을 믿어 의심치 않는다. 이렇게 되면 도스토옙스키Dostoevskii를 사랑하는 인문학 박사를 패션계로 들여보낸 운명이 내게 부여한 의무 가운데 절반쯤은 완수하는 게 아닐까 싶다.

이제부터는 『패션 MD』 시리즈의 완결이 되어줄 '쇼룸 편' 작업에 매진하려고 한다. 전 세계의 핫한 쇼룸과 그들이 가진 브랜드를 함께 소개하는 책이 될 것이다.

쇼룸 편을 준비한다는 이야기를 전해들은 많은 바이어가 농담 반 진담 반으로 다른 책을 쓰라는 협박 아닌 협박을 한다. 자신들만 알아야 하는 알짜 정보가 공개되면 밥줄이 끊길지도 모른다는 엄살과 하소연을 덧붙여서 말이다.

그러나 쇼룸 편의 내용은 시간과 발품을 들이면 누구나 알 수 있는 지식의 영역일 뿐이다. 다른 사람보다 좀 더 먼저, 좀 더 많이 경험한 노하우를 공개하고 나누는 게 옳다고 생각한다.

국내에서 쇼룸 비즈니스는 완벽에 가까운 블루오션 시장이다. 우리나라에서 건물 한 채 건너 하나에 커피숍이 있듯 이탈리아와 프랑스 파리에는 한 집 건너 하나에 쇼룸이 있다. 조금 과장해서 한 이야기지만 그 정도로 쇼룸이 많다. 이웃인 일본만 해도 쇼룸 비즈니스는 엄청나게 큰 시장이다.

전 세계적 흐름을 볼 때 트렌드에 민감한 우리나라에서 유독 쇼룸 비즈니스가 활발하게 전개되지 않는 이유에 대해 한번 생각해볼 일이다. 내가 아는 한 멀티 라벨 쇼룸으로는 스테판슈나이더Stephan Schneider, 파드칼레Pas-de-Calais, 데바스테Devastee, 호프Hope, 르브리치올레Le Briciole, 메릴링Maryling, 마그리Magri, 원식스원OneSixOne, 데이드림네이션Daydream Nation, 이츄Itu' 등을 홀세일 하는 쇼룸 샘플링이 선구자적 역할을 하고 있지 않나 싶다. 세 번째 책 역시 재미있고 유익한 작업이 되리라고 생각한다.

늘 그렇듯 책을 쓰는 과정에서 심적, 물적으로 많은 격려와 도움을 주신 분들께 감사의 마음을 전한다. 바쁜 와중에도 눈살 하나 찌푸리지 않고 즐겁게 사진 작업을 도와준 스태프 이민애, 김시연, 설주영 님께 감사드린다. 또한 이 책의 취지에 공감하며 브랜드 인포메이션과 고용량 사진을 제공해주신 많은 브랜드 관계자께도 감사의 마음을 전한다. 스페이스 눌 론칭부터 지금까지 브랜드 하나하나를 사랑하며 큰 애정으로 보살피는 매니저 유선영 님과 직원들에게도 깊은 감사의 말을 전하고 싶다.

어려운 출판 경기에도 불구하고 『패션 MD』 시리즈의 필요성에 대해 공감하고 흔쾌히 출간을 맡아준 21세기북스, 내 스크립트와 사진을 예쁘게 편집해 멋진 책으로 만들어준 편집팀에게도 감사를 드린다.

   마지막으로 이 책은 치열하게 살았던 지난 10년의 기록이자 반드시 알아야 하지만 그 누구도 쉽게 알려주지 않는 알짜배기 브랜드 리스트다. 이제 이것을 아낌없이 나누고 싶다.

내가 사랑하는 도시, 시크한 행복이 넘치는 스톡홀름 거리에서

- 슈퍼 엠디 김정아 -

PART
1

Feminine Look
페미닌룩

One Point Lesson

다양한 얼굴을 가진 페미닌룩

페미니즘feminism, 남녀평등을 핵심으로 하는 여러 형태의 사회적·정치적 운동이 대세다. 패션계도 예외일 수 없다. 때로는 우아하게 때로는 시크하게 또 때로는 소녀적인 감성으로 자신의 여성성을 한껏 풍기는 페미닌룩feminine look, 여성스러우면서 우아한 분위기가 있는 스타일이 거리에 넘쳐난다.

불과 몇 년 전만 해도 패션 1번지라 불리는 강남에서조차 하늘하늘한 원피스나 크고 작은 꽃무늬가 그려진 스커트를 입은 여성을 찾기 어려웠다. 중성적 느낌의 캐주얼룩과 시크룩이 대세였기 때문이다. 이러한 경향에 변화의 물결을 일으킨 것은 럭셔리 스포츠의 등장이다.

패치가 많고 블링블링한 스타일의 룩이 인기를 끌고 있는 가운데, 과감하고 화려한 큰 꽃무늬 프린트도 등장하게 되었다. 맥시멀리즘Maximalism, 화려하고 장식적이며 과장된 형태의 문화 예술적 경향의 바람과 함께 허리가 잘록하고 밑단이 강조된 듯 부풀려진 헵번스타일의 드레스가 재등장했다.

럭셔리 스포츠의 대명사인 MSGM과 오주르르주르Au Jour Le Jour에서 선보인 잘록한 허리를 강조하는 원피스와 딱 달라붙는 톱, 길고 풍성한 스커트 등이 좋은 예다. 흥미로운 사실은 지극히 여성스러운 헵번타일의 드레스나 스커트가 럭셔리 스포츠의 굽 낮은 구두, 단화, 슬립온과도 매우 잘 어울린다는 점이다. 꽃자수, 비즈, 레이스가 매치된 단화, 운동화, 슬립온의 등장으로 중성적인 슈즈 라인 역시 매우 여성스러워졌다.

'여성스러움' 하면 빼놓을 수 없는 소재가 바로 레이스다. 레이스 제품들은 이미 몇 년 전부터 프라다PRADA, 돌체앤가바나Dolce & Gabbana, 발렌티노Valentino 등 하이엔드high-end 브랜드의 런웨이를 장식한 바 있다. 이는 컨템 브랜드에도 큰 영향을 미쳐, 많은 브랜드가 크고 볼드한 고품질의 레이스 원피스와 블라우스를 선보였다.

일반적으로 여성스럽다고 하면 헵번처럼 가녀린 소녀를 떠올리거나 정반대로 글래머러스하면서도 성숙함을 내뿜는 마릴린 먼로Marilyn Monroe를 떠올린다. 하지만 여성성에는 이 두 가지 측면만 존재하는 게 아니다. 프랑스어로 '치명적인 여자'라는 뜻을 가진 팜므파탈Femme fatale도 있다. 우리나라에서는 흔히 악녀, 요부라고 말하는데 약간 어두운 분위기 속에서 강한 카리스마를 내뿜는 여성을 의미한다.

페미니즘 브랜드를 소개하는 첫 번째 파트에서는 소녀답고 귀여운 헵번룩&예쁘고 아름답고 성숙한 이미지를 위한 룩 마지막으로 강한 카리스마를 풍기는 팜므파탈룩을 살펴보려고 한다.

Hepburn look

우아함의 대명사,
헵번룩

    당신은 봄을 어디에서 보는가? 혹자는 긴 겨울 세찬 바람을 이겨내고 기지개를 켜는 자연의 변화 속에서 보고 또 다른 누군가는 냉이, 달래 등 식탁에 차려진 봄나물 내음 속에서 봄을 본다. 나는 봄을 젊고 예쁜(젊음은 무조건 예쁘다!) 여성들의 살랑거리는 스커트와 원피스 자락에서 본다. 인간은 예쁘고 아름다운 것을 사랑하게끔 코드화된 유전자를 가진 존재다. 성별을 떠나 아름다움에 시선이 쏠리는 건 죄가 아니다.

    횡단보도 반대편에 서 있는 여성이 작은 바람, 약간의 움직임에도 살랑거리는 시폰 소재를 입고 있다면 여지없는 봄의 징조다. 쩍쩍 갈라진 나뭇가지 위에 귀엽고 예쁘고 애틋한 싹이 돋아나는 것처럼, 겨우내 꽁꽁 싸 두었던 두 다리가 드러나 보이면 여지없는 봄이다.

    봄이란 그런 것이다. 봄은 절대 얌전하게 오지 않는다. 시끄럽고 야단스러운 것을 넘어 경쾌하고 화려하게 온다. 패션에서도 봄은 다르다. 봄에는 나무의 어린 새싹처럼 얇고 찰랑거리는 소재(시폰이나 이와 비슷한 소재)가 주를 이루고 자잘하거나 커다란 꽃무늬 프린트가 많이 보인다.

　다른 시즌이라면 살짝 촌스러워 보일 수 있는 연핑크, 핫핑크 등도 예뻐 보이는 시기다.

　특히 몇 년 전 봄부터 주소재로 레이스를 사용한 아이템이 눈에 많이 띈다. 옛날 같았으면 블라우스 칼라나 끝단 프릴에 쓰였을 법한 레이스로 전체가 뒤덮인 블라우스와 원피스가 바로 그것이다. 2017년 SS 컬렉션에서는 거의 모든 브랜드가 레이스 원피스부분이 아니라 옷 전체가 레이스를 한두 개 정도 선보였다.

　우리가 일반적으로 알고 있는 유명 브랜드 중 여성스러운 스타일의 대명사를 꼽으라면 단연 돌체앤가바나와 발렌티노 그리고 클로에Chloé다. 더불어 하이엔드 브랜드의 레이스 붐을 이어받은 컨템 브랜드에서, 화려하고 기품 있는 레이스 아이템으로 돌풍을 일으킨 브랜드가 있다. 셀프포트레잇Self-Portrait이다.

BRAND

for Feminine Look

Hepburn Look
Self-Portrait / Alice Mccall / Alice+Olivia
Andrew GN / Bora Aksu / Cacharel / Carven
Dice Kayek / Jourden / Nanette Lepore / Nicole Miller
Marie Sixtine / Maryling / Milly / Rebecca Taylor / Rhie
Rochas / Sea New York / Tibi / Tracy Reese / Vera Wang
Marchesa Notte / Tadashi Shoji / Vivienne Tam / Zac Posen

Girlish & Femme Fatale
Clover Canyon / Elie Saab / Erdem / Mary Katrantzou
Peter Pilotto / Prabal Gurung / Zimmerman

Femme Fatale
Yigal Azrouel / Herve Leger by Max Azria / David Koma
Jonathan Simkhai

Self-Portrait *since 2013*

| Contemporary | 🇬🇧 London | Han Chong |

Feminine Look

Designer : Han Chong

약 3~4년 전부터 많은 셀렙Celeb이 100퍼센트 레이스 소재로 된 드레스를 입고 나타났다. 리즈 위더스푼Reese Witherspoon, 엘리자베스 뱅크스Elizabeth Banks, 루시 헤일Lucy Hale 등이 대표적인 예다.

이들이 입은 드레스는 대부분 고급 퀄리티의 과감한 문양의 레이스로, 가슴과 엉덩이에만 라이닝lining : 안감이 들어있는 특징을 보인다. 그것도 살구색으로. 이것은 마치 레이스 사이사이로 맨살이 드러나 보이는 듯한 착시효과를 준다.

다소 충격적인 첫인상이지만 자세히 보면 중요한 부분은

살구색 라이닝으로 감싸져 있어 여성을 매우 관능적이고 섹시하게 만든다. 셀프포트레잇의 레이스 드레스다. 럭셔리 온라인 편집숍 파페치farfetch에서 이 드레스를 보고 '과감함의 미학'이라고 표현한 바 있다.

셀프포트레잇은 여배우들이 레드 카펫에서나 입을 수 있는 기푸르 레이스guipure lace : 바탕이 되는 그물코 없이 무늬를 직접 이어서 맞춘 레이스 드레스를 일반인도 소화할 수 있게 만들었다.

다양하고 섬세한 레이스 패브릭과 그 사이를 잇는 시스루 패널, 아플리케 디테일은 보는 이의 시선을 단숨에 사로잡는다. 관능적인 짙은 톤과 소프트한 색조가 어우러진 이 브랜드의 시그너처 아이템인 '아젤레아 드레스Azalea Dress'는 정말이지 10년만 젊었어도 꼭 입고 싶은 아이템이다.

셀프포트레잇은 만 3년 된 브랜드다. 2013년 론칭한 브랜드가 업계에 이렇게까지 큰 영향을 미치기란 결코 쉬운 일이 아니다. 여러 가지 성공 요인이 있겠지만 대표적으로 셀프포트레잇의 가격 정책을 들 수 있다. 돌체앤가바나, 발렌티노 등에서 300~400만 원 하는 레이스 드레스를 50~60만 원에 구입할 수 있게 만든 것이다.

과거 소비자들에게 원산지는 중요한 구매 포인트 중 하나였다. 메이드 인 프랑스made in France나 메이드 인 이탈리아made in Italy 타이틀에 쉽게 지갑을 열던 시절이 분명 있었다. 하지만 현재 소비자에게 '이 제품이 어디서 만든 것인지'는 그리 중요하지 않다. 제품 원산지보다 가성비가 더 중요한 세대다.

말레이시아 출신인 디자이너 한총Han Chong은 미술을 전공한 후 영국 센트럴세인트마틴CSM:central Saint Martins을 졸

▲
파리에서 열린 Self-Portrait의
2017 FW 컬렉션

업했다. 자신의 브랜드 셀프포트레잇을 론칭한 것은 불과 3~4년 전이지만, 이전 다른 여러 브랜드에서 8~9년간 일하며 탄탄한 실력을 쌓았다.

론칭 첫 시즌부터 뉴욕 맨해튼에 위치한 버그도프굿맨 Bergdorf Goodman백화점과 온라인 스토어 네타포르테Net-a-Porter 등 세계적인 백화점&편집 매장에 입점, 패션계의 주목을 끌었다. 비싸다고 인식되던 레이스와 자수, 속이 비치는 실크 소재들을 사용하지만 50~70만 원대의 합리적인 가격으로 론칭과 동시에 빠르게 성장하고 있다.

디자이너 한총은 요즘 사회를 자기 자신에 대한 셀카sel-fies, 셀프카메라시대, 개인적인private 세대로 규정하며, 자신의 브랜드 이름을 셀프포트레잇으로 정했다고 한다. 그가 생각하는 고객은 여성성을 바탕으로 다양한 시도를 두려워하지 않는 사람들, 군중 속에 숨거나 묻히지 않고 군중을 배경으로 톡톡튀기를 원하는 사람들이라고 한다.

셀프포트레잇은 수더분하고 멋 부리지 않은 듯 입을 수 있는 옷이 절대 아니다. 아마도 우리나라에서 셀프포트레잇이 가장 잘 맞는 백화점은 갤러리아일 것이다. 실제로 약 2년 전, 갤러리아백화점 바이어가 "셀프포트레잇을 하려는데, 과연 될까요?"라고 물어왔다. 이에 나는 "속살이 보이는 부분이 걱정이기는 한데, 그것만 보완되면 갤러리아에서 충분히 될 수 있을 것 같은데요?"라고 대답했다.

갤러리아백화점 고객들은 과감한 스타일을 주저하지 않는다. 그런데 아이러니하게도 맨살이나 속살이 보이는 스타일 또한 좋아하지 않는다. 고객이 거부감을 느끼는 부분만 해결된다면 국내에서 성공할 브랜드였다.

Feminine Look

▲▲
드레스와 블라우스 중심이던
브랜드가 팬츠, 스커트 등
다양한 단품에 도전하고 있다

곧바로 수입 업체에서 검은색, 흰색, 살구색 라이너를 만들어 속살이 보이는 부분을 해결했다. 라이너는 물론 무료로 제공했다. 현명한 선택이었다. 결과는 소위 말하는 대박으로 이어졌다.

우리나라에서 셀프포트레잇 같은 브랜드는 모 아니면 도다. 중간은 없다. 셀프포트레잇 외 N°21, 다이앤본퍼스텐버그 Diane Von Furstenberg처럼 보디라인을 드러내는 실루엣 body conscious 중심의 브랜드이거나, 어느 정도 몸매가 받쳐줘야 하는 룩은 더욱 그렇다.

갤러리아백화점은 분명 좋은 마켓 테스트 장소다. 하지만 갤러리아에서 성공했다고 다른 백화점에서도 잘될 것이라는 생각은 버려야 한다. 갤러리아백화점 고객들의 특성이 타 백화점에도 적용되지 않는 경우가 많기 때문이다.

참고로 셀프포트레잇은 2017년 FW까지 레이스와 망사, 시스루 소재로 된 드레스 종류만 선보였다. 아직은 독점을 가져올 수 없는 브랜드라는 이야기다. 누구라도 바잉 가능한 브랜드이기에 이 책에서 소개한다.

Feminine Look

Alice Mccall since 2004

| Contemporary | Australia | Alice McCall |

Designer : Alice McCall

몇 년 전, 내가 좋아하는 인터넷 쇼핑몰 모다오페란디 Moda Operandi를 보고 있을 때였다. '호주 패션 위크Australian Fashion Week'라는 커다란 팝업창이 떴다. 패션 엠디로서 뉴욕, 밀라노, 파리, 도쿄, 덴마크, 스톡홀름까지는 간다 하더라도 호주 패션 위크까지 방문은 쉽지 않다.

시간과 거리상 직접 방문하기 어려운 곳의 패션 위크를 클릭 한 번으로 해결할 수 있다니 이 얼마나 좋은 세상인가! 이리저리 사이트를 살펴보던 중 시선을 사로잡는 브랜드가 하나 있었다. 럭셔리 스포츠와 시크함이 대세였던 당시, 귀엽고 여성스러운 룩을 선보이는 브랜드 앨리스맥콜Alice McCall 의 등장은 신선하기까지 했다.

개인적으로 반바지 롬퍼Romper : 상의와 하의가 하나로 붙어있는 옷를 참 좋아하는데 솔직히 예쁜 반바지 롬퍼를 찾기가 쉽지 않다. 그런데 이 브랜드에는 플레이 슈트Playsuit라고 불리는 예쁜 반바지 롬퍼가 매우 많다. 브랜드 자체 쇼핑몰에 플레이 슈트가 한 섹션을 차지하고 있을 정도다.

디자이너 앨리스 맥콜은 런던 패션계에 스타일리스트로 발을 들인 후, 자신이 디자인한 단품을 런던 마켓에 선보이며 두터운 팬층을 확보해나갔다. 2004년 호주 패션 위크에서 자신의 이름을 딴 독자 브랜드를 론칭, 현재 호주에만 4개의 모노 브랜드 부티크를 운영 중이다. 미국, 일본, 유럽 등에서 높은 인기를 누리고 있으며 케이티 페리Katy Perry, 피비 필로Phoebe Philo, 알렉사 청Alexa Chung 등이 이 브랜드

▲

Alice Mccall의 다양한 롬퍼 시리즈

의 팬이다.

　우리나라 고객에게는 살짝 과한 감이 없지 않은 브랜드다. 그러나 셀프포트레잇 같은 브랜드의 인기가 지속된다면 함께 뜰 수 있는 브랜드로 적격이란 생각이다.

　더불어 롬퍼의 팬으로서 이렇게 예쁜 플레이 슈트를 가진 브랜드는 정말 흔치 않다. 만약 여성스러운 롬퍼를 좋아한다면 반드시 이 브랜드의 팬이 될 것이다.

Alice+Olivia *since 2002*

| High Contemporary | 🇺🇸 USA | Stacey Bendet |

앨리스&올리비아Alice+Olivia! 이 브랜드를 보면 참으로 격세지감을 느낀다. 불과 10여 년 전만 하더라도 패치가 붙어 있는 귀여운 톱, 핏이 예쁜 데님과 면으로 된 진이 전부였던 브랜드다. 그래서 스트리트 캐주얼이 주를 이루는 신세계백화점의 블루핏bluefit, 얼마 전 사라진 현대백화점의 데님바 Denym Bar 등 일명 로우 컨템이라고 불리는 조닝zoning, 구역에서만 볼 수 있었다.

Designer : Stacey Bendet

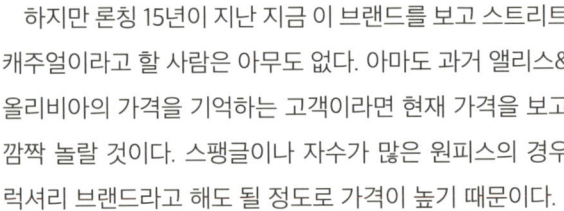

하지만 론칭 15년이 지난 지금 이 브랜드를 보고 스트리트 캐주얼이라고 할 사람은 아무도 없다. 아마도 과거 앨리스&올리비아의 가격을 기억하는 고객이라면 현재 가격을 보고 깜짝 놀랄 것이다. 스팽글이나 자수가 많은 원피스의 경우 럭셔리 브랜드라고 해도 될 정도로 가격이 높기 때문이다.

디자이너 스테이시 벤뎃Stacey Bendet은 캐주얼 브랜드를 완벽하게 '여자여자한 브랜드'로 재탄생시켰다. 그녀는 자신을 위한 완벽한 바지를 만들려고 디자인을 시작했는데, 어느새 RTWready to wear, 기성복뿐 아니라 핸드백, 슈즈, 선글라스 등 라이프스타일 컬렉션으로 성장하기에 이른다.

'유머 감각이 있는 현대 여성을 위한 옷을 만든다'는 디자이너의 철학처럼, 앨리스&올리비아의 옷은 귀엽고 재미있는 동시에 살짝 관능적이다. 검은 올림머리에 동그랗고 커다란 까만 안경을 쓴 디자이너를 형상화한 아이콘과 흘림체로 장난스럽게 삐뚤빼뚤 써진 브랜드 로고의 조화가 완벽하다. 이 아이콘은 패치, 스웨터와 드레스, 재킷뿐 아니라 가방과

슈즈의 귀여운 디테일로 매 시즌 등장하고 있다.

　미국 전역에 약 35개가 넘는 부티크가 있으며 전 세계적으로는 약 800여 곳이 넘는 유명 백화점과 편집숍에 입점해 있다. 특히 여성스러운 옷을 좋아하는 일본 유명 백화점에 매우 큰 섹션으로 입점했으며, 세계적인 건축가 안도 다다오Ando Tadao가 디자인한 오모테산도 힐즈Omotesando Hills가 있는 오모테산도 지역을 비롯 여러 곳에 부티크도 오픈했다.

　사라 제시카 파커Sarah Jessica Parker, 미셸 오바마Michelle Obama, 제시카 알바Jessica Alba 등이 이 브랜드의 열렬한 팬이다.

　우리나라에서는 다소 과해 보일 수 있는 스타일이 많으나, 편집숍의 재미를 더하는 아이템으로 제격인 브랜드다. 거의 모든 브랜드가 들어와 있는 국내에 앨리스&올리비아의 모노숍이 없다는 것은 조금 의아한 일이다.

　어쩌면 높은 가격에 비해 다소 디자인이 영해서 알맞은 고객층이 없을지도 모르겠다. 하지만 편집숍 바이어라면 한두 랙rack 정도는 충분히 채울 만큼 재미나고 귀여운 브랜드다.

Feminine Look

- 33

Andrew GN *since 1996*

| Luxury | 🇫🇷 France | Andrew GN |

디자이너 앤드류 지엔Andrew GN의 소재와 독특하고 정교한 수작업은 RTW라기 보다는 오히려 오뜨 꾸뛰르haute couture, 고급 맞춤 양장에 가깝다. 여러 종류의 리본, 밍크 트림 등이 앤드류 지엔의 시그너처인데, 그중에서도 여러 가지 자수를 빼놓을 수 없다.

요즘은 명품 브랜드에서도 자수나 수공이 많이 들어가는 작업은 중국이나 인도 등에서 이루어지는 경우가 많다. 하지만 앤드류 지엔은 다르다. 옷 전체를 뒤덮는 거대 자수를 만드는 곳은 파리의 아틀리에, 그곳에서 장인의 손길로 만들어진다. 심지어 단추 하나까지 아틀리에의 장인에 의해 만들어진다고 하니 그 가격이 얼마일지는 상상에 맡기는 바다.

그의 아틀리에 모토는 '미와 완벽함'이다. 싱가포르 출신

Designer : Andrew GN

▲
정교한 자수 디테일이 돋보이는 오뜨 꾸뛰르 스타일의 Andrew GN 이브닝드레스

의 프랑스 디자이너인 그는 세계주의자globalist로 정의된다. 동서양의 다양한 문화적 모티브를 정교한 디자인 테크닉으로 버무리는 디자이너로 정평이 나 있다. 메이드 인 프랑스로 이뤄지는 컬렉션에 대단한 자부심을 보이는 디자이너다.

최고의 퀄리티를 지향하는 럭셔리 브랜드이지만 평상복으로 착용해도 문제 없을 정도로 편안한 착용감을 자랑하는 블라우스와 팬츠가 많다.

런던 센트럴세인트마틴을 졸업하고 엠마뉴엘웅가로Emmanuel Ungaro에서 보조 디자이너로 활동했다. 잭포즌Zac Posen처럼 구조적인 옷도 많지만 엠마뉴엘웅가로의 영향으로 많은 자수와 비딩, 프릴을 사용하는 게 특징이다엠마뉴엘웅가로는 브랜드를 상징하는 핑크 라벨에서부터 여성성이 흠뻑 묻어나는 디자이너다.

그의 2017 SS 컬렉션을 보면 캐주얼한 소재의 대명사인 데님이 얼마나 여성스럽고 고급스럽게 변할 수 있는지를 잘 알 수 있다. 데님 끝부분을 수작업 프린지와 프릴 장식, 실크 같은 느낌으로 처리했는데 여성스러운 데님의 절정판이다.

개인적으로 앞부분 전체에 3D 꽃이 만발한 듯한 느낌의 프릴이 달린 드레스를 즐겨 입는다. 보기와 달리 상당히 편하면서도 여성스러운 옷이다. 흰색 바탕에 꽃과 새 무늬가 화려하게 놓인 화이트 드레스도 가끔 입는데 매우 고급스럽다.

조금 화려하지만 고급스러우며 여성스러운 느낌을 찾는 바이어라면 분명 좋아할 만한 브랜드다.

Bora Aksu since 2003

| Luxury | 🇬🇧 London | Bora Aksu |

앞서 이야기했듯 셀프포트레잇은 패션의 부자재였던 레이스를 주재료로 사용하고, 50~60만 원대의 저렴한 가격으로 낭만적이고 여성스러운 룩을 꿈꾸는 고객의 마음을 사로잡았다. 그런데 셀프포트레잇 등장 훨씬 이전부터 미묘하고 섬세한 최고급 레이스를 주재료로 컬렉션을 선보인 브랜드가 있다. 바로 보라악수Bora Aksu다. '레이스=보라악수' '보라악수=레이스'라고 할 정도로 이 둘은 절대 떨어뜨려 생각할 수 없는 존재다.

꿈의 드레스를 만드는 디자이너 보라 악수는 터키 출신으로 영국 센트럴세인트마틴을 우수한 성적으로 졸업했다. 상복도 많아서 데뷔 첫해인 2003년 'one of the top5 show'에 뽑혔고 영국의 <데일리 텔레그래프>가 주는 'the star of the show'도 수상했다. 그 후에도 네 시즌 연속으로 'New Generation Award'의 영광을 거머쥔 바 있다.

한없이 여성스러운 보라악수는 돌체앤가바나의 두 디자이너 도미니코 돌체Dominico Dolce와 스테파노 가바나Stefano Gabbana의 눈에도 들었다. 돌체앤가바나의 두 디자이너가 매 시즌 보라 악수의 옷을 구매, 영감의 원천으로 사용하고 있다고 한다. 디자이너들의 디자이어desire인 셈이다. 도도하기 그지없는 <보그>조차 '보라 악수 주변의 시끌벅적함은 계속해서 커지고 있다. 이유는 그의 컬렉션을 한 번만 봐도 안다'라고 말할 정도다.

이런 재능 덕에 탑샵Topshop, 나이키Nike, 컨버스Converse,

Designer : Bora Aksu

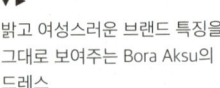

밝고 여성스러운 브랜드 특징을 그대로 보여주는 Bora Aksu의 드레스

엔스로폴로지 Anthropologie, 앱솔루트 Absolute, 코톤 Koton, 아르마강 Armaggan, 브래처에르뎀 Bracher Erdem, 피플트리 People Tree 등 대형 브랜드와 많은 작업을 했고 지금도 협업 요청이 쇄도하고 있다.

 부끄러움이 많은 성격이라 인터뷰도 잘하지 않는다는 귀여운 디자이너를 개인적으로 한 번 만날 기회가 있었다. 수줍게 인사를 나눈 후 그는 내 스마트폰 케이스에 머리를 흩날리는 소녀를 그려주었다. 여느 화가 못지않은 그림 솜씨였다. 수줍은 미소를 가진 그는 정말 순수하고 아름다운 영혼을 가진 소년 같다.

 여성들이 너무도 좋아할 만한 예쁜 아이템임이 분명한데 셀프포트레잇이나 돌체앤가바나보다 알려지지 못한 것은 400~500만 원대의 높은 가격 때문이다. 일상에서 쉽게 입지 못할 정도로 로맨틱하고 낭만적인 것도 한 이유다.

 그런데 몇 년 전, 이탈리아의 한 회사가 이 브랜드의 펀딩을 담당했다. '보라악수'라는 같은 브랜드명으로 세컨드 라인을 론칭했는데 가격은 저렴하다. 덕분에 중국과 홍콩, 일본 등지에서 보라악수의 모노 브랜드를 만나볼 수 있게 되었다. 과거와 달리 겨울 아우터도 충분히 보강되어 모노 브랜드로도 전혀 손색없다는 평을 듣고 있다.

 2012년에는 핸드백 라인을 론칭했는데 런던의 헤롯백화점 Harrods department에서 좋은 반응을 얻고 있다. 토털 컬렉션으로 한 걸음씩 다가서고 있는 모양새다.

 셀프포트레잇처럼 국내에서는 갤러리아백화점이라는 특수 공간에 어울리는 브랜드이긴 하지만, 한국에서도 곧 그의 컬렉션을 만날 수 있기를 희망한다.

Cacharel since 1962

| Contemporary | 🇫🇷 France | Jean Bousquet |

까사렐Cacharel은 아네스 베Agnes b. 아제딘 알라이아Azzedine Alaia, 롤리타 렘피카Lolita Lempicka, 준코 시마다Junko Shimada 세드릭 찰리어Cedric Charlier 등 이제는 자신의 독자 브랜드를 가진 다양한 디자이너를 배출해냈다.

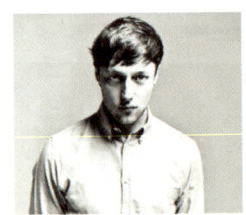

Founder : Jean Bousquet

까사렐의 창립자인 장 부스케Jean Bousquet는 재봉틀 판매원의 아들로 태어났다. 이러한 환경은 자연스럽게 그를 어린 시절부터 옷을 만드는 세계로 이끌었다. 장 부스케는 대학에서 재단사tailor 훈련을 받은 후 파리의 마레 지구Le Marais에서 첫 번째 컬렉션을 발표했다.

까사렐의 모토는 '낭만에 대한 자부심'이다. 브랜드 슬로건처럼 까사렐의 컬렉션은 마치 19세기 인상파 화가의 그림을 보는 듯한 느낌을 준다. 가볍고 밝은 색조, 젊은 스타일, 정교한 디테일 그리고 이 모든 것을 아우르는 여성성이 특징이다. 옅은 시폰 소재와 소위 지지미신축성이 많은 가스사로 짠 면직물라 불리는 시어서커seersucker 소재의 블라우스, 원피스 등이 유명하다.

지금은 사라졌지만 7~8년 전까지만 해도 파리의 패션 거리 생토노레St. honore에 총 3개 층으로 구성된 까사렐 플래그십 스토어가 있었다. 파리에 갈 때마다 개인적으로 꼭 방문하여 아들의 포멀 코트나 카디건, 나를 위한 하늘하늘한 원피스 등을 사오곤 했다. 하지만 패션계가 중성적이고 강한 스타일 그리고 스트리트웨어로 흐름이 바뀌면서 여성스러움이 아이덴티티인 까사렐이 설자리를 잃고 말았다.

유행은 돌고 돈다고 했던가. 시폰, 레이스 등과 함께 돌아온 여성스러운 물결 덕에 2년 전부터 프랑스 파리에 위치한 갤러리라파예트와 쁘렝땅백화점에서 다시금 까사렐을 볼 수 있게 되었다.

아직은 모노 브랜드로 나오기 어려울 정도로 컬렉션 크기가 작다. 하지만 편집숍 바이어라면 한두 랙은 충분히 골라낼 수 있을 정도로 탄탄한 컬렉션을 선보이는 브랜드다. 디자인과 퀄리티 역시 여느 고가 브랜드와 견주어도 뒤지지 않는다. 합리적인 가격 또한 강점이다.

까사렐은 분명 역사와 저력이 있는 브랜드다. 곧 탄력을 받고 예전처럼 토털 컬렉션으로 거듭나기를 기대한다.

Carven *since 1945*

| High Contemporary | 🇫🇷 France | Madame Carmen de Tommaso |

국내 패션 마켓에서 까르벵Carven 보다 불운한 브랜드는 찾기 어렵다. 처음 제일모직현 삼성물산이 론칭했지만 성공하지 못했고, LF전 LG패션가 이 브랜드를 가져갔지만 제일모직과 마찬가지로 쓰라린 패배를 맛봐야 했다. 결국 2016년 12월 갤러리아 매장에서 철수, 우리나라 마켓에서 사라졌다.

타임Time, 마인MINE, 시스템SYSTEM, SJSJ 등의 브랜드를 보유한 현대백화점 그룹 계열 패션 전문 기업 한섬도 탐냈던 브랜드다. LF가 인수하기 전 한섬 담당자가 까르벵 독점권을 고민하며 내게 조언을 구했는데, 여러 여건상 국내 정착이 쉽지 않을 브랜드이니 함부로 결정하지 말라는 이야기를 했던 기억이 난다.

까르벵이야말로 멀티숍 속에 머물렀어야 하는특히 국내에서는 멀티숍 전용 브랜드다. 처음부터 나는 까르벵이 모노 브랜드로는 절대로 국내에서 성공할 수 없다고 생각했다.

까르벵의 국내 정착이 어려운 이유를 나는 다음과 같이 생각한다.

첫째, 디자인이 너무 심하게 귀엽다. 귀여운 초미니 스커트, 허리는 잘록하고 아래는 풍성한 살짝 짧은 기장의 여성스러운 드레스, 앙증맞은 소녀가 입어야 할 것 같은 짧은 셰이프 니트와 스웨터들! 디자인이 귀여운 게 무슨 문제가 되느냐고 반문하는 사람들도 있을 것이다. 그렇다면 까르벵의 가격을 보자.

원피스는 보통 100만 원대, 스웨트셔츠sweat shirt, 땀을 발산하기 쉽게 만든 셔츠나 반바지 등은 50~80만 원대다. 그런데 디자인은 소녀시대가 입어야 될 것처럼 귀엽다. 4050세대가 소비할 수 있는 가격대인데, 스타일은 10대 후반이나 20

대 초반의 여성에게 적당하다. 반바지, 가죽바지, 끈 없는 드레스 등 나이에 굴하지 않고 옷을 입는 나조차도 이 브랜드의 아이템에는 쉽게 손이 가지 않는다. 요즘 말로 하면 손발이 오그라드는 느낌이다. 결론적으로 주 소비층인 1020세대 여성이 쉽게 다가갈 수 없는 가격대인 것이다. 고가 브랜드를 셀렉하는 젊은 바이어들은 반드시 새겨 두어야 할 부분이다.

럭셔리와 럭셔리 컨템, 컨템 등이 어우러진 고가 편집숍의 바이어들은 반드시 '3050세대 고객이 입을 수 있는 옷인가?' '그들의 취향을 저격할 스타일인가?'를 생각해야 한다. 럭셔리 편집숍의 주 타깃은 젊은 스타일의 옷을 선호하는 중년 여성이다. 실제 영한 옷을 입는 1020세대가 주 고객이 아니라는 이야기다. 1020세대의 눈높이에 맞는 귀여운 옷이 아니라 3050세대의 고객과 눈높이를 맞춰 그들의 시선에서 귀엽고 예쁜 옷을 골라야 한다.

둘째, 까르벵의 아이템 대부분은 목선이 매우 타이트하다. 네크라인에 여유가 없어 가끔은 답답하게 느껴질 정도다. 스웨트셔츠, 스웨터, 블라우스는 물론 원피스도 예외는 아니다. 이런 스타일은 목이 길고 얼굴이 작은 서양 사람들에게나 어울린다.

물론 우리나라에도 모델이나 연예인처럼 베이글만큼 작은 얼굴에 사슴 목을 가진 사람도 있지만 동양인은 대부분 나처럼 짧은 목에 큰 얼굴형을 가지고 있다 슬프지만 인정한다!. 이런 얼굴형은 까르벵의 디자인을 소화하기 쉽지 않다.

셋째, 국내에는 '훌륭한 카피 마켓'이 있다. 내가 '훌륭하다'라고 한 이유는 카피 마켓의 특수성 때문이다. 카피 마켓

▲▲
귀엽고 앙증맞은 소녀를
연상시키는 Carven의 컬렉션

에서는 판매에 걸림돌이 되는 까르벵의 타이트한 목선이나, 짧은 길이 등을 보완해서 국내 소비자용으로 재탄생시킨다. 카피 마켓이 내 전문은 아니지만, 인터넷 쇼핑의 귀재인 큰딸 앨리스Alice 덕에 가끔은 신세계를 맛보곤 한다.

어느 날 앨리스가 너무 귀여운 톱을 입고 나타났다. 디자인의 원본은 분명 까르벵이었는데 목선이며, 전체 길이가 한국인이 좋아하는 형태의 옷이었다. 가격은 오리지널 브랜드의 10퍼센트 수준.

앨리스는 내게 자신이 제품을 구매한 인터넷 쇼핑몰을 보여주었다. 나는 그곳에서 한국인의 체형에 맞추어 거듭난 까르벵 천국을 보았다. 정말이지 대단한 사람들이다.

이와 같은 이유들로 까르벵의 국내 정착은 결코 쉽지 않다. 크리에이티브 디렉터나 브랜드 아이덴티티가 바뀌지 않는 이상 그렇다는 뜻이다. 하지만 오랜 역사를 가진 브랜드이고 퀄리티가 높은 제품임은 분명하다. 좋은 바이어라면 자신의 편집숍에 맞는 아이템 한 랙 정도는 무난히 고르리라고 생각된다.

앞서 이야기했듯 2016년 12월 갤러리아 점포를 마지막으로 까르벵 모노 브랜드가 사라졌다. 이 말은 곧 독점계약이 사라졌다는 의미이고, 2018년부터 국내 바잉이 가능해질 것이라는 이야기다. 여기저기서 귀엽고 스포티한 까르벵 제품들을 보게 될 날이 머지않았다.

Dice Kayek since 1992

| Luxury | Ece Ege&Ayse Ege |

Designer : Ece Ege&Ayse Ege

디체카엑Dice Kayek은 파리에서 개최되는 세계 최대의 패션 트레이드 쇼인 트라노이Tranoi의 세 곳 중 한 곳인 몽테뉴7 Rond-point des Champs Elysees에 자리하고 있다. '세계 최대 규모'라는 타이틀과 걸맞지 않게 우리나라 바이어들이 잘 들르지 않는 곳이기도 하다. 이브닝 웨어와 퍼Fur 제품이 주류를 이루고 있기 때문에 파티 문화가 없는 우리나라에서는 그다지 볼거리가 없는 탓이다. 하지만 이렇게 유니크한 브랜드를 외면해서는 안될 일이다.

현재 가장 핫한 액세서리 브랜드이자 펀&펑키의 대명사가 된 힌드마치Hindmarch도 한때 이브닝 웨어와 어울리는 우아하고 여성스러운 브랜드에 속해있었다. 하지만 어느새 펀&펑키를 대표하는 브랜드가 되었으니 브랜드의 정체성이 어떻게 바뀔지는 아무도 모를 일 아니던가.

내가 디체카엑을 처음 보았을 때는 워낙 튀지 않는 시크함이 유행하던 때였다. 그래서 이 브랜드가 보여주는 과장된 퍼프 소매, 지나친 자수와 패치 디테일 등 넘치는 여성스러움과 화려함이 살짝 부담스럽기도 했다. 그런데 요즘은 또 '과함'이 대세다. 과한 스트리트에서 과한 여성성으로 방점이 살짝 옮겨지고 있다. 디체카엑의 스와로브스키 장식이 가득한 톱이나, 원피스 등이 또다시 눈에 들어오는 이유다.

전통과 현대, 조화와 대조 사이에서 절묘한 균형을 이루는 디체카엑은 지난 20년간 장인과 같은 섬세한 기술로 최고급 꾸튀르를 선보이며 창의적인 브랜드 입지를 굳혀왔다.

▲
파리 라파예트에 오픈했던
Dice Kayek의 팝업스토어

태피스트리tapestry로 만든 앤티크하면서 고급스러운 패브릭에는 터키 유산과 파리 문화가 풍부한 상상력으로 담겨 나온다. '건축의 형태, 구조, 디테일, 실루엣 등을 기념하며 이를 패션으로 승화시키는 것이 목표'라는 브랜드 철학은 그들의 컬렉션을 통해 과하게 부풀린 소매, 개미허리처럼 보이게 하는 과장된 페플럼Peplum, 아방가르드라고해도 무방할 건축적, 구조적 디자인으로 표현되고 있다.

브랜드의 창립자이자 터키 출신 디자이너들은 아마도 오뜨 꾸뛰르를 가장 표준적으로 표현하는 사람들일 것이다.

일본의 오리가미origami, 정사각형의 종이 한 장을 오리거나 풀칠하지 않고, 단지 접는 방식으로 온갖 조형물을 만들어내는 기술, 구성과 쌓기를 통한 커다란 볼륨, 다양한 자수와 스와로브스키를 이용한 디테일 등이 시그너처다. 이 모든 과정이 오뜨 꾸뛰르처럼 100퍼센트 수작업으로 이뤄지고 있다.

어쩌면 디체카엑은 RTW가 대세가 된 현대 패션계에서 오뜨 꾸뛰르에 대한 오마주이자 체현인지도 모른다.

아무튼 디체카엑이 자주 쓰는 두껍고 광택 나는 실크 새틴이나 오간자organza, 드레스, 블라우스, 트리밍, 커튼 등에 쓰이는 가볍고 얇으며 약간 빳빳한 느낌을 주는 직물, 태피터taffeta 등을 제외한 아이템들은 편집숍을 여성스럽고 고급스럽게 만드는 데 일조할 것이다.

Feminine Look

Jourden *since 2012*

| High Contemporary | 🇨🇳 Hong kong | Alex Leung&Anais Mak |

디자이너 아네 마크Anais Mak의 고향인 홍콩에 디자인 베이스를 둔 브랜드 조던Jourden. 스쿨걸 같으면서도 어딘가 모를 성숙함을 느끼게 하는 브랜드다. 프린지 트림, 퀼트와 메탈릭 소재로 클래식 실루엣 디테일을 자랑하는 폴로셔츠, 플리츠 티어드 스커트, 피시넷 셔츠 원피스 등 매우 여성스러운 옷을 소개하는 강렬한 브랜드라고 할 수 있다. 윗부분은 셔츠 같고 아랫부분은 프릴 스커트처럼 생긴 드레스가 시그너처 아이템이다.

디자이너 아네 마크는 '누군가 자신을 예쁘다고 칭찬해주기를 원하는 소녀 감성에 어필하는 옷'을 만들고 싶어 한다. 폴로셔츠, 플리츠스커트 위에 반짝이는 마이크로 도트를 접목시켜 모던하고 독특한 느낌을 완성한다.

웬지 아제딘 알라이아의 드레스를 연상시키는 이 브랜드는 콜레트Colette, 이크람ikram 등 세계적으로 유명한 편집숍의 낙점을 받았고 투모로우쇼룸Tomorrow Showroom에서도 그 인기가 점점 높아지고 있다.

면으로 된 셔츠와 킹엄 셔츠 원피스, 플리츠스커트 등이 예쁘다.

Nanette Lepore

| Contemporary | 🇺🇸 New York | Nanette Lepore |

여성스럽고 사랑스러운 스타일을 지향하는 뉴욕 디자이너의 동명 브랜드 나네트레포르 Nanette Lepore. 아직 우리나라에 입점하지 않은 브랜드다. 하지만 미국이나 일본에서는 자라 ZARA 만큼이나 많은 매장을 가지고 있을 만큼 인기가 높다. 특히 뉴욕에서는 면접이나 오피스 레이디 룩으로 큰 사랑을 받고 있다.

뉴욕 태생 브랜드로 실용적이면서도 여성스러운 룩을 선보이지만 패브릭과 핏은 명품을 지향한다. 강하면서도 관능적인 현대 여성을 위한 옷을 만든다는 목표와 패션에 대한 매우 심플한 이론을 바탕으로 컬렉션이 만들어지는 게 특징이다.

디자이너 나네트 레포르는 말한다.

"아름답게 만들어라. 그리고 그 룩을 고양시킬만한 디테일 하나를 더해라."

그래서인지 그녀의 컬렉션에는 디테일이 빠지지 않는다. 특히 자수, 레이스, 꽃무늬와 하늘거리는 드레스가 많다. 밝은 색조, 가볍게 살랑거리는 귀여운 러플들, 세련된 실크로 된 아이템도 다양하다. 보통 미국 브랜드 의류는 한국인의 체형에 잘 맞지 않는데, 나네트레포르는 한국인의 아담한 체형과도 잘 어울린다.

그녀의 예쁘고 젊은 딸이 합류했으니 컬렉션이 한층 젊어지고 발랄해지길 기대한다.

Feminine Look

Nicole Miller

| Contemporary | 🇺🇸 New York | Nicole Miller |

약 20여 년 전, 미국에서 박사 과정을 밟을 때의 일이다. 당시 남편은 한국에 있었는데 그가 미국에 오면 늘 하는 일이 있었다. 나를 태우고 두 시간을 운전해서 시카고로 가는 일이었다.

당시 시카고에서 내가 가장 좋아하던 쇼핑 장소는 바니스 뉴욕Barneys New York, 니만마커스Neiman Marcus 그리고 마샬필드Mashall Field였다. 그런데 당시 어디를 가나 눈에 띄는 브랜드가 하나 있었는데 바로 니콜밀러Nicole Miller다.

비즈가 잔뜩 박힌 드레스와 앞에 리본이 달린 보디슈트 등 당시로써는 매우 세련되고 예쁜 디자인이 많았다. 남편은 뒤로하고 쇼핑에 빠져 드레스와 귀여운 티셔츠와 보디슈트 등을 구매했던 기억이 난다. 어느덧 그 드레스는 훌쩍 커버린 딸들의 몫이 되었지만 지금 봐도 전혀 촌스럽지 않고 예쁘다.

우리나라에서는 한동안 시크한 룩이 유행이어서 몸매를 드러내는 드레스나 여성스러운 아이템은 환영받지 못했다. 하지만 여성스러운 룩의 바람이 다시 불어오고 있으니 저력 있는 이 브랜드를 주의 깊게 봐도 좋지 않을까 싶다.

디자이너 니콜 밀러는 10년, 20년을 입어도 질리지 않는 옷, 세월이 흘러도 모던한 감각을 지닌 옷을 만들려고 노력한다. 무엇보다 삶에 대해 긍정적이고 젊음을 잃지 않는 태도를 가진 여성들을 위한 옷을 만드는 게 목표다.

그녀는 영화, 현대 미술, 20세기 건축물, 여행 장소 등 다

Designer : Nicole Miller

양한 시공간 속에서 컬렉션의 영감을 이끌어낸다. 미술fine art을 전공한 후 파리에서 꾸뛰르 트레이닝을 받은 니콜 밀러는 미적 감각뿐 아니라, 테크닉에도 상당히 조예가 깊다.

2005년에는 보다 더 많은 대중에게 다가가기 위해 세컨드 라인인 니콜바이니콜밀러Nicole by Nicole Miller를 론칭했다. 세컨드 라인은 미국의 저렴한 백화점 체인인 제이씨페니JCPenny에서만 판매된다. 니콜밀러 제품을 보면 누구나 미국 브랜드라는 것을 알 수 있을 정도로 아메리칸 스타일에 충실하지만 전혀 중성적이지 않고 여성스러운 게 특징이다.

안젤리나 졸리Angelina Jolie, 조스 스톤Joss stone, 제니퍼 애니스톤Jennifer Aniston, 비욘세Beyonce, 블레이크 라이블리Blake Lively, 에바 롱고리아Eva Longoria가 이 브랜드의 팬이다. 국내에서는 인지도가 낮지만 미국에서는 어디를 가나 볼 수 있는 매우 유명한 브랜드 중 하나다.

Marie Sixtine *since 2012*

| Low Contemporary | France |

▲
마레 지구에 있는 Marie Sixtine의 플래그십 스토어와 쁘렝땅백화점 에스컬레이터 전면에 위치한 숍인숍

얼마 전 파리 패션 위크를 위해 출장 스케줄을 잡고 있을 때의 일이다. 지인이 요즘 파리에서 가장 핫하게 떠오르고 있다며 시간이 나면 반드시 들러보라던 브랜드가 하나 있다. 바로 마리식스틴 Marie Sixtine이다. 스케줄 상 마리식스틴의 플래그십 스토어를 지나칠 기회가 많았기에 적당한 시간에 방문하리라는 마음을 먹고 프랑스로 출발했다. 어차피 파리의 많은 쇼룸이 마레 지구에 있다.

그런데 마리식스틴 플래그십 스토어를 보는 순간 자발적으로 문을 열 수밖에 없었다. 지인의 추천이 아니더라도 들러볼 수밖에 없는 아주 훌륭한 브랜드였다.

마리식스틴 플래그십 스토어는 옅은 나무색의 바닥과 뭉게뭉게 핀 구름을 달아놓은 듯한 천정으로 평화로운 자연 풍경을 연상시켰다. 자연스러운 인테리어 콘셉트와 프랑스 감성의 여성스러운 시크함을 물씬 풍기는 컬렉션이 잘 어우러졌다. 각양각색의 심플한 티셔츠와 예쁜 속옷, 자수가 있는 니트웨어, 프랑스 브랜드 특유의 여성스럽고 편안한 셔츠와 원피스까지…. 그야말로 종합 컬렉션이었다. 게다가 2017 SS의 잇 컬러인 그린이 포인트 컬러로 컬렉션의 중심을 잡고 있었다. 엄청난 잠재력을 지닌 브랜드임이 분명했다.

카탈로그를 하나 집어 들었다. '프랑스 쁘렝땅백화점 전 지점 입점'이라는 문구가 눈에 들어왔다. 쁘렝땅은 르봉마르쉐Le bon Marche 백화점과 더불어 마켓 서치를 위해 늘 방문하는 곳이다. 스케줄에 따라 차후 그곳을 방문해 네이버링 브랜드 Neighboring Brand : 레벨이 같거나, 어울리는 브랜드가 같이 모여 있어야 고객 유인에 유리하다를 봐야겠다고 생각했다.

참고로 갤러리라파예트백화점은 너무 많은 중국인 쇼핑객이 몰려있어 마치 시장 같은 분위기를 풍긴다. 2층에서 1층을 내려다보면 '인해전술이라는 것이 이런 것이구나' 싶을 정도로 사람이 꽉 차 한 치의 틈도 보이지 않는다. 브랜드 배치 역시 네이버링 브랜드가 무색할 정도로 중구난방이다. 네이버링 브랜드와 브랜드의 포지셔닝을 보려면 쁘렝땅이나 르봉마르쉐백화점 방문을 권한다. 갤러리라파예트는 마켓 서치를 위해 그리 추천할 만한 곳이 아니다.

쁘렝땅백화점에 도착한 후 마리식스틴의 위치를 궁금해 하며 에스컬레이터에 오르던 나는 다시 한 번 깜짝 놀라고 만다. 에스컬레이터에서 내리자마자 눈앞에 커다랗게 자리 잡은 브랜드가 바로 마리식스틴이었기 때문이다. 게다가 마리식스틴 왼쪽으로는 씨바이끌로에See by Chloe, 끌로에의 세컨드 라인가, 오른쪽에는 까르벵이 자리하고 있었다.

패션 업계 사람들은 다 안다. 매출이 높은 브랜드나 가장

핫하게 뜨고 있는 브랜드가 에스컬레이터 주변에 포진한다는 사실은 우리나라는 예외다. 신세계백화점 에스컬레이터 주변에는 신세계가 독점권을 가진 브랜드가 있다. 현대백화점, 롯데백화점 모두 마찬가지다. 한마디로 잘 나가는 신생 브랜드를 찾으려면, 쁘렝땅이나 르봉마르쉐백화점 에스컬레이터 앞쪽에 포진한 브랜드를 보면 된다.

마리식스틴은 우리나라 일반 캐주얼 브랜드보다 저렴하다. 고급 퀄리티, 훌륭한 디자인, 큰 컬렉션, 합리적인 가격 게다가 프랑스 브랜드 특유의 여성스럽고 시크한 감성까지. 마치 신생 브랜드의 성공 공식을 보는 듯하다.

나는 국내 소비자에게 마리식스틴을 소개하기로 결정했다. 이렇게 좋은 브랜드를 우리나라에 소개하는 일은 바이어로서 커다란 기쁨이자 의무이기도 하다.

아마도 2017년 가을 롯데, 갤러리아 등 주요 백화점에서 마리식스틴을 만날 수 있으리라 생각된다. 프랑스 감성의 고급 퀄리티 제품을 자라보다 살짝 높은 가격대에 구매 가능한데 어느 소비자가 지갑을 열지 않겠는가 불경기에는 소비자들의 가격 저항력도 무시할 수 없다. 개인적으로 마리식스틴에 거는 기대가 크다.

Feminine Look

MARIE SIXTINE

PART 1

Maryling since 2010

| Luxury & High Contemporary | 🇮🇹 Italy |

메릴링Maryling은 이탈리아 브랜드다. 이탈리아 패션 위크에 참여한 이 브랜드는 2016년 밀라노에서 가장 핫한 편집숍 엑셀시오르Excelsior의 메인 디스플레이를 당당하게 꿰차고 들어갔다.

2017 SS에는 신주쿠 다카시마야Takashimaya백화점 윈도 디스플레이도 장식했다. 패션의 도시 파리에도 플래그십 스토어가 오픈 예정이라고 하니 기대해 볼 브랜드가 분명하다.

처음에는 메릴링 컬렉션의 3분의 1을 드레스가 차지할 정도여서 '드레스 전문 브랜드'라고 해도 전혀 이상하지 않았다. 하지만 최근 2~3년간 꾸준히 인기를 누리고 있는 럭셔리 스트리트웨어의 바람을 메릴링 역시 피해 가지 못한 듯하다. 귀여운 패치가 붙은 스웨트셔츠와 고급스러운 트레이닝 팬츠 등이 등장한 것을 보면 말이다. 메릴링의 컬렉션은 타 브랜드 5~6개를 모아 놓은 것만큼이나 크기 때문에, 모노 브랜드는 물론 국내 시장용으로 한두 랙 정도 가져오기에 전혀 무리가 없다.

메릴링은 유연하고 편안하면서도 세련된 아이템들을 아우르는 컬렉션을 목표로 탄생한 브랜드다. 그 목표에 맞게 깔끔하고 세련되며 여성스러운 스타일을 선보인다. 직장인이자 엄마, 아내이자 딸 등 다양한 역할을 동시에 수행하고 있는 현대 여성의 니즈를 만족시키는 디자인이다.

100퍼센트 이탈리아산 최고급 원단을 사용하며 매우 고급스러운 꾸뛰르 기법으로 제작된다. 가격은 컨템과 럭셔리

Feminine Look

컨템의 중간 정도로 보다 넓은 고객층에게 어필하고 있다.

사계절 내내 슬리브리스 원피스와 이브닝드레스를 선보인다. 파티 문화가 거의 없는 우리나라에서 메릴링의 롱드레스가 거의 품절이니 신기할 따름이다. 숍 매니저들의 말에 의하면, 여름에는 바캉스용으로 많이 나가며 다른 계절에는 연주용이나 피로연용 드레스로 팔린다고 한다.

봄, 여름에는 흰 포플린 셔츠와 다양한 원피스를, 가을에는 다양한 색상과 디자인의 스웨터를 선보인다. 겨울에는 아웃도어 전문 브랜드만큼이나 다양한 종류의 패딩을 소개하는 것도 특징이다.

유럽에서는 막스마라 MaxMara 등 몇몇 브랜드를 제외하고 구스다운 패딩을 만드는 브랜드가 많지 않다. 국내 업계에서는 '겨울에 패딩 없는 브랜드는 망한다'라는 우스개 소리가 있다. 국내 소비자들의 구스다운 덕다운, 누빔솜도 안 된다. 반드시 구스다운이어야만 한다 사랑은 절대적이다.

보통 구스다운 코트는 보온을 위해 디자인을 포기하는 경우가 많다. 하지만 메릴링의 패딩은 얇으면서도 따듯하다. 브랜드 특유의 여성성이 흠뻑 묻어난다. 재킷이나 코트 속에 입어도 좋고 간절기 패딩으로도 제격이다. 특히 맥시 기장의 패딩이 인기가 좋다. 패딩 상단을 니트 재질로 마무리하여 여성스러운 어깨 형태를 한껏 드러내는 디자인이다. 고객들의 계속되는 요청에 의해 블랙을 기본으로, 매 시즌 컬러를 더하고 있는 것도 특징이다.

▲
완판된 Maryling의 구스다운 코트

나 역시 이 브랜드의 패딩을 세 벌 가지고 있다. 따듯하면서도 여성미를 포기하지 않아도 되는 패딩을 원한다면 메릴링 매장이나 메릴링을 전개하는 편집숍을 찾아보기 바란다.

Feminine Look

Milly since 2000

| Contemporary | 🇺🇸 New York | Michelle Smith |

Designer : Michelle Smith

밝고 경쾌한 색상, 프릴, 큰 리본 등 여성스러운 디테일이 특징인 브랜드 밀리Milly. 기본적이고 클래식한 실루엣에 모던하고 장난스러운 분위기를 첨가하여 주요 콘셉트를 살린다.

세련된 칵테일 드레스, 통 넓은 팬츠 등이 시그너처 아이템이지만, 최근에는 핸드백도 세계적인 사랑을 얻고 있다. RTW 우먼 자체도 엄청나게 큰 컬렉션이지만 가방 외 가죽제품을 포함한 다양한 액세서리, 수영복 그리고 아동복까지 실로 어마어마한 규모를 자랑한다.

디자이너 미셸 스미스Michelle Smith는 뉴욕 패션기술대학교FIT:Fashion Institute of Technology에서 공부했다. 재학 당시 학비를 벌기 위해 맨해튼에 있는 에르메스hermes 부티크에서 판매 사원으로 일했다. 대학교를 졸업한 그녀는 에르메스 사장에게 '파리의 본사에서 인턴을 하고 싶다'는 내용의 편지를 보냈는데 놀랍게도 그녀의 요구가 받아들여졌다. 그렇게 미셸 스미스는 에르메스 파리 헤드쿼터에서 일한 최초의 미국인이 되었다.

에르메스에서 인턴십을 경험하며 에스모드ESMOD: Superieure des arts et techniques de la Mode에서 공부를 계속했고, 루이비통Louis Vuitton과 크리스티앙 디오르Christian Dior에서도 수습 디자이너로 경험을 쌓았다.

차곡차곡 실력을 쌓고 뉴욕으로 돌아온 그녀는 2000년, 대망의 독자 브랜드 밀리를 론칭한다. 밀리의 여성스러움은

▶
클래식&모던한 실루엣을 바탕으로 어깨나 배 등 신체 일부를 드러내는 디자인을 선보이는 Milly

앞서 소개한 셀프포트레잇이나 까르벵 등 여타 유럽 브랜드의 여성스러움과는 조금 다르다.

   그녀의 디자인은 아메리칸 스포츠 웨어와 파리 아틀리에 테크닉의 조우라고 봐야 한다. 실용적인 면이 강조되면서도 어깨나 배 등을 노출시키는 디자인이 다른 유럽 브랜드보다 많기 때문이다.

   패브릭에 대해서 특히 까다로운 것으로 소문이 나있는 디자이너. 패브릭 도안을 직접 디자인하는 것은 물론 패브릭 만드는 일에도 직접 참여한다. 가격은 컨템이지만 매우 고급스럽고 질이 좋은 브랜드다.

   비욘세, 기네스 팰트로 Gwyneth Paltrow 등 많은 셀럽의 사랑을 받고 있다.

   버그도프굿맨, 니만마커스 백화점, 〈섹스 앤드 더 시티〉 〈가십걸〉 등 영화나 드라마에 종종 등장하는 삭스피프스에비뉴 Saks Fifth Avenue, 영국의 헤롯백화점, 일본을 대표하는 다카시마야와 이세탄 Isetan 백화점등 전 세계 150여 개국에서 사랑받고 있다.

   머지않아 우리나라에서도 밀리의 모노 브랜드 스토어를 볼 수 있지 않을까 기대해 본다. 국내에서는 미국보다 프랑스 브랜드가 잘되는 편이지만 밀리는 일반적인 미국 브랜드 보다 훨씬 여성스럽고 펀 Fun한 디테일이 강점이니 잘되지 않을까 싶다.

Feminine Look

Rebecca Taylor

| Contemporary | 🇺🇸 New York | Rebecca Taylor |

'레베카테일러Rebecca Taylor' 하면 떠오르는 텔레비전 시리즈가 있다. <초원의 집 : 총 204부작의 미국 NBC 드라마로 1974년 제작. 1983.03.21 종영>이 바로 그것이다. 워낙 오래된 드라마라 어린 친구들은 모르겠지만, <초원의 집>을 본 사람이라면 누구나 '초록빛 들판을 거니는 소녀의 몸 위에 걸쳐진 하늘거리는 잔잔한 꽃무늬 원피스'를 떠올릴 것이다. 그것이 바로 레베카테일러의 시그너처 아이템이자 브랜드 아이덴티티다.

Designer : Rebecca Taylor

잔잔한 꽃무늬가 프린트된 플로럴 실크, 과하지 않은 작은 러플들, 작은 꽃무늬가 프린트되어 있는 벨벳 등이 디자이너 레베카 테일러가 자주 사용하는 모티브와 패브릭이다. 너무 복고적이거나 촌스럽다고 생각할 수 있지만 현실은 전

▲▲
Rebecca Taylor의 시그너처 아이템인 레이스 블라우스, 프릴 장식의 톱, 꽃무늬

혀 그렇지 않다.

　벨 셰이프로 잡은 살짝 과장된 슬리브, 세련되고 깔끔하고 시크한 디자인이 레베카 테일러의 손을 거쳐 복고적인 느낌의 패브릭과 만나면 비로소 그녀만의 스타일이 완성된다.

　뉴질랜드에서 나고 자란 레베카는 고향의 서정적인 자연 경관과 시대의 모더니티 modernity, 런던과 파리에서 배운 쿨 페미닌 시크를 제대로 융합시키는 디자이너다. 덕분에 과하지 않고 편안하면서 여성스러운 세계를 구현해낸다.

　굳이 패피가 아니더라도 부담 없이 입을 수 있는 무난한 디자인과 패턴, 패브릭과 프린트를 주로 사용한다. 편안하고 고급스러운 스타일을 좋아하는 우리 고객들이 충분히 소화할 수 있는 드레스가 많은 브랜드다. 내년 SS에는 레베카 테일러의 서머 드레스를 고객들에게 소개할 생각이다.

　몇 년 전 세컨드 라인인 라비에 La Vie도 론칭했다. 오리지널 브랜드보다 30~50퍼센트 저렴한 가격대로 만나볼 수 있다. 스타일도 많이 달라서 데님, 일상생활에서 툭 걸치고 나갈 수 있는 셔츠, 진 등 시크 톰보이 chic Tomboy 룩을 지향한다. 한마디로 요즘 젊은 세대가 추구하는 스타일이다. 베이직하고 일상적인 아이템을 라비에가 맡아주고 있는 덕분에 그녀는 더욱더 실험적이고 과감한 컬렉션을 선보일 수 있게 되었다.

Rhie *since 2011*

| Contemporary | 🇺🇸 New York | Rie Yamagata가 미국에서 론칭한 브랜드 |

리에Rhie를 처음 본 건 2011년 미국의 유명한 쇼룸에서다. 예쁘고 독특한 니트와 셔츠가 주된 컬렉션으로 작지만 탄탄했다. 쇼룸 스텝으로부터 일본 디자이너 리에의 첫 번째 컬렉션이라는 것, 첫 컬렉션임에도 불구하고 전 세계 바이어로부터 좋은 반응을 얻고 있다는 정보를 얻었다.

여성스러우면서도 소녀적인 감성이 돋보이는 디자이너 리에 야마카타Rie Yamagata의 니트와 셔츠에 반해 당장 오더를 진행했다. 가격 저항력이 있긴 했지만 한국의 수입가격 구조 때문에 국내 리테일가가 다소 높았다 니트를 좋아하는 소비자들은 매우 신선하고 독특한 디자인이라며 적극 환영해주었다.

그런데 그녀가 3~4년 전부터 니트 외에 매우 다양한 아이템을 선보이며 풀 컬렉션으로 나가고 있다. 어느덧 컬렉

Designer : Rie Yamagata

션의 중심은 니트가 아니라 귀엽고 예쁜 드레스 우리나라에서는 원피스라고 불린다가 되었고, 실제로 드레스에 강한 브랜드로 자리 잡았다.

톰보이 같았던 첫 컬렉션보다는 여성스러움에 큰 방점을 둔 듯하다. 잔잔한 꽃무늬, 흘러내리는 듯한 실크 드레스 샤르뫼즈 Charmeuse는 리에의 시그너처 아이템이 된지 오래다. 꾸민 듯 꾸미지 않은 다양한 용도의 드레스를 원하는 뉴요커들이 선호하는 브랜드이기도 하다.

리에는 바니스뉴욕, 홍콩의 대표적인 쇼핑센터 레인크로포드 Lane Crawford에 입점했으며, 2017년 올해에는 뉴욕 패션의 중심지인 블리커 Bleeker와 웨스트 4번가 West 4th Street 사이에 자신의 풀 컬렉션을 소개하는 플래그십 스토어를 오픈했다.

간혹 바이어의 작은 셀렉션만 보다가 풀 컬렉션을 보면 전혀 다른 이미지에 당황스러울 때도 있다. 아마 국내 편집숍을 통해 브랜드 리에를 접하던 고객들이 그녀의 뉴욕 플래그십 스토어에 방문한다면 비슷한 느낌을 받게 될 것이다.

Feminine Look

RHIÉ

Rochas *since 1925*

| Luxury | 🇫🇷 France | Marcel Rochas / 현 Creative Director : Allesandro Dell'Acqua |

지금까지 로샤스Rochas는 하늘거리는 드레스와 롱 스커트, 구조적인 형태를 살려주는 두꺼운 새틴 실크 등을 시그너처 아이템으로 내세워왔다.

그런데 2017 SS의 로샤스 컬렉션을 본 후 깜짝 놀라지 않을 수 없었다. 매우 핫한 브랜드인 N°21과 닮아도 너무 닮은 룩들이 보였기 때문이다. 가슴에 알파벳 R자가 쓰여 있는 얇은 니트와 하늘하늘한 스커트의 조합, 청키힐 등은 여지없는 N°21이었다. 나중에야 N°21의 디자이너였던 알렉산드로 델 아쿠아Allesandro Dell'Acqua가 로샤스의 크리에이티브 디렉터로 영입되어 만든 컬렉션이라는 사실을 알았다.

Creative Director : Allesandro Dell'Acqu

과거 로샤스는 특별한 약속이나 형식과 격식을 갖추는 자리에서 필요한 브랜드였다. 하지만 N°21의 영향 아니 알렉산드로 델아쿠아의 영향으로 니트와 실크를 믹스 매치하거나, 데님에 레이스를 사용하는 등 훨씬 더 웨어러블한 패션을 선보이지 않을까 기대해본다. 또한 그가 럭셔리 이탈리아 니트 전문 브랜드 말로Malo의 크리에이티브 디렉터였던 만큼, 예쁘고 고급스러운 니트 또한 증가할 것으로 보인다. 이미 럭셔리 브랜드 이미지를 가지고 있는 로샤스가 여성스러우면서도 톡톡튀는 재능을 가진 디자이너 알렉산드로 델아쿠아 밑에서 어떻게 전개될지 기대만발이다.

참고로 알렉산드로 델아쿠아가 론칭한 N°21도 럭셔리 컨템으로 다소 고가인 브랜드다. 로샤스는 그보다 배 이상이 비싸고, 컷이나 소재도 N°21 보다 한층 고급스럽다.

▲
시스루 시폰 레이어링으로
깃털처럼 가벼운 Rochas의
드레스 컬렉션

ROCHAS PARIS

Feminine Look

Sea New York *since 2007*

| Contemporary | 🇺🇸 USA | Monica Paolini&Sean Monahan |

나는 기존 브랜드를 바잉하기 전 새로운 브랜드를 찾기 위해 전체 쇼룸을 둘러보는 습관이 있다. 약 10여 년 전, 뉴욕 패션 위크 때 미국의 한 유명 쇼룸을 한 바퀴 돌아보고 있는데, 세일즈 스텝이 다가와 말을 건넸다.

그는 내게 매우 귀엽고 가격도 훌륭한 신진 디자이너 브랜드가 새로 들어왔다며 바잉을 권해왔다. 갓 시집온 새댁처럼 한 쪽 벽면에 수줍게 자리한 컬렉션의 이름은 씨뉴욕 Sea New York. 그런데 컬렉션 이름과 다르게 룩에서는 일본풍이 강하게 느껴졌다.

혹 일본인인가 싶어 세일즈 스텝에게 디자이너의 이름을 물어보니 모니카 파올리니Monica Paolini와 션 모나한Sean Monahan이라는 대답이 돌아왔다. 두 사람은 100퍼센트 미국인으로 죽마고우라고 한다. 그는 어린 시절을 함께 보낸 영향으로 두 사람의 손발이 척척 맞는다는 이야기도 덧붙였다.

스텝의 이야기를 들으며 씨뉴욕의 컬렉션을 다시 한 번 살펴봤다. 벙벙한 드레스와 블라우스, 유독 많이 사용되었던 아일렛eyelet 면과 올록볼록 귀엽게 처리된 밑단 등이 참 예뻤다. 하지만 나는 첫 시즌 바잉을 하지 않았다. 3050세대가 주 고객인데 그녀들이 입기에는 너무 귀여운 면이 강했기 때문이다.

그 후 이 브랜드는 소박한 도시Urban-Rustic 스타일을 지향하며 큰 컬렉션으로 성장해 나갔다. 그 사이 여성스러운 귀여움에 시크함도 더해졌다. 여전히 면으로 된 아일렛 블라우스와 원피스 등이 주를 이루지만 이전과 다르게 훨씬 다양한 연령대가 소화할 수 있는 디자인으로 진화되고 있다.

    면으로 된 벙벙한 드레스, 아일렛 천으로 만든 다양한 단품 아이템, 데님과 아일렛 레이스라는 다소 이질적인 결합 그리고 보호룩의 절정에 있는 페전트 블라우스아메리칸 스타일을 가미까지. 그들의 모토인 소박한 도시 스타일을 충실히 보여주며 전 세계 패피의 큰 사랑을 받고 있는 브랜드다.

▼
여성스러운 밀리터리풍의 FW 컬렉션.
밀리터리풍도 Sea New York
에서는 사랑스럽게 표현된다

Feminine Look

Tibi *since 1997*

| High Contemporary | Hongkong | Amy Smilovic |

Designer : Amy Smilovic

2017년 3월, 파리의 한 유명 쇼룸에서 아주 큰 방 하나를 차지한어쩌면 그 쇼룸에서 가장 큰 방일지도 모르겠다 미국 브랜드가 있었다.

보통 4~5개 브랜드가 동시에 사용할 수 있는 큰 방구획이라는 표현이 더 옳을 듯하다에 사방을 가득 채운 랙 그리고 그 랙에 빼곡히 걸려 있는 컬렉션오피스에서도 착장 가능한 슈트, 클럽이나 파티용 이브닝드레스 등은 SKUstock keeping unit, 상품 관리·재고 관리를 위한 최소 분류 단위에서도 과히 압도적이었다. 최소한의 셀렉만으로도 스토어 하나를 채울 수 있을 만큼의 대규모 컬렉션이었다.

세일즈 스텝은 100퍼센트 메이드 인 차이나made in china임에도 불구하고 정말 불티나게 팔리고 있다고 했다. 요즘은 메이드 인 차이나 라벨을 선보이는 고급 브랜드가 많다. 고급스러움과 여성스러움으로 무장한 디자인 퀄리티와 가성비가 패피들의 마음을 사로잡은 덕분이다.

그의 말을 증명하듯 방안은 전 세계에서 온 바이어들로 꽉 차 있었다. 현재 가장 핫한 브랜드 티비Tibi의 이야기다.

이런 대형 컬렉션을 선보이는 브랜드야말로 모노 브랜드에 적합하다. 이 정도로 큰 규모의 컬렉션을 셀렉할 때는 팔릴만한 상품보다 우리나라 시장과 맞지 않는 상품을 제외하는 게 더 빠르다. 우리나라 시장과 맞지 않는 제품만 정리해도 웬만한 다른 브랜드 컬렉션보다 훨씬 크다. 그래서 모노 브랜드에 적합하다는 것이다.

티비는 약 20년 전 디자이너 에이미 스밀로빅Amy Smilovic이 홍콩에서 론칭한 브랜드다. 미국 소비자들은 티비가 내놓은 프린트가 강한 실크 스카프 풍의 스커트에 즉각적인 반응을 보였다. 이러한 영향으로 여성스럽고 프린트가 강한 경쟁 브랜드들이 대거 등장하는데, 밀리와 레베카테일러도 그중 하나다.

론칭 초기 티비의 가격은 중구난방이었다. 로우 컨템에 해당할 정도로 아주 저렴한 브랜드와 컨템 브랜드의 가격대가 혼돈되어 있던 탓이다. 컬렉션이나 가격 등 그 무엇 하나 제대로 정리되지 않았던 티비가 드디어 이미지 재정립을 시도하게 되는데, 이는 패스트패션의 영향이 절대적이었다.

당시 티비는 패스트패션의 선두 주자 자라보다 살짝 높은 가격대를 형성하고 있는 브랜드였다. 디자이너 에이미 스밀로빅은 자라와 탑샵 등 패스트패션 브랜드의 급성장을 보면서 자신의 브랜드에 큰 변화가 필요하다고 느낀다. 이에 컨템 브랜드와 하이 컨템 브랜드를 구분하고, 컬렉션도 고객 중심의 작은 규모로 바꾸었다. 덕분에 컬렉션은 더욱 고급스러워졌다.

하지만 현재 컬렉션은 초기 론칭 때만큼이나 다시 커졌다. 레벨은 예전보다 몇 단계 더 상승했다.

2012년 티비는 또 한 번의 모멘텀을 맞게 된다. 클린 미니멀리즘의 정수를 보여주는 파워블로거 엘린 클링 Elin Kling, 『패션 MD:바잉 편』 74~75P 참조의 도움으로 브랜드 론칭 이후 최초로 프린트 없는 미니멀한 컬렉션을 선보인 것이다 강렬한 프린트는 브랜드 티비의 아이덴티티를 상징했다.

결국 2014년 봄 컬렉션에서는 미니멀리즘에 여성성이라는 티비의 아이덴티티를 완벽하게 조화시킨 룩을 탄생시킨다. 디자이너 에이미 스밀로빅은 2014년 봄을 '리브랜딩 시기'라고 부른다. 많은 로우 컨템이나 컨템 브랜드가 패스트패션 브랜드에 쓴맛을 보고 있는 현실이다. 디자이너의 현

▲
여성스러운 데님, 밝은 컬러의 부드러운 슬립 드레스, 벨 슬리브 등을 선보이고 있는 Tibi의 SS 컬렉션

명한 결단이 없었다면 과연 티비가 이토록 승승장구하는 브랜드로 성장할 수 있었을까? 열심히, 성실히 노력하는 에이미 스밀로빅에게 큰 박수와 격려를 보낸다. 현재 티비는 아크네 ACNE, 필립림 Phillip Lim, 이자벨마랑 Isabel Marant, 까르벵급의 네이버링 브랜드를 목표로 하고 있다.

미니멀하면서도 여성스러운 룩을 원하는 고객이나 바이어라면 눈여겨볼 만한 브랜드다.

Tracy Reese since 1997

| Contemporary | 🇺🇸 New York | Tracy Reese |

Designer : Tracy Reese

풍부하고 대담한 색채, 강렬하고 독특한 프린트가 트레이드 마크인 트레이시리즈 Tracy Reese는 재미있고 경쾌한 현대 여성을 위한 브랜드다. 우리나라 고객들에게는 색채나 프린트가 다소 강한 감이 있지만 워낙 화려하고 터프한 아이템이 유행하고 있으니, 어쩌면 이를 소화할 수 있는 고객층이 넓을 수도 있겠다.

'모든 여성들로 하여금 자신을 아름답게 느낄 수 있도록 만들자'라는 디자이너의 철학에 충실한 브랜드다. 사이즈, 체형, 피부색을 초월하여 모든 여성의 내면에 있는 아름다움을 이끌어내고자 노력한다.

오피스룩이지만 특별한 날 저녁 식사 자리에 착용해도 무리가 없을 만큼 다양한 용도로 활용 가능한 아이템이 많은 실용적인 브랜드다.

참고로 2016 SS 컬렉션에서는 많은 브랜드가 레이스를 사용한 드레스를 선보였다. 디자이너 트레이시리즈 역시 이와 비슷한 레이저 컷 드레스를 선보였는데 일반 레이스 드레스와는 많이 다르다. 레이저 컷 드레스는 레이스와 같은 효과를 내지만 고급 레이스보다 훨씬 실용적이고 저렴하다.

디자이너 트레이시 리즈는 미국 패션계에서 보기 드문 아프리카계 미국인이다. 디자이너 마틴 싯봉 Martine Sitbon 밑에서 인턴 생활을 한 후 페리엘리스 Perry Ellis 등 다양한 대중 브랜드에서 실력을 쌓아갔다.

1997년 독자 브랜드 트레이시리즈를 론칭, 과감한 색과

프린트를 현대적인 실루엣과 핏으로 해석한 컬렉션을 선보였다.

이듬해인 1998년 세컨드 라인인 플렌티바이트레이시리즈 Plenty by Tracy Reese를 론칭했다. 이 브랜드의 원피스는 20~30만 원대로 로우 컨템에 가깝다. 오리지널 브랜드와 마찬가지로 볼드한 색과 재미난 디테일을 사용하지만, 일상적으로 입을 수 있는 모던 보헤미안풍의 룩을 선보인다.

2014년 봄에는 드레스 라인인 플렌티바이트레이시리즈 드레스 Plenty by Tracy Reese Dresses를 론칭했다. 밝은 프린트와 컬러로 된 여성스러운 컨템 드레스를 합리적인 가격에 제시, 미국에서 매우 좋은 반응을 얻고 있다.

미국 현지뿐 아니라 유럽과 아시아 편집숍의 러브콜도 꾸준히 증가하고 있는 브랜드다. 미셸 오바마, 사라 제시카 파커, 오프라 윈프리 Oprah Winfrey 등이 그녀의 열성팬이다.

우리나라에서는 시원한 셔츠와 원피스 류만 제대로 갖추어도 여름 매출이 보장된다는 말이 있다. 스포츠, 스트리트 룩과 함께 여성스러운 룩에 대한 관심도가 점점 높아지고 있으니 원피스를 찾는 바이어라면 한번 들러 봄직하다.

◀

대담하고 과감한 컬러, 독특한 프린트 패턴 등은 Tracy Reese의 트레이드마크다

Vera Wang *since 1990*

| Luxury | 🇺🇸 New York | Vera Wang |

살아있는 웨딩드레스의 전설이다. '드레스=베라 왕Vera Wang' '베라 왕=드레스'가 생각날 정도로 다양한 형태와 가격대의 드레스를 선보이고 있다. 베라 왕의 드레스는 우리 돈으로 약 3만 원부터 시작해서 약 3,200만 원에 이르기까지 다양한 가격으로 구성되어 있다.

요즘은 제이슨 우Jason Wu, 필립 림, 알렉산더 왕Alexander Wang 등 전 세계적으로 인정받는 동양인 디자이너가 많지만, 브랜드 베라왕을 론칭할 때만 해도 그녀가 동양인으로는 유일하게 인정받았던 디자이너가 아니었나 싶다.

얼마 전에는 미국패션디자이너협회CFDA: Council of Fashion Designers of America에서 평생 공로상을 받기도 했다.

디자이너 베라 왕은 어린 시절부터 어머니를 따라 파리 패션쇼를 자주 접했을 만큼 부유하고 권력 있는 중국계 집안에서 태어났다. 여섯 살에 피겨스케이팅을 시작했으나 1968년 동계 올림픽 선발전에서 탈락, 선수 생활을 포기했다. 파리대학과 사라로런스대학교Sarah Lawrence College를 졸업한 뒤 <보그>에서 최연소 편집자로 명성을 떨쳤다. 랄프로렌Ralph Lauren의 디자이너를 거쳐 1990년 드디어 베라왕이라는 독자적인 패션 회사를 세웠다.

머라이어 캐리Mariah Carey, 제니퍼 가너Jennifer Garner, 우마 서먼Uma Thurman, 제니퍼 로페즈Jennifer Lopez, 빅토리아 베컴Victoria Beckham, 제시카 심슨Jessica Simpson, 케이트 허드슨Kate Hudson, 샤론 스톤Sharon Stone 그리고 힐러리 클린

Designer : Vera Wang

턴Hillary Rodham Clinton의 딸 첼시 클린턴Chelsea Clinton의 웨딩드레스를 제작했다. 우리나라에서는 배우 심은하, 김남주 등이 베라왕의 웨딩드레스를 입고 결혼식을 올렸다.

약 10만 원대 미만의 드레스로 구성된 심플리베라베라왕simply vera Vera Wang, 약 10~20만 원대의 드레스로 구성된 프린세스베라왕Princess Vera Wang, 약 30만 원대 드레스로 구성된 드레스베라왕Dress Vera Wang, 화이트바이베라왕White by Vera Wang 등 지나치게 세분된 라인이 브랜드의 아이덴티티를 다소 흐려놓는 감이 있다.

그럼에도 결혼을 앞둔 모든 신부가 꿈꾸는 드레스 브랜드임은 틀림없다.

여기서 베라왕에 얽힌 교훈적이지만 슬픈 이야기를 하나 하고 지나가야겠다.

우리나라에서 베라왕을 이야기하려면 1세대 편집숍인 로즈로코뉴욕Roseroco NY, 현재는 사라졌다을 빼놓을 수 없다. 내가 편집숍이라는 것을 시작하기도 전에 로즈로코는 이미 현대백화점 본점, 갤러리아백화점 등 메이저 백화점에 당당히 자리하고 있었다.

아름답고 세련된 용모의 대표는 자신의 외모만큼이나 범상치 않고 만만치 않은 바잉 실력을 보여줬다. 편집숍이라는 형태가 낯선 시절이었지만 로즈로코만큼은 별 거부감 없이 마켓과 고객에게 열렬한 환영을 받았으니 말이다.

이토록 승승장구하던 로즈로코에 파산의 먹구름을 드리운 게 바로 베라왕이다. 로즈로코 대표는 파티 문화가 없는 우리나라에 이브닝드레스 전문 브랜드 베라왕을 독점으로 수입하기로 결정했다.

그 비싼 청담동 명품거리에 있는 2층 건물도나카란Donna Karan에서 현재 겐조Kenzo로 바뀜에 베라왕 단독 매장을 오픈했다. 정확한 기억은 아니지만 대략 2009년 즈음이다.

갤러리아백화점 옆으로 늘어선 명품거리의 상가 월세는 그야말로 살인적이다. 대기업이나 국내에 진출한 대형 브랜드 외 중소 브랜드나 개인은 결코 감당할 수 없는 가격이다.

혹 그 비싼 명품거리에 있는 숍 정문에 고객의 차가 주차되어 있는 걸 본 적이 있는가? 명품거리에 있는 플래그십 스토어는 대부분 이윤을 위해 오픈하는 게 아니다아무리 대기업이라고 하더라도. '브랜드 독점'이라는 전제 조건 때문에 울며 겨자 먹기로 오픈하거나, 브랜드 이미지 재고를 위한 안테나숍에 가깝다. 오죽하면 명품거리에 있는 숍을 두고 '백화점에서 번 돈으로 로드숍플래그십 스토어을 먹여 살린다'라는 말이 있을까.

나는 명품거리를 내 집 앞마당처럼 돌아다니는 사람이다. 스페이스 눌 본사 오피스가 갤러리아백화점 맞은편에 있어 매일 그곳을 지나다닌다. 그런 나도 이곳 플래그십 스토어 앞에 주차된 차를 보는 게 쉽지 않다. 그만큼 플래그십 스토어에서 매출다운 매출을 내기가 어렵다는 이야기다.

특히 우리나라 백화점 마케팅은 그 어느 나라보다 공격적이고 적극적이다. 발렛 파킹, 포인트, 상품권 등으로 무장한 백화점이 있는 한, 로드숍 모객에는 한계가 있을 수밖에 없다.

결과적으로 로즈로코의 파산은 섣부른 대표의 판단 때문이었다. 파티 문화가 없는 국내에 이브닝드레스를 독점으

VERA WANG

Feminine Look

▲
단 몇 장의 사진만으로도 Vera Wang의 웨딩드레스가 왜 신부들의 로망인지를 충분히 알 수 있다

로 수입마켓 분석 실패하고, 고객 모집이 불가능한 명품거리에 플래그십 스토어를 오픈하여 고객 접점 실패 잘나가던 편집숍을 하루아침에 문 닫게 했다. 개인 편집숍을 운영하는 대표들이라면 로즈로코가 주는 교훈과 선례를 절대로 잊지 말아야 한다.

　베라왕 플래그십 스토어가 있었던 건물 앞을 지날 때면 지금도 종종 로즈로코에 대한 아련한 기억이 밀려온다. 짠한 감정을 느끼지만 로즈로코의 교훈을 반면교사 삼으려는 노력 또한 게을리하지 않는다.

관심 있게 보면 좋을 드레스 브랜드

Marchesa Notte *since 2004*

가성비를 따지는 요즘 세태를 반영하듯, 100만 원 미만의 고급스러운 이브닝드레스를 중심으로 하는 드레스 전문 브랜드의 약진이 두드러진다. 베라왕, 모니크릴리에 *Monique Lhuillier* 등의 롱드레스는 200~300만 원을 넘는 게 많다. 너무도 화려한 옷의 특성상, 한 번 입은 드레스를 다음 파티에 또 입고 가기는 어려운 현실이다. 파티가 매일 있는 것도 아니지만 이토록 실용적이지 못한 드레스를 몇 백만 원씩 주고 구입하는 게 쉬운 일은 아니다. 고급 브랜드들이 '제발 입어만 달라'고 너도나도 줄 서 있는 유명 셀럽은 예외다.

드레스 앞 라인이 뒤 라인보다 살짝 짧아 일명 하이 로우 드레스 *high low dress* 라고 불리는 아이템이 시그너처인 브랜드 마르케사노테 *Marchesa Notte. Georgina Chapman&Keren Craig, London.* 이 브랜드의 드레스는 디자인과 퀄리티로만 보면 수백만 원을 쉽게 넘기는 베라왕, 모리크릴리에, 오스카드라렌타 *Oscar de la Renta*, 발렌티노 등과 견주어도 결코 뒤지지 않는다. 디자인도 정말 예쁘다.

더 놀라운 점은 드레스 한 벌당 가격이 약 100만 원 선이라는 것. 가성비의 비밀은 바로 메이드 인 차이나다.

이 브랜드의 또 다른 강점은 범용성 있는 디자인과 소재에 있다. 파티가 끝난 후 치렁치렁한 드레스를 무릎길이로 자르면 곧바로 오피스룩으로 활용할 수 있다.

Tadashi Shoji *since 1982*

가성비 좋은 드레스 전문 브랜드를 하나 더 소개하고자 한다. 일본 디자이너 다카시 쇼지*Tadashi Shoji*가 35년 전 뉴욕에서 론칭한 브랜드 다카시쇼지다. 약 100만 원 미만인 드레스가 대부분인데, 사용하는 레이스와 패브릭의 퀄리티는 수백만 원 하는 드레스에 결코 뒤지지 않는다.

돌체앤가바나와 발렌티노에서 약 500~600만 원 하던 레이스 드레스가 눈에 밟혀 내게 어울릴만한 레이스 드레스를 찾아 헤매던 때가 있었다. 바로 그때, 고급 레이스로 만들어진 다카시쇼지의 드레스가 눈에 들어왔다. 디자이너가 다양하고 고급 레이스 소재로 만든 아이템도 많다. 디자인은 고가의 이브닝 웨어 라인과 비슷하고 소재도 거의 흡사하다. 자수가 놓인 두꺼운 이탈리아식 레이스와 가벼운 툴은 정말이지 꾸뛰르 드레스 같은 느낌을 준다.

무릎길이의 칵테일 드레스 우리나라에서는 오피스룩으로 활용해도 좋다 부터 레드 카펫에 어울릴만한 롱드레스 그리고 티셔츠와 팬츠 등 글래머러스하면서도 그리 과하지 않은 룩을 보여준다.

미국과 중국, 특히 일본에서 인기가 높다. 니만마르쿠스, 삭스피프스에비뉴, 블루밍데일스*Bloomingdale's*, 노드스트롬*Nordstrom* 등 유명 백화점과 편집숍 등 약 1,000여 곳에서 다카시쇼지를 만날 수 있다.

Feminine Look

이 밖에도 영국의 왕세손 케이트 미들턴Kate Middleton이 즐겨 입는 중저가 영국 브랜드 리스Reiss, 이사런던Issa London, 휘슬Whistle도 컬렉션과 가격대가 좋다. 모노 브랜드에 관심이 있는 바이어라면 눈여겨보길 바란다.

이탈리아 대중 브랜드 핀코Pinko 역시 홍콩 쇼룸과 연계하여 공격적으로 아시아 시장을 공략하고 있으니 관심을 가져볼 만 하다.

몇 년 전 갤러리아 스토어를 마지막으로 우리나라에서 사라진 랩 드레스의 대명사 다이앤본퍼스텐버그 역시 국내 바이어에게 열려있는 브랜드다. 모노 브랜드가 국내에서 실패했다고 그 브랜드 자체가 우리 마켓에 적합하지 않다는 의미는 아니다. 편집숍 바이어라면 한두 랙 정도는 충분히 자신의 스토어 콥셉트에 맞춰 바잉할 수 있는 좋은 브랜드다.

이 외에도 트윈셋TwinSet, 메일Mayle, 요아나바라시Yoana Baraschi, 카르멘마크발보Carmen Marc Valvo, 케이웅거Kay Unger, 데이빗마이스터David Meister, 아드리아나파펠Adrianna Papell 등도 여성스러운 드레스로 유명한 브랜드다.

호주 브랜드인 콜레트디니건Collette Dinnigan도 매우 여성스럽고 아름다운 컬렉션을 보여주었으나, 2015년을 마지막으로 잠깐 휴지기에 들어갔다. 활동을 재개하면 관심 있게 지켜볼 만 하다.

Vivienne Tam

| Contemporary | 🇨🇳 Hong Kong | Vivienne Tam |

Designer : Vivienne Tam

Feminine Look

홍콩에 가면 시장 조사를 위해 꼭 방문하는 몇 곳이 있다. 레인크로포드백화점과 편집숍 아이티I.T 그리고 대형 쇼핑몰 하버시티 Harbor City와 랜드마크 Land Mark다.

특히 하버시티와 랜드마크는 입점 심사가 엄청 까다롭기로 유명하다. 패션계에서는 보통 이 두 곳에 모노 브랜드 스토어가 있으면 그 브랜드의 퀄리티와 명성이 증명된다고 할 정도다.

그런데 이토록 입점이 까다로운 두 곳에 당당히 자리하고 있기에는 다소 분위기가 묘한 컬렉션이 하나 눈에 띄었다. 자수와 프린트로 장식된 용과 중식식 꽃무늬가 돋보이는 여성복으로, 어떻게 보면 동양스럽고 또 어떻게 보면 이국적인 스타일이었다.

나의 호기심을 한껏 자극한 이 브랜드의 이름은 비비안 탐이다. 뉴욕을 기반으로 활동하는 홍콩 출신 디자이너 비비안 탐 Vivienne Tam이 홍콩에서 론칭한 브랜드로 그 역사가 20년이나 된다.

숍을 방문해보니 컬렉션이 제법 컸다. 귀엽고 앙증맞은 패치가 돋보이는 캐주얼한 스웨트셔츠, 꽃무늬레베카테일러 같은 잔잔하고 서정적인 서양 꽃무늬가 아니다가 화려하게 프린트된 하늘하늘한 실크 드레스 등 아이템도 무척이나 다양했다.

그러고 보니 분명 어디선가 본 적 있는 브랜드였다. 아하, 도쿄! 여성스럽고 귀여운 룩을 좋아하는 일본 마켓에서는 아주 반응이 좋은 모양이었다. 신주쿠의 다카시마야백화점과 이케부크로의 세부백화점에도 제법 크게 들어가 있는 것을 보면.

안 그래도 올해 3월, 다카시마야백화점에서 비비안탐의 서브 라인인 오페라걸바이비비안탐 Opera Gir by Vivienne Tam 팝업스토어를 봤다. 안나수이 Anna sui처럼 동양적이면서도 여성스럽고 귀여운 디자인을 좋아하는 고객이 많은 일본에서는 잘 될 수도 있겠다 싶은 브랜드였다.

디자이너 비비안 탐은 중국 관동 지방에서 태어나 홍콩에서 자랐다. 뉴욕에서 활동하고 있는 동양을 대표하는 디자이너 중의 하나다. <포브스>가 선정한 '영향력 있는 중국계 미국인 비즈니스맨 25'에도 뽑힐 만큼 성공을 거둔 디자이너다.

그녀의 시그너처 아이템이 되어버린 '마오 Mao, 중국의 정치가 마오쩌둥을 모티브로 함 컬렉션'은 동양적인 모티브를 서구적으로 융화시켜 많은 패피와 셀럽의 주목을 받았다. 동서양을 믹스해 east meets west 자신만의 독특한 스타일로 재탄생시키는 능력이 탁월한 디자이너다.

매화, 목단, 부처, 용 등 전통적인 중국 회화에서 보이는 풍경을 모티브로 활용, 중국의 예술과 문화를 세계에 알린 노고를 인정받아 베이징인스타일엑스포 Beijing instyle expo에서 공로상을 수상한 바 있다.

비비안 탐은 단순히 여성스러운 의상만 만들어내는 디자이너가 아니다. 시대와 공간을 컬렉션 소재로 이용할 정도로 상상력이 풍부하며, 디자이너 최초로 나사 로고를 컬렉션에 사용하는 등 실험정신이 돋보이는 디자이너다.

우리나라는 프랑스나 이탈리아 브랜드에 비해 아시아 브

랜드의 선호도가 약한 편이다. 이에 비비안탐에 대한 고객의 반응이 뜨거울 것이라고 장담할 수는 없다. 하지만 분명 셔츠, 블라우스, 레이스로 된 롱드레스 등 우리나라 멀티숍에서도 이질감 없이 잘 어울릴 만한 아이템이 많다. 뉴욕이나 일본만큼 성공적일지는 미지수지만, 분명 잠재력 있는 브랜드다.

Zac Posen *since 2002*

| Luxury | New York | Zac Posen |

Designer : Zac Posen

2000년 대 초반, 나는 잭포즌Zac Posen에서 여성스러움이 물씬 풍기지만 조금은 독특한 흰 셔츠를 한 벌 구매했다. 잘록한 허리를 강조하는 디자인에 크리스피 코튼이 여러 겹 겹쳐진 퍼프 소매로 구성된 빅토리안 스타일^{살짝 과한 느낌이 있다}의 셔츠다. 아직까지 이보다 예쁜 셔츠를 만나지 못한 탓에 깨끗하게 아껴 입는 중이다. 물론 더 이상 잘록하지 않은 허리 덕에 배에 힘을 주고 다니느라 입을 때마다 고생은 하고 있지만.

지난 3월 잭포즌이 발표한 2017 FW 컬렉션을 눈여겨볼 필요가 있다. 빅토리아 시대를 현대적으로 재해석했는데 우아하고 한없이 부드러운 낭만주의의 정점에 있는 컬렉션이었다. 디체카엑의 둥근 퍼프 소매와 심각한 오리가미 같은 페플럼과는 또 다른 의미의 과장을 보여줬다.

디자이너 잭 포즌은 '빅토리아 시대의 전통적인 옷에서 받은 영감을 현대로 데려오려고 노력했다'라고 말한다. 빅토리아 시대로부터 받은 영감이 브랜드 아이덴티티를 결정하는데 매우 중요한 부분을 차지하고 있는 듯하다.

잭 포즌의 과장된 핏에는 아이러니하게도 정제와 절제가 제대로 녹아있다. 예술의 경지에 이른 장인 정신, 여성의 몸을 제대로 이해한 해부학적인 구조, 숙련된 텍스타일을 특징으로 한다.

특히 그는 여성의 대담하면서도 관능적인 매력을 돋보이는데 탁월한 능력을 발휘한다. 그가 만든 드레스나 셔츠^{빅토}

▲
코르셋처럼 허리를 강조하여 여성의 몸을 구조적으로 아름답게 보여주는 Zac Posen 의 드레스

리아 시대의 느낌이 묻어나는를 한 벌만 입어 보면 내 말뜻을 금방 이해하게 될 것이다.

명품 라인에 속해있는 대부분의 브랜드가 메이드 인 이탈리아나 메이드 인 프랑스를 선호하는 것과 달리 전 컬렉션이 메이드 인 유에스에이 made in USA인 점도 타 브랜드와의 차별점이다. 한마디로 뉴욕에서 태어나 뉴욕에서 만들어지는 뉴욕 명품 브랜드다. 미셸 오바마도 잭 포즌의 팬으로 알려져 있다.

몇 년 전, 니트 원피스를 중심으로 지스포크 Z spoke 라는 세컨드 라인을 론칭했다. 오리지널 브랜드보다 저렴한 가격은 좋았지만 컬렉션 수준은 실망스러웠다. 비단 나 혼자만의 생각은 아니었는지 얼마 지나지 않아 이 브랜드는 슬그머니 사라졌다.

곧이어 20~30만 원대의 저렴한 가격을 내세운 트루리잭포즌 Truly Zac Posen을 론칭했고, 2013년에는 트루리잭포즌보다는 비싸지만 오리지널 브랜드보다는 저렴한 50~60만 원대의 잭잭포즌 Zac Zac Posen 라인을 론칭했다.

두 라인 모두 이전의 지스포크보다 훨씬 예쁘다. 럭셔리 바이어라면 잭포즌을, 컨템 바이어라면 잭잭포즌을 둘러보기 바란다. 국내에서도 분명 팬을 확보할 수 있는 브랜드다.

Feminine Look

Girlish & Femme Fatale

소녀와 여인 사이,
그 아슬한 줄다리기

부드러운 여성성이 보우, 러플, 리본, 스팽글 그리고 화려한 색채의 향연 등으로 표현된다면, 팜므파탈의 강한 여성성은 볼드한 무늬, 과감한 색상 대비, 코르셋이나 글래디에이터를 연상시키는 스트랩으로 보디 콘셔스 body conscious, 밀착된 소재로 몸의 볼륨과 굴곡을 그대로 드러내는 스타일를 강조하는 룩으로 나타난다.

돌체앤가바나와 발렌티노 류의 브랜드가 소녀 같은 부드러운 여성성을 강조하는 브랜드라면, 과감한 색채와 보디 콘셔스로 팜므파탈적인 매력을 강조하는 브랜드는 베르사체 Versace, 알렉산더맥퀸 Alexander McQueen, 로베르토카발리 Roberto Cavalli 정도가 될 것이다.

어쩌면 팔색조의 매력을 지닌 여성들을 소녀 감성 또는 팜므파탈적인 섹시함으로 이분법하기에 무리가 있을지도 모른다. 이런 의미에서 부드러운 매력과 팜므파탈의 경계에 있는 디자이너들을 만나보도록 하자.

Clover Canyon *since 2011*

| Contemporary | 🇺🇸 LA | Rozae Nichols |

Designer : Rozae Nichols

컨템계의 마리카트란주Mary katrantzou라는 닉네임을 지닌 브랜드다. 재미난 닉네임처럼 클로버캐넌Clover Canyon의 컬렉션은 마리카트란주의 강한 디지털 프린트와 생생한 컬러가 많이 닮았다. 하지만 마리카트란주보다 훨씬 편안하고 여유 있는 핏을 선보이며 가격도 3분의 1 수준이다.

디자이너 로제 니콜스Rozae Nichols는 컬렉션을 통해 문화적인 다양성과 풍부한 영감을 지닌 캘리포니아의 도시적인 풍경을 그려낸다. 무심한 듯 시크하게 자연스러움이 묻어나는 우아함을 반영하며, 영원히 지속되는 삶의 재미와 휴식을 구현하고자 한다.

로스앤젤레스를 기반으로 한 클로버캐넌은 눈부실 정도로 강렬하고 오묘한 색채와 프린트의 향연을 선보인다. 즐겁고 발랄한 캘리포니아 정신에서 영감을 받은 덕분인지 미국적 실용주의 냄새가 물씬 풍긴다.

불과 2~3년 전만 해도 클로버캐넌은 나의 흥미를 단 1퍼센트도 자극하지 못하는 브랜드였다. 무서운 타투를 연상시키는 특유의 컬트 분위기의 프린트가 거북하기만 했다.

하지만 지금은 오히려 그 강한 프린트가 입는 재미, 보는 재미를 준다. 그동안 마리카트란주와 피터필로토Peter Pilotto 등 화려하고 현란하고 난해하기 그지없는 디자이너의 옷을 많이 입어보고, 일명 '카트란주 프린트'라고 불리는 화려한 컬러의 패턴을 자주 접한 결과다. 익숙함과 친숙함이 패션에서 얼마나 중요한 요소인지 다시 한 번 깨닫는 순간이다.

클로버캐넌은 최근 컬렉션에서 과거와 다르게 훨씬 정제되고 독특한 디지털 프린트를 선보였다 어쩌면 마리카트란주의 영향일지도 모른다!. 2015 SS 컬렉션은 특히 '동양적인 것'에서 영감을 받은 것으로 알려져 있다. 그중에서도 오리가미를 3D로 프린트한 드레스 마치 드레스가 접힌 듯한 착시현상을 일으킨다 와 톱은 위트 있고 재미있는 작품이다. 그리스 신화에 나오는 여신들을 프린트한 드레스도 눈에 띈다.

나는 패션에서 이런 유머와 위트를 매우 중요하게 생각한다. 매일 반복되는 일상에 양념 같은 것이 바로 패션이기 때문이다.

강한 프린트와 색채를 가진 네오프렌 Neoprene 은 이 브랜드의 시그너처 아이템으로 거의 매 시즌 출시되니 꼭 한 번 셀렉하길 바란다. 마리카트란주와 피터필로토의 구입이 부담스러운 패피에게 매우 적합하다.

해외에는 모노 브랜드 매장이 많지만 국내에서는 리스크가 있는 브랜드다. 내가 처음 너무 강렬한 프린트와 패턴에 거부감을 느꼈듯, 국내 소비자 역시 다가서기 쉽지 않을 것이다.

하지만 컨템 브랜드 바이어들이 한두 랙 정도 바잉하기에는 괜찮을 듯하다. 편집숍을 위트 있고 개성 있게 만들어 줄 아이템이 많다.

Elie Saab *since 1998*

| Luxury | New York | Elie Saab |

Designer : Elie Saab

엘리사브Elie Saab의 컬렉션은 매우 여성스럽다. 하지만 다크 로맨티시즘Dark Romanticism이라고 불러도 어색하지 않을 만큼 어둡고 강렬하다.

관능적이며 로맨틱한 룩임이 분명하지만 여성스러운 벨벳 드레스에 사이하이 부츠thigh-high boots를 매치하거나 시폰 소재의 롱드레스에 금속 스터드가 박힌 가죽 라이더 재킷을 코디한 것을 보면, 페미닌룩과 팜므파탈룩의 중간 지점에 위치시키는 것이 맞을 것이다.

웨딩드레스와 오뜨 꾸뛰르 라인이 따로 있을 만큼 드레스에 강한 브랜드다. 해외에서는 이브닝 웨어 스페셜리스트로도 널리 알려져 있다.

이 브랜드의 시그너처 아이템으로 빼놓을 수 없는 게 바로 코르셋이다. 코르셋은 여성의 허리를 강조하는 도구로, 허리를 강조하면 자연스레 가슴과 엉덩이도 강조된다. 보통 이런 보디 콘셔스에는 여성스러움을 강조하기 위해 비즈, 레이스 등을 많이 사용하기 마련이다. 여기까지만 보면 성숙한 여성미가 넘치는 섹시한 스타일이 아닐 수 없다. 하지만 이 브랜드의 디자이너가 누군인가. 믹스 앤 매치의 달인 엘리 사브다. 이토록 여성적이고 성적인 매력이 넘치는 아이템에 다크한 무채색을 매치, 우아한 여성미와 강한 카리스마가 결합된 컬렉션을 만들어냈다.

엘리 사브가 무거운 의상만 만든다고 생각하면 큰 오산이다. 2016년 그가 선보인 리조트룩은 매우 밝고 여성스러웠

▲
섹시하고 파워풀한 다크 로맨티시즘을 제대로 형상화한 Elie Saab의 컬렉션

다. 마치 고급스럽고 어른스러운 버전의 셀프포트레잇을 보는 것 같았다.

　디자이너 엘리 사브는 아홉 살에 여자 형제들을 위해 옷을 만들고 10대 시절에는 직접 만든 옷을 이웃집 아주머니들에게 판매했다고 한다. 정규 기관의 교육 기반이 아닌 천부적인 자질을 바탕으로 스스로 디자인 세계를 개발한 디자이너라 할 수 있다.

Erdem *since 2005*

| Luxury | 🇬🇧 London | Erdem Moralioglu |

Designer : Erdem Moralioglu

화려한 꽃무늬 드레스로 유명한 에르뎀*Erdem*. 과하다 싶을 정도의 화려한 프린트와 지극히 여성스러운 핏을 특징으로 하는 브랜드다. 단순한 형태미 속에서 극대화된 우아함과 세련미를 보여주는 매우 여성스러운 브랜드라는 평을 받고 있다.

르봉마르쉐, 갤러리라파예트, 라리나센테*La Rinascente* 등 유명 백화점뿐만 아니라 프랑스의 콜레트, 이탈리아의 안토니아*Antonia*와 엑셀시오르*EXCELSIOR* 등 요즘 가장 핫한 편집숍에 모두 입점해 있다. 만약 이런 곳에서 '커다랗고 화려한 꽃무늬 컬렉션'을 발견한다면 분명 에르뎀일 것이다.

'미덕, 선행'이라는 의미의 터키 이름을 가진 디자이너 에르뎀 모랄리오글루*rdem Moralioglu*는 영국인 어머니와 터키인 아버지 사이에서 태어나 캐나다에서 나고 자랐다. 동서양이 결합된 환경 덕분인지, 런던을 베이스로 하고 있지만 동양적인 감성이 엿보이는 컬렉션을 선보인다.

영국에서 패션 공부를 마친 그는 전형적인 락&펑크 아방가르드를 선보이는 비비안웨스트우드*Vivienne Westwood*, 다이앤본퍼스텐버그에서 경력을 쌓았다.

에르뎀 모랄리오글루의 이력을 보면 그가 왜 구조적이며 여성의 몸을 강조하는 디자인비비안웨스트우드의 시그너처과, 여성스러움이 흠뻑 묻어나는 드레스다이앤본퍼스텐버그의 시그너처를 만들어내는지 알 수 있다.

이러한 경험을 바탕으로 2005년 자신의 이름을 딴 독자

브랜드 에르뎀을 론칭했고 <보그>가 주는 상을 필두로 많은 관련 상을 휩쓸었다.

에르뎀은 '꽃'이라는 이미지를 매 컬렉션마다 선보인다. 자칫하면 진부하거나 촌스러워 보일 수 있는 모티브를 매번 새롭고 파격적으로 만드는 데 탁월한 역량을 발휘한다. 많은 패션 비평가들이 말하듯 그만의 다크 로맨티시즘 즉, 검은 낭만주의가 있기에 가능한 일이다.

동서양의 이질적인 결합 그리고 검은 낭만주의라는 모순적인 특성은 아이러니하게도 '부조화의 조화'를 이끌어내는 아름다운 컬렉션으로 탄생한다. 화려한 꽃과 대비되는 검은색 레이스를 결합하거나, 강력한 파이톤 패턴과 화려한 꽃무늬에 파스텔 톤의 은은하고 부드러운 컬러를 함께 사용하는 식이다.

요즘 들어서는 전혀 어울릴 것 같지 않은 다양한 소재들, 예를 들어 검은색 망사를 햄라인에 덧댄 트위드 소재의 스커트나, 가죽 위에 프린트를 절개하여 실크를 덧대는 등 끊임없이 '소재의 부조화의 조화'를 실험하고 있다.

캐나다를 방문한 영국 세손빈 캐서린이 환영 인파를 향해 인사를 건넬 때 입었던 브랜드로도 유명하다. 캐서린은 평소 영국 디자이너의 옷이나 중저가 브랜드를 선호하는 것으로 알려져 있다. 그런 그녀가 캐나다 방문 첫날, 캐나다 출신 디자이너의 브랜드를 선택한 것을 두고 언론에서는 '절묘한 외교 감각'이자 '국민의 마음을 겨냥한 전략적인 패션 센스'라고 칭찬했다. 패션이 단순히 개성을 넘어 한 국가에 대한 예의와 외교를 표하는 방식이 될 수 있음을 증명한 아주 좋은 사례다.

Mary Katrantzou *since 2009*

| Luxury | 🇬🇧 UK | Mary Katrantzou |

Designer : Mary Katrantzou

마리카트란주를 르봉마르쉐백화점에서 처음 봤을 때 느낌을 한마디로 표현하자면 '충격'이었다. 저토록 강렬한 프린트를 과연 누가 소화할 수 있을까? 주변의 시선을 의식하지 않고 과감하게 옷 입기로 유명한 나조차도 도전하기 어려운 옷이었기에 몇 시즌 가지 못할 것이라고 생각했다. 물론 내 예상은 보기 좋게 빗나갔지만.

어느 순간 패션계에서 성공의 척도라고 불리는 콜레트 윈도를 장식하더니, 아디다스와의 콜라보 강하지만 여성스럽고 발랄한 컬렉션로 세계적인 주목을 받았다.

Feminine Look

디자이너 마리 카트란주는 그리스 아테네 태생이다. 인테리어 디자이너인 어머니와 텍스타일 디자이너인 아버지 사이에서 태어났다. 그녀는 미국으로 건너가 대학에서 건축을 전공한 후 센트럴세인트마틴에서 텍스타일을 공부했다. 어머니와 아버지의 피를 고스란히 물려받은 셈이다.

마리 카트란주는 세인트마틴에서 '텍스타일 프린트가 여성의 보디 셰이프를 어떻게 달라 보이게 만드는지' 알게 된 후 이에 굉장한 흥미를 느꼈다고 한다. 구조적이고 건축학적인 셰이프와 현란하지만 세련되고 정제된 프린트를 선보이는 그녀의 컬렉션이 이해되는 부분이다. 그녀는 말한다.

"프린트는 드레이프나 커팅만큼 결정적일 수 있다. 여성으로 하여금 다소 파괴적이고 전복적인 방식으로 디자인 속에 숨어 있는 아름다움을 건져내게 한다.

내가 만드는 모든 프린트는 디지털 테크놀로지를 통한다.

디지털 프린트는 내게 엄청난 기회와 가능성의 장을 열어주고 있다. 불가능성에서 가능성을, 사실주의에서 초사실주의를 창조할 수 있게 했고 물론 그 반대도 가능하게 만들어주었다."

이러한 디자이너의 철학에 따라 론칭 이후 10여 년이라는 긴 시간이 흘렀음에도 불구하고 매우 파워풀한 프린트를 선보이고 있다. 소녀적 감성, 보호본능을 자극하는 여린 여성성이 아닌 강력한 카리스마를 가진 여성성의 표현이다.

2009년 런던 패션 위크를 통해 세상에 나온 마리카트란주. 첫 시즌에 콜레트, 조이스 *Joyce*, 브라운즈 *Browns* 등 그 이름만으로도 명성이 전해지는 전설의 편집숍 바이어들의 눈에 띄어 전 세계 패션계에 당당하게 등장했다.

컬렉션에 따라 프린트 느낌은 모두 다르지만 이 브랜드의 프린트는 언제나 매우 강하다. 엄청난 성공을 거둔 티키맨 *TIKKI man* 시리즈에서는 아프리카의 색채와 패턴을 유머러스하면서도 생명력 있게 녹여냈으며, 일본적인 색채가 풍기는 화려한 벚꽃 패턴 프린트 원피스와 톱도 눈에 띄는 아이템이다.

그녀는 아프리카 부족들의 이미지와 색채, 벚꽃, 빈티지 우표, 회화의 대상에 불과했던 유리병, 향수병 등 기존의 패션 프린트에서 사용하지 않던 많은 이미지를 혁신적인 방식으로 컬렉션에 포함시켜왔다.

아마도 그녀의 세계에서는 프린트가 셰이프만큼 중요한 역할을 하는 듯하다 지금까지는 셰이프가 매우 중요하게 여겨졌다.

'마리카트란주' 하면 콜라보를 빼놓을 수 없다. 아디다스X마리카트란주 *adidasXMary Katrantzou*를 살펴보자.

마리카트란주의 일반적인 드레스파티용 화려한 드레스가 아니라 데일리 드레스는 약 100~300만 원 사이로, 부담 없이 지갑을 열 수 있는 가격대가 아니다. 그런데 아디다스X마리카트란주 컬렉션을 이용하면 오리지널 브랜드의 10분의 1가격으로 웨어러블하고 실용적인 의상 구입이 가능하다. 운동복이 아닌 일상복으로 입어도 전혀 무리가 없고 패셔너블해서 전 세계적으로 품귀현상을 일으켰다.

아디다스뿐 아니라 탑샵, 스와로브스키, 롱샴Longchamp, 몽클레어Moncler, 심지어 데님 브랜드 커런트엘리엇Current Eliot과도 콜라보 컬렉션을 선보였다. 더 놀라운 점은 이 모든 콜라보가 유명 셀럽과 패피들의 열렬한 지지 속에 성공을 거듭하고 있다는 사실이다. 디자인은 마리카트란주인데 가격이 착해서 더 그럴 것이다.

발망Balmain과 H&MBalmainXH&M의 콜라보를 떠올려보라. 패브릭이나 디테일은 좀 떨어지지만 합리적인 가격으로 발망의 디자인을 구입할 수 있는 기회를 놓칠 사람은 많지 않다. 일명 '노숙 대란' '발망 대란'을 불러일으켰지만 한정판이라는 희소성까지 갖췄으니 사람들이 몰릴 수밖에.

마리카트란주 역시 마찬가지다. 지갑이 얇은 패피들은 아디다스, 커런트엘리엇의 콜라보 라인을 시도해보기 바란다.

Peter Pilotto *since 2007*

| Luxury | 🇬🇧 London | Peter Pilotto&Christopher De Vos |

Designer : Peter Pilotto&Christopher De Vos

자연과 과학을 모티브로 삼은 피터필로토, 현대적이고 세련되고 강해 보이는 브랜드다. 강함&부드러움, 현란한 프린트&단조로운 패턴 등 모순적인 재료들이 이토록 절묘하게 조화를 이루는 컬렉션은 쉽게 찾아보기 힘들다.

선명한 컬러와 입체적인 디자인 중심이어서 얼핏 보면 마리카트란주와 비슷한 느낌을 받기도 한다. 하지만 입는 순간 부담스러움은 사라지고 나도 모르게 "와~"라는 감탄사를 내뱉을 만큼 단정해 보이며 핏이 예쁘게 똑떨어지는 브랜드다. 무척 비싸지만 무척 예쁜 룩을 선보인다.

어떤 패션 전문가가 피터필로토를 '걸어 다니는 예술 작품'이라고 표현했는데, 드레스나 블라우스를 몸에 걸치는 순간 그의 말이 절로 이해된다. 개인적으로 마리카트란주보다 피터필로토를 선호하는 편이다 특히 화려한 프린트를 자랑하는 A라인 스커트는 예술이다.

2007년 디자이너 피터 필로토Peter Pilotto와 크리스토퍼 데 보스Christopher De Vos가 론칭한 피터필로토. 데뷔 무대에서 디지털 프린트로 된 강한 색채의 컬렉션을 선보였는데, 마리카트란주처럼 첫 시즌부터 대단한 성공을 거두었다. 현재 49개국 럭셔리 부티크에서 판매 중이며 네타포르테, 도버스트리트마켓Dover Street Marke, 삭스피프스에비뉴 등 유명 편집숍과 유명 백화점에서 만날 수 있다.

최근 몇 시즌 동안 디자이너 피터 필로토는 '프린트 디자이너'라는 틀에서 벗어나기 위해 다양한 시도를 해왔다. 강

▲
다양한 프린트를 선보이고 있는 Peter Pilotto의 드레스

하고 화려한 컬러를 벗어나 단색을 많이 사용하고, 컷과 소재를 강조하는 디자인으로 변화를 주기도 했다.

실제 2017 FW 컬렉션에서는 컷, 소재, 디자인 면에서 보다 차분한 컬렉션을 선보였다 스트리트웨어 느낌을 풍김. 하지만 스웨터나 아우터 아래에서 하늘거리는 소재에 더해진 프린트를 보면 여전히 프린트가 이 브랜드의 아이덴티티임을 알 수 있다. 만약 이 브랜드에서 세컨드 라인을 출시한다면 컨템쪽 바이어로서 반드시 바잉할 예정이다.

현재 탑샵, 타깃Target 등과 콜라보 라인을 선보이고 있으니 주머니 얇은 패피들은 눈여겨볼 것을 권한다. 소재만 조금 저렴할 뿐 프린트 모티브와 디자인은 오리지널 브랜드와 비슷하다. 이런 콜라보 라인들의 가격은 대략 10만 원 내외. 부담 없이 디자이너 라인을 즐기기에 제격이다.

2017FW

Prabal Gurung *since 2009*

| Luxury | 🇺🇸 New York | Prabal Gurung |

'모던 럭셔리, 인상 깊은 스타일, 글래머러스함'을 디자인 철학으로 삼는 디자이너 프라발 구룽*Prabal Gurung*은 편안하고 성숙하며 관능적인 컬렉션을 선보인다.

그는 파슨스디자인스쿨*Parsons School for Design*을 졸업한 후 도나카란*성숙하고 여성스러운 드레이핑으로 매우 유명하다*에서 인턴 생활을 거쳤다. 귀엽고 걸리시한 브랜드 신시아로리*Cynthia Rowley*와 테일러링에 강한 빌블라스*Bill Blass*의 디자인 디렉터로 활동했다. 그리고 2009년 마침내 독립 브랜드 프라발 구룽을 론칭했다.

컬렉션의 80퍼센트 이상은 뉴욕에서 만들어지며 미국의 하이엔드 패션 사업을 지지한다. 상당히 정치적인 성향이 짙은 디자이너로 힐러리의 캠페인 티셔츠를 만들기도 했다.

Designer : Prabal Gurung

2017SP

Feminine Look

　　미셸 오바마가 자주 입었으며, 레이디 가가, 제니퍼 로렌스 *Jennifer Lawrence*, 제시카 알바 등 웬만한 셀럽은 구룡의 팬이라고 할 정도로 두터운 팬층을 자랑한다.
　　예술 작품이라고 불러도 손색없을 만큼 아름답고 얇은 비대칭 니트 서로 다른 직조 방식을 사용했는데, 정말 독특하고 예쁘다가 돋보이는 브랜드다.

Zimmerman *since 1991*

| Luxury | 🇦🇺 Australia | Nicky&Simone Zimmermann |

론칭 25년이 넘은 오래된 호주 브랜드 짐머만 Zimmermann. 지구 반대편에 위치해있다는 이유와 호주 패션 위크에 참가하는 브랜드 파리, 밀라노, 뉴욕 등 메이저 패션 위크가 아닌 라는 이유로 최근에야 비로소 내 눈에 들어온 브랜드다.

엄청난 양의 프릴과, 꽃무늬 패턴의 얇은 시폰 소재 등 무척 여성스러움을 강조하는 컬렉션을 선보인다. 그러나 등과 목 주변 또는 허리나 가슴 부위에 있는 스트링 디테일은 어딘지 글래디에이터를 연상시킨다. 그래서 짐머만의 의상은 10미터 밖에서라도 '짐머만'임을 알아볼 수 있다. 소녀 감성과 성숙한 관능미를 동시에 보여주는 정말 예쁘고 독특한 브랜드다. 최상급 패브릭과 섬세한 프린트, 편안하면서도 매우 정교하고 세련된 디자인이 최고의 조화를 이룬다.

Designer : Nicky&Simone Zimmermann

자매 디자이너가 이 브랜드를 이끌고 있는데 니키 짐머만 Nicky Zimmermann은 디자인을 시몬 짐머만 Simone Zimmermann은 생산과 세일즈를 책임진다. '글래디에이터&소녀'라는 모순적인 조합이 이토록 아름답게 표현되는 것은 아마도 두 디자이너의 오랜 경험과 그녀들이 가진 천재성 때문일 것이다.

2017 FW에는 이 브랜드의 시그너처인 스트링 디테일 멀리서 보면 마치 레이스처럼 보인다보다 프린지같이 무거운 프릴이 중심 디테일로 쓰였다. 프릴은 마치 수사자의 갈기처럼 보이기도 했는데, 장엄하면서도 지극한 여성스러움이 돋보였다.

프릴, 실크가 주를 이루는 여성스러운 브랜드는 대부분 FW 컬렉션에 약할 수밖에 없다 시즌 성격상 그렇다. 하지만 짐머만의 2017 FW는 입이 떡 벌어질 만큼 예뻤고 시즌에도 적절한 아이템이 많았다.

RTW도 유명하지만 특히 럭셔리 스위밍 웨어 swimming wear와 함께 어울리는 리조트웨어 resort wear가 전 세계 패피들의 사랑을 받고 있다. 럭셔리하고 스타일리시한 스위밍 웨어를 찾는다면 반드시 바잉해야 할 브랜드다. 2018 SS에는 나 역시 이들의 뉴욕 쇼룸을 방문할 예정이다.

1992년 시드니에서 플래그십 스토어를 오픈 브랜드 론칭 1년 만에 했는데 전 세계적으로 엄청난 반향을 일으켰다. 1996년 호주 패션 위크에 참여한 후 많은 해외 바이어들에게 러브콜을 받았다. 현재는 뉴욕 패션 위크와 니만마커스, 레인크로포드, 바니스뉴욕, 헤롯백화점 등에서도 이 브랜드의 컬렉션을 발견할 수 있다. 조만간 우리나라에서도 만나볼 수 있길 바란다.

Feminine Look

Femme Fatale

거부할 수 없는 치명적인 매력,
팜므파탈

앞에서는 강한 프린트나 과장된 셰이프로 유명한 브랜드를 중심으로 소개했다. 지금부터는 보디 콘셔스를 강조한 셰이프와 실루엣으로 카리스마 있는 강력한 여성성을 나타내는 브랜드를 소개하려고 한다.

국내에서는 10꼬르소꼬모 10 corso como가 독점으로 전개하고 있는 아제딘알라이아, 티에리뮈글러 Thierry Mugler, 알렉산더맥퀸 부류의 브랜드를 들 수 있다.

Feminine Look

Yigal Azrouel since 1998

| Luxury | New York | Yigal Azrouel |

이스라엘 출신의 잘생긴 디자이너 이갈 아즈로엘Yigal Azrouel. 뉴욕 가먼트 지구Garment Distric에 있는 그의 쇼룸에 바잉을 하러 갔을 당시, 몇 번이나 나와서 반갑게 맞이해주었던 기억이 난다. 별로 큰 바이어가 아님에도 친절하게 대해주었고 자신의 컬렉션에 대한 한국 시장의 반응을 자세히 물었었다.

Designer : Yigal Azrouel

'세상에서 가장 아름다운 창조물=여성의 몸'이라고 생각하는 그는, 여성의 아름다운 실루엣을 어떻게 하면 더 잘 보여줄 수 있을지를 늘 고민하며 컬렉션을 만든다. 2000년 뉴욕 패션 위크에서는 이런 철학이 제대로 발휘되어 상업성은 물론 패션 평론가들에게도 매우 좋은 평을 받았다.

드레이핑과 정교한 구조가 이 브랜드의 시그너처다. 시즈널seasonal 컬러를 제외하고 회색, 검은색 등 무채색 컬러를 주로 사용한다. 티셔츠까지 적용하는 드레이핑은 과함이 없고 입는 사람으로 하여금 자기 자신을 여성스럽게 느끼게 하는 힘을 가지고 있다.

얼핏 보면 미니멀룩인듯 하지만 구조적으로 매우 정교하고 꼼꼼하게 계산된 디자인이다. 럭셔리 브랜드에 맞게 최고급 패브릭을 사용하여 성숙하고 강한 여성스러움을 표현한다.

드레이핑이 가득한 드레스도 많지만, 절개나 절개선을 따라 덧댄 테이핑 등으로 강한 힘을 가진 여성을 보여주는 보디 콘셔스 스타일의 드레스도 시그너처 아이템 중 하나다.

▲
강하고 섹시한 여성성을 제대로
표현하는 Yigal Azrouel의
컬렉션

독특한 패브릭을 합성한 형태의 스웨터나 가죽 라이더 재킷도 매우 멋스럽다.

2010년에는 보다 상업적인 세컨드 브랜드 cut25를 론칭했다. cut25는 미국 최대 트레이드 쇼 코트리 COTERIE에서 첫 컬렉션을 성공적으로 치렀고 이후 전 세계 다양한 유명 편집숍에 입점하게 되었다. 주 고객층인 2030세대에 맞춰 오리지널 브랜드보다 저렴한 가격도 장점이다.

Herve Leger by Max Azria *since 1985 / Relaunch 2007*

| Luxury | 🇺🇸 New York | Herve L. Leroux (현재 디자이너 Max Azria&Lubov Azria) |

'에르베레제바이막스아즈리아 Herve Leger by Max Azria' 하면 바로 떠오르는 스타일이 하나 있다. 여성의 보디라인을 아름답게 드러내는 밴디지 드레스 Bandage dress, 붕대 드레스가 바로 그것이다. 밴디지 드레스는 이름 그대로 온몸에 붕대를 감아 놓은 듯 빈틈이 없고, 실루엣을 따라 테이프로 칭칭 감아 놓은 것처럼 보디라인을 강조하는 게 특징이다. 흥미로운 점은 대부분의 패브릭이 직조 우븐 woven이 아니라 니트로 구성되어 있다는 것이다.

나도 예전에는 누구나 그렇듯 한번쯤은 날씬했던 적이 있다. 구석기시대처럼 까마득한 과거이긴 하지만 '말랐다'라는 소리를 들을 정도로 날씬했던 적이 있다.

어느 정도 몸매에 자신이 있던 당시, 그로밋 스터드 장식이 박혀있고, 톤 온 톤 tone on tone 배색으로 구성된 테이프가 해부학적으로 몸매를 잡아주는 에르베레제 드레스를 입었었다. 어찌나 타이트한지 보정 속옷을 따로 입지 않아도 저절로 몸매 보정이 된다. 종종 숨쉬기 곤란할 때도 있지만 관능적이면서도 강한 인상을 남기기에 이만한 드레스가 없다.

국내에서는 좀 과하다는 인상을 줄 수도 있지만 전문 스타일리스트들이 선호하는 1순위 브랜드에 속한다.

1985년 프랑스에서 론칭한 브랜드인데 1998년 미국 비씨비지막스아즈리아그룹 BCBG Max Azria Group이 에르베레제를 인수했다. 덕분에 미국 디자이너에게 팔린 최초의 프랑스 브랜드로 기록되어 있다.

▲▶
보디 콘셔스의 절정을 보여주는 Herve Leger의 밴디지 스커트와 드레스

2007년 디자이너 막스 아즈리아Max Azria의 디렉션을 통해 재론칭되었다. 2008년부터 지금까지 에르베제바이막스아즈리아라는 브랜드명으로 뉴욕 브라이언트 파크뉴욕 패션 위크에서 런웨이 쇼를 한다.

국내에서는 이런 부류의 드레스를 입을 자리도 마땅치 않을뿐더러, 워낙 편안하고 실용적인 룩이 대세이다 보니 선호도가 높지 않다. 그러나 모스크바와 유럽, 미국 등에서는 에르베레제 밴디지 드레스의 광팬이그것도 계절에 관계없이 많다.

주 소재인 니트와 보디 콘셔스가 돋보이는 점은 아제딘알라이아와 비슷하다. 다만 핏에서 큰 차이를 보이는데 알라이아 드레스가 아랫부분이 넓게 퍼지는 플레어 스타일로 활동성이 편한 반면, 에르베레제는 붕대처럼 타이트하게 온몸을 감싸는 스타일로 다소 활동성이 떨어진다. 그럼에도 젊고 날씬한 여성이라면 누구나 한번쯤은 입어보고 싶은 옷이다.

에르베레제의 모기업인 비씨비지막스아즈리아는 유러피안 감성의 컨템 브랜드다. 시크하면서도 편안한 룩을 선보이며 20만 원에서 100만 원까지 다양한 가격대를 형성하고 있다. 어지간한 미국의 유명 백화점에는 모두 입점되어 있으며, 컬렉션의 크기도 엄청나다.

비씨비지막스아즈리아의 세컨드 브랜드 비씨비제너레이션BCBGeneration의 아이템은 10만 원 안팎이다. 보다 영한 층을 겨냥해 론칭했는데 이 브랜드 역시 웨어러블한 아이템이 많다. 국내에 비씨비지 모노 브랜드 스토어가 없는 이유를 이해하지 못할 정도로, 미국을 비롯한 여러 국가에서 매우 인기 높은 브랜드다.

David Koma since 2009

| Luxury | 🇬🇧 London | David Koma |

디자이너 데이비드 코마David Koma는 스탈린과 같은 조지아그루지야 출신이다. 러시아 상트페테르부르크에서 순수예술을 공부했고 2003년 영국으로 건너가 센트럴세인트마틴에서 예술과 디자인을 공부했다.

영국을 베이스로 하는 디자이너 중 상당수가 세인트마틴에서 자신의 필살기(?)를 연마한다. 데이비드 코마 역시 세인트마틴에서 자신의 시그너처인 '극단적이라고 할 정도로 엄청난 보디 콘셔스 실루엣Ultra Body Contouring silhouette'을 완성할 기반을 습득했다.

여성의 보디라인에 영감을 받는 디자이너로 다소 과장마치 조각처럼 되고 강력한 컬렉션을 선보인다. 얼기설기한 그물, 볼드한 금속 단추와 오너먼트, 그로밋, 테이프, 금속 체인, 코르셋을 연상시키는 검은 선 등 소재 선택도 매우 도전적이다.

팜므파탈을 연상시키는 강력한 카리스마와 넘치는 관능미, 건축적인 패턴이 그를 세계적인 디자이너로 만들었다.

2013년에는 티에리뮈글러의 크리에이티브 디렉터로도 낙점되었는데 평소 두 브랜드가 비슷한 분위기의 컬렉션을 선보였던 것을 생각하면 자연스러운 결합이다.

티에리뮈글러는 지금의 데이비드코마, 에르베레제를 합쳐 놓은 듯한 보디 콘셔스 라인을 선보이며 높은 인기를 자랑하던 브랜드다. 사람들의 기억 속에서 잠시 잊혔지만 2013년 데이비드 코마의 합류 후 다시 셀럽과 패피들의 주목을 받고 있다.

Jonathan Simkhai *since 2010*

| Luxury | 🇺🇸 New York | Jonathan Simkhai |

　브랜드 조나단심카이*Jonathan Simkhai*의 철학은 '남성의 강한 힘과 여성의 관능적인 미의 긴장을 조화롭게 풀어내는 것'이다. 브랜드 고유의 패브릭, 로맨틱한 디테일링, 자연스레 흘러내리는 실루엣, 여성스러운 주름들…. 조나단심카이의 컬렉션을 보고 있으면 이와 같은 철학이 고스란히 눈에 보인다.

　그래서일까. 디자이너 조나단 심카이는 21세기 여성들의 옷장을 재정의하고 미국 패션에 새로운 활기를 불어넣은 디자이너라고 평가된다. 2015년에는 보그 패션 펀드*Vogue Fashion Fund*를 받은 바 있다.

　그는 남성복 코드와 화려한 패브릭에서 영감을 받는 것으로 알려져 있다. 컬렉션을 통해 여성을 위한 힘, 강력함, 평등의 메시지를 전달하고자 한다. 활발한 운동선수 느낌을 가미한 세련되고 우아한 실루엣이 강점이다.

　중성적 아니 남성적 상징인 데님 소재를 우아하고 여성스럽게 승화시킨 것도 특징이다. 스트리트 패션에 가까운 박시한 데님과 얇은 흰 블라우스페전트 블라우스보다 더 여성스럽고 박시하면서도 관능적이다의 매치는 매니시하면서도 더 할 나위 없는 여성스러움을 보여준다. 최첨단 레이저 컷 등 테크놀로지 기법이 가미된 동시에 수작업을 요하는 의상을 만든다. 통념적, 통상적으로 받아들여지는 디자인의 경계를 넘기 위해 계속해서 도전하는 디자이너다.

Feminine Look

PART
2

Luxury Street Wear
럭셔리 스트리트웨어

남녀노소 누구나 즐길 수 있는 스트리트웨어

요즘처럼 스트리트웨어가 유행인 때도 없었을 것이다. 패션의 흐름이 이토록 캐주얼해진 것은 정장을 추구하던 회사에서 격식을 차리지 않는 스타일을 허용한 영향이 크다. 나이나 체형, 남녀노소에 관계없이 누구나 입을 수 있는 룩이기에 유행 속도는 더 빨랐다. 편한 스타일의 유행은 스포티한 패션으로 발전했는데, 수많은 아이템 중 특히 슈즈에서 놀라운 변화를 일으켰다.

과거 격식을 차리는 자리에는 하이힐이나 구두가 필수였다. 청혼 선물로 반지 대신 마놀로블라닉Manolo Blahnik 슈즈를 선물 받은 <섹스 앤 더 시티>의 캐리 브래드쇼Carrie Brad shaw를 떠올려보라. 정말이지 여성에게 하이힐은 패션의 완성이자 시작이었다.

그런데 어느 순간부터 그 자리를 스니커즈가 대신하기 시작했다. 업무상 중요한 미팅 자리에서도 단화나 스니커즈를 신은 사람을 심심찮게 발견하는 요즘이다. 게다가 20대부터 60대까지 나이에 구애받지 않고 누구나 즐길 수 있는 아이템이다.

보통 '키 작은 사람은 힐을 신어야 한다'라는 강박관념 같은 것이 있었는데 이러한 고정관념도 깨진지 오래다. 늘 '땅꼬마'라고 불리던이젠

땅꼬마 아줌마라고 해야 하나? 나 같은 사람조차 스니커즈를 신는 걸 보면 하이힐의 자리를 스니커즈가 대신하는 게 확실하다.

분명 하이힐이 집권하는 시기가 다시 오겠지만 스니커즈의 인기는 그리 쉽게 식지 않을 전망이다. 런웨이 모델들마저 스니커즈를 신고 등장할 정도니 말이다.

운동화 끈 묶는 것을 귀찮아하는 사람들을 위해 온갖 종류의 슬립온 슈즈도 쏟아져 나온다. 단색 위주였던 과거와 달리 꽃무늬, 자수, 진주, 레이스, 리본 등 여성스러운 디자인이 많아진 것도 특징이다.

스니커즈의 유행에 맞춰 의상도 운동복에 가까운 스트리트웨어가 대세다. 흔히 스웨트셔츠를 운동복의 대명사처럼 생각하는데, 이전의 스웨트셔츠를 생각하면 안 된다. 베트멍 Vetements이나 샤넬 Chanel 등 하이엔드 브랜드 덕분에 오뜨 꾸뛰르 대우를 받고 있기 때문이다. 스트리트웨어가 오뜨 꾸뛰르 대우를 받으리라고 그 누가 상상이나 했겠는가!

스트리트웨어의 대명사는 누가 뭐래도 러시아의 디자이너 고샤 루브친스키 Gosha Rubchinskiy다. 그는 젊은 세대를 대표하는 운동복에 기성세대를 상징하는 코트와 재킷을 매치하여 패션계에 새바람을 불러일으켰다.

여성 스트리트웨어 역시 평범함을 거부하는 스타일과 아이템이 대세를 이루고 있다. 대표적으로 MSGM의 펑키하고 재미있는 귀여운 스타일과 비비안웨스트우드, 발렌시아가 Balenciaga의 락&펑크스타일 마지막으로 릭오웬스 Rick Owens의 고딕&펑크스타일로 나눌 수 있다.

Fun&Funky Look

럭셔리 스트리트웨어의 탄생,
펀&펑키룩

요즘 잘 나간다는 컨템 편집숍을 방문하면 컬렉션의 70퍼센트 이상을 펀&펑키룩 Fun&Funky Look이 차지하고 있다.

어떻게 보면 다소 유치하고 과하다고 느낄 정도로 많은 패치와 와펜 Wappen 귀엽고 익살스럽기는 하다이 붙은 옷이 많다. 반짝이는 스팽글로 만든 귀여운 오브제가 의상 한가운데 커다랗게 자리한 스웨터, 스웨트셔츠, 스웨트 팬츠, 티셔츠, 데님 등 아이템의 종류도 다양하다.

과거 스트리트웨어는 길거리에서 구입할 수 있는 옷, 거리에 몰려다니는 아이들이 입는 옷 등을 이야기했다. 하지만 현재 스트리트웨어는 다르다. 소재와 디자인이 매우 고급스러워졌다. 모순적인 조합이기는 하나 '럭셔리 스트리트웨어룩'의 탄생이다. 이름값을 하듯 가격도 만만치 않다.

Luxury Street Wear

BRAND
for Luxury Street Wear

럭셔리 스트리트웨어를 만날 수 있는 브랜드

Fun&Funky Look
Anna K/ Ashish / Laurence&Chico / Au Jour Le Jour
Chinti&Parker / Daydream Nation / Etre Cecile
House of Holland / Jimi Roos / JOUR/NE
Katya Dobryakova / Maison Kitsune / Markus Lupfer
Michaela Buerger / Mira Mikati / MSGM / Olympia Le-Tan
Opening Ceremony / Peter Jensen / Stella In Paris / Vivetta

Rock&Punk
GCDS / A.F. Vandevorst / Alexander Wang / Amen / AVIU
RE/DONE / Christopher Kane / Coliac / Drycleanonly Bkk
Faith Connexion / Jeremy Scott / Preen by Thornton Bregazzi
Public School / Sold Out Frvr / The Editor

Gothic&Punk
Damir Doma / Haider Ackermann / Thomas Wylde

Anna K *since 2012*

| Contemporary | 🇺🇦 UKR | Anna Karenina(Anna Kolomiets) |

불과 열여섯 살이라는 나이에 첫 번째 컬렉션을 선보인 안나 카레니나 Anna Karenina / 이전 이름 Anna Kolomiets는 우크라이나를 대표하는 디자이너다. 현재 편집숍 콜레트, 홍콩 럭셔리 백화점 레인크로포드 등에 입점해있다.

과장된 형태의 비대칭 러플, 키스 미 Kiss Me 등의 재미나고 발칙한 슬로건이 인타르시아 기법으로 새겨진 심플한 스웨터, 스웨트셔츠 소재의 화려한 컬러 원피스가 눈에 띈다.

디자이너 안나 카레니나는 <포브스> 선정, '유럽에서 가장 영향력 있는 30세 미만의 30인'에 뽑힐 만큼 무섭게 성장하는 디자이너다. 귀엽고 영하고 걸리시한 스트리트웨어를 추구하는 고객을 대상으로 한 편집숍이라면 주의 깊게 지켜봐야 할 브랜드다.

Ashish *since 2001*

| Luxury | 🇬🇧 UK | Ashish Gupta |

드라마 <푸른 바다의 전설>에서 배우 전지현이 입고 나온 핑크색 스팽글 원피스가 화제였다. 돌체앤가바나의 드레스였지만 디자이너 도미니코 돌체에게 영감을 준 브랜드는 누가 뭐래도 아쉬시 Ashish다. '스팽글=아쉬시' '아쉬시=스팽글'이라고 할 정도로 스팽글은 아쉬시의 아이덴티티를 상징한다.

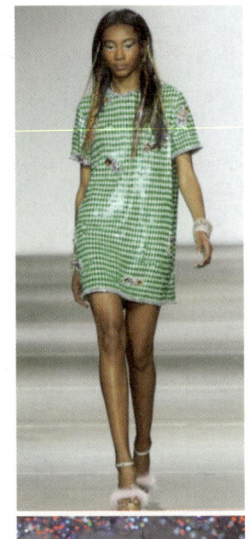

스웨트셔츠, 티셔츠, 원피스 등을 스팽글로 뒤덮은 아쉬시의 컬렉션은 그야말로 휘황찬란하다. 스트리트웨어 역시 스팽글로 뒤덮은 것도 모자라 화려한 비즈 장식을 더했다. 맥시멀리즘의 절정판이라고 할 수 있다.

화려한 색채, 대담한 프린트, 100퍼센트 수작업으로 완성되는 스팽글의 향연이라니! 가격은 상상에 맡기는 바다.

블링블링한 스타일을 좋아하는 고객에게 그만인 브랜드지만, 스팽글이라는 소재의 특성상 부해 보이는 감이 있고 안감 처리가 살짝 거친 느낌이 있다 비단 아쉬시만의 문제는 아니다. 그래서 피부가 민감하거나 약한 고객에게는 권하지 않는다.

스팽글은 하나가 떨어지기 시작하면 도미노처럼 계속해서 떨어져 나가는 특성이 있어 그리 실용적이지도 못하다 그럼에도 최근 한 벌 구매하긴 했다. 나는 바이어니까!. 신축성이 전혀 없는 소재로 타 브랜드보다 사이즈가 크게 나오는 편이다. 스팽글로 뒤덮인 제품은 수선이 용이하지 않으므로 꼭 입어보고 사야 한다.

Laurence&Chico *since 2015*

| Contemporary | 🇨🇦 Canada | Laurence Li&Chico Wang |

전후좌우 그 어디를 봐도 동글동글하게 생긴 두 명의 디자이너를 파리의 한 쇼룸에서 만났다. 파슨스디자인스쿨 동기인 두 명의 디자이너는 마치 쌍둥이처럼 말하는 톤이나 몸짓이 묘하게 닮았다. 유머러스하고 재치 있는 컬렉션이 그냥 나오는 게 아니다 싶을 만큼 외모와 행동, 옷 입는 스타일까지 유쾌한 사람들이다.

그들은 자신의 스타일을 '재미있는 Humorous', '장난기 많은 playful', '대담함 bold'으로 정의했는데, 이러한 철학은 로렌스&치코 Laurence&Chico 브랜드 컬렉션에 그대로 녹아있다.

두 디자이너의 업무는 확실하게 분류되어 있다. 일러스트레이터 로렌스 리 Laurence Li는 주로 일러스트를 그리고 이를 모티브로 치코 왕 Chico Wang이 디자인을 만들어낸다. 로렌스 리는 일러스트에서 본인과 치코 왕만 사람으로 그리고 나머지 주변 인물은 동물, 식물, 과일, 야채 등으로 표현한다. 말로 설명하기 다소 어려운 부분이 있는데 실제로 보면 정말 귀여운 일러스트다.

이러한 일러스트를 패치로 만들어 재킷, 티셔츠 등에 붙이는데 그 퀄리티 또한 매우 높다. 선명한 색감, 풍부한 유머 감각, 넘치는 재치로 점철된 로렌스의 일러스트는 치코에 의해 볼드한 프린트와 실루엣으로 되살아난다.

뉴욕 패션 위크에 참여하는 캐나다 브랜드로 스튜디오는 중국 심천에 있다. 컬렉션 대부분이 메이드 인 차이나지만, 가격과 퀄리티는 매우 높은 편이다.

Luxury Street Wear

Au Jour Le Jour since 2010

| Contemporary | 🇮🇹 Italy | Mirko Fontana&Diego Marquez |

오주르르주르Au Jour Le Jour를 처음 본 건 3~4년 전 밀라노의 유일한 고급 백화점 라리나센테La Rinascente에서다. 특히 눈에 띈 아이템은 귀여운 와펜이 달려있는 스웨트셔츠였는데, 튀튀tutu, 여성 무용수들이 입는 발레 의상에나 쓰일 듯한 오간자가 셔츠 위에 한 겹 덧대어져 묘하게 여성스러운 스트리트 룩을 만들어내고 있었다.

MSGM이나 마커스루퍼Markus Lupfer도 귀엽긴 하지만 오주르르주르에 비하면 시크하고 중성적인 스타일이라고 할 수 있다. 오주르르주르는 매우 아기자기하고 핏과 디테일이 훨씬 여성스럽다. 마커스루퍼처럼 살짝 벌어진 입술 모티브를 여러 시즌 반복적으로 사용하고 있기도 하다.

디자이너 미르코 폰타나Mirko Fontana와 디에고 마르케즈

Designer : Mirko Fontana&Diego Marquez

▲
오간자 소재를 활용하여 독특한 스트리트룩을 만들어내는 Au Jour Le Jour

Diego Marquez는 원래 패션 홍보와 판매관리를 하던 사람들이다. 재미있는 사실이 하나 있는데, 처음부터 디자이너였던 사람보다 오히려 관련업 종사자들이 패션의 흐름이나 트렌드, 전망을 훨씬 더 잘 보는 경우가 많다.

흔히 디자이너들은 매우 트렌디할 것이라고 생각하는데, 오히려 자기만의 세계에 갇혀 폐쇄적인 디자이너들이 적지 않다. 영감에 방해가 된다며 다른 디자이너들의 컬렉션이나 브랜드를 잘 보지 않는 사람도 부지기수다.

미르코 폰타나와 디에고 마르케즈역시 자신들의 장점을 잘 살려 패션의 흐름이 럭셔리 스트리트로 변화하고 있음을 파악했다. 이러한 트렌드에 맞춰 2010년 론칭한 브랜드가 바로 오주르르주르다.

재킷, 드레스, 팬츠 등의 풀 컬렉션을 선보이는 브랜드지만, 바이어가 주로 선택하는 아이템은 귀여운 스웨트셔츠와 아기자기한 패치가 달린 티셔츠다. 스웨트셔츠는 핏이 두세 가지에 불과하고 스타일 역시 큰 변화가 없지만 와펜 등으로 소소한 변화만 줄 뿐이다 꾸준히 잘 팔린다.

오주르르주르 불어로 매일매일, 그럭저럭이라는 뜻라는 이름처럼 평범한 매일의 일상에 편하면서도 귀여운 룩을 선사하는 브랜드다. 2017 FW 컬렉션에서는 훨씬 더 커진 풀 컬렉션을 보여주었고 가격도 한층 비싸졌다. 툴, 실크, 레이스 등을 많이 사용하여 여성스러워진 것도 특징이다.

au jour le jour

Chinti&Parker *since 2009*

Contemporary　　　London　　　Anna Singh&Rachel Wood

　귀여운 캐시미어 전문 브랜드 친티앤파커 Chinti&Parker. 자사 홈페이지에 캐시미어 관리법이 별도로 설명되어 있을 정도로 캐시미어 아이템컬렉션의 80퍼센트 이상이 많다.

　일반적으로 캐시미어는 나이 지긋한 어른들이 입는 제품이라는 인식이 강하다. 젊은 패피들이 구입하기에는 디자인이 단조롭고 가격도 높은 게 사실이다. 캐시미어에 대한 이와 같은 고정관념을 깨트린 브랜드가 바로 친티앤파커다.

　혁신적인 니트 디자인에 대한 열정을 지닌 디자이너 안나 싱 Anna Singh과 레이첼 우드 Rachel Wood는 2009년 친티앤파커라는 독자 브랜드를 론칭한다. 사촌이기도 한 두 디자이너의 노력은 결국 천국과 같이 부드러운 촉감의 캐시미어를 컨템포러리 여성복의 세계로 가져왔다.

▲
세련된 스타일로 캐시미어의 고정관념을 깨뜨린 Chinti&Parker의 니트 스웨터 컬렉션

캐시미어 치고는 가격대도 높지 않고 스타일이 매우 영하다. 인타르시아 기법으로 들어간 별, 달 등의 오브제와 일러스트가 젊은 스타일을 만들어냈다. 반면 어른들이 입는 캐시미어처럼 퀄리티는 매우 좋다.

개인적으로 피부가 매우 민감하여 모헤어나 알파카, 앙고라 등은 절대 입지 못한다. 순모가 아니면 붉은 알레르기 반응이 일어나기 때문이다. 멀티숍을 찾는 고객 중 상당수가 나처럼 민감성 피부를 호소한다(연령대가 높아질수록 더욱 그렇다). 민감성 피부도 입을 수 있는 질 좋고 젊은 감각의 캐시미어를 찾는 사람에게 추천하고 싶은 브랜드다.

클래식한 캐시미어 소재에 현대적인 펀&펑키 감성을 접목한 친티앤파커. 알렉사 청, 기네스 펠트로 등이 이 브랜드의 팬이다. 질 좋은 면으로 만든 여름 티셔츠 라인도 볼 만하나, 단연 겨울에 강한 브랜드다.

Luxury Street Wear

Daydream Nation since 2006

| Contemporary | 🇬🇧 England | Kay Wong |

Designer : Kay Wong

10년 전 파리에는 대형 트레이드 쇼가 두 개 있었다. 하나는 현재 전 세계에서 가장 중요한 쇼로 인정받는 '트라노이'이고 나머지 하나는 지금은 존재하지 않는 '랑데부rendez-vous'다. 랑데부에는 특히 톡톡튀는 아이디어를 자랑하는 신진 디자이너의 컬렉션이 많았다. 데이드림네이션Daydream Nation도 이곳에서 발견했다.

당시 나는 오픈한지 1년도 안 된 신생 편집숍을 운영하던 때라, 잡지나 스타일리스트들이 좋아할 만한 감각적인 아이템이 필요했다. 톡톡튀는 아이템을 찾아 헤매던 중 랑데부의 한 컬렉션에서 '꿈을 팝니다dreams for sale'라는 캘리그래피가 적힌 목걸이를 발견했다. 당시만 해도 정말 신선한 아이템이었다. 디자이너 케이 왕Kay Wong과 나의 인연은 그렇게 시작되었다.

당시 데이드림네이션의 감각적인 아이템이 필요했던 스페이스 눌도 시간이 지남에 따라 성숙한 분위기로 무르익었다. 어느덧 데이드림네이션의 귀여움과 펑키함이 편집숍 분위기와 맞지 않을 만큼 커버린 것이다. 개인적으로 아쉽지만 바잉을 중단할 수밖에 없었다.

그런데 케이 왕의 생각은 달랐나 보다. 그녀가 다섯 시즌 연속 컬렉션 샘플을 들고 한국을 찾아왔다그 먼 영국에서!. 하지만 여전히 스페이스 눌의 이미지와는 맞지 않은 탓에 바잉은 성사되지 못했다.

바잉은 이뤄지지 못했지만 케이 왕의 노력에 감동한 나는

Luxury Street Wear

브랜드 정체성을 잃지 않으면서도 보다 우리 고객과 가까워지는 방법을 찾고 싶었다. 그녀를 돕기 위해 열심히 공부를 했고 결국 그녀에게 영감의 밑천이 되어 줄 두터운 스크랩북을 전달하기에 이르렀다.

다음 시즌 그녀는 브랜드의 아이덴티티를 지키면서도 이전보다 훨씬 더 웨어러블해진 컬렉션을 들고 찾아왔다. 그렇게 바라던 데이드림네이션 재바잉이 가능해진 것이다. 그 후 나는 지속적인 바잉을 했고 갤러리아백화점 팝업스토어를 통해 지속적으로 이 브랜드를 소개했다. 팝업은 매번 성공적이었다.

열정과 재능을 모두 갖춘 케이 왕은 런던 센트럴세인트마틴을 졸업했다. 음악, 댄스, 사진, 비주얼 아트 등 다방면에서 뛰어난 능력을 발휘하는 팔방미인이자 유명 연예인들의 스타일리스트로 활동하고 있다. 2009년 AW는 샤넬이 그녀의 액세서리 전 컬렉션을 구입했으며, 2010년에는 이탈리아 <보그>가 수여하는 '2010 보그 탤런트 Vogue Talent 2010'를 수상했다. 홍콩으로 거처를 옮긴 후에는 거의 매년 '뛰어난 디자이너 10 10 outstanding designer'상을 받고 있다.

피터 젠슨 Peter Jensen, 어반 아웃피터 Urban Outfitter, 샹그릴라 Shangri-la 등과 콜라보를 진행한 바 있다.

홍콩과 영국에 아틀리에를 두고 있으며, RTW뿐 아니라 액세서리 라인도 매우 예쁘다 가격 또한 좋다.

무한한 가능성과 엄청난 잠재력을 지닌 브랜드가 분명하니 사랑과 관심으로 지켜봐 주길 바란다.

Luxury Street Wear

Etre Cecile

| Contemporary | 🇬🇧 London | Yasmin Sewell & Kyle Robinson & Jemma Dyas |

LA의 현란한 프린트 티셔츠 스타일과 결별을 선언한 브랜드다. 에트르세실 Etre Cecile의 디자이너들은 깔끔하지만 귀엽고 포인트가 있는 프렌치 시크 티셔츠와 스웨트셔츠맨투맨 셔츠에 매우 큰 자부심을 갖고 있다.

에트르세실의 티셔츠는 심플한 실루엣과 패턴을 기반으로 하기 때문에 일반적인 티셔츠와 크게 다르지 않다. 하지만 심플한 라인과 대조되는 귀엽고 발랄한 프린트와 깜찍하고 발칙한 문구들이 보는 재미를 더하는 브랜드다. 엣지 있고 귀여운 프렌치 스트리트 스타일이다.

프렌치 시크&큐티 스타일에 영감을 받은 야스민 스웰 Yasmin Sewell과 카일 로빈슨 Kyle Robinson, 젬마 디아즈 Jemma Dyas가 의기투합하여 론칭한 에트르세실. 이 브랜드명에는 매우 흥미진진한 이야기가 하나 숨어 있다.

브랜드명에 등장하는 '세실 Cecile, 프랑스에서 가장 흔한 여성의 이름 중 하나다'은 그들이 창조한 상상 속의 인물이다. 세실은 1960년대 파리에서 살아가는 아일랜드 예술가로 동물 프린트를 매우 좋아하는 젊은 여성으로 설정되어 있다. 이 브랜드의 디자이너들은 가상의 인물 세실을 위한 옷을 디자인하는 셈이다.

세실이 동물 프린트를 좋아하는 캐릭터이다보니 유독 새, 불도그, 레오파드 패턴 등의 티셔츠가 많다. 특히 파랑색 스트라이프에 대조적으로 빨강 페인트가 튄 것처럼 디자인된 티셔츠가 재미있다.

▲
파리 르봉마르쉐백화점의
Etre Cecile 섹션

2017 FW에는 부드러운 데님 셔츠에 커다란 별이 자수로 놓인 아이템을 선보였는데 매우 귀엽고 사랑스러웠다. 티셔츠가 돋보이는 브랜드 특성상 FW아우터웨어가 없어 국내 바잉이 쉽지 않다보다는 SS 컬렉션에 더 강하다. 더운 여름 인기 높은 귀여운 티셔츠가 많으니 꼭 한번 둘러보기 바란다.

House of Holland since 2006

| Contemporary | 🇬🇧 London | Henry Holland |

경쾌하고 위트 있는 디자인을 선보이는 하우스오브홀랜드 House of Holland. 런던의 젊은 에너지와 유머 감각을 반영하는 대담한 프린트와 컬러가 눈에 띄는 브랜드다.

대중문화에서 영감을 얻은 스트리트웨어 스타일로 재치 있는 슬로건과 강렬한 컬러 대조가 돋보인다. 스포츠 웨어와 귀여운 데님 소재의 원피스, 톱, 스커트는 매우 독특하면서 스타일리시하다.

종종 보는 재미로 만족해야 하는 난해한 아이템도 있지만 컬렉션 대부분은 웨어러블한 룩으로 구성되어 있다. 큰 컬렉션은 아니지만 아이덴티티가 분명한 브랜드이므로 성장 가능성이 높다.

디자이너 헨리 홀랜드 Henry Holland 는 '자신감과 기지가 넘치고 현대적인 감각을 지닌 런던의 소녀'를 모티브로 디자인을 한다. 대담하지만 편하고 귀엽지만 톡톡튀는 디자인이 주된 이유다.

특히 2017년 FW 하우스오브홀랜드 쇼룸에서 만난 롱코트 오른쪽 하단에 있는 사진는 퍼스널 오더를 넣고 싶을 정도로 멋진 아이템이다.

콜레트, 하비니콜스 Harvey Nichols, 레인크로포드, 오프닝 세리머니 등 어지간한 유명 편집숍에는 모두 입점해 있다.

Jimi Roos *since 2011*

| Contemporary | 🇮🇹 Italy | Jimi Roos |

얼마 전부터 귀여운 일러스트가 자수로 처리된 프린트나 와펜 이 아니라 티셔츠와 스웨트셔츠가 눈에 띄기 시작했다.

입술, 스마일 페이스 등의 모티브가 너무 흔해져 더 이상 독특하다고는 할 수 없지만, 이런 모티브를 꼼꼼한 자수로 처리한 럭셔리 스트리트웨어 브랜드는 지미루스 Jimi Roos가 처음이 아닐까 한다. 일반적인 티셔츠와 비슷해 보이지만 소재를 만져보면 고급 천연 패브릭의 차이를 금방 느낄 수 있다.

지미루스의 시그너처라 할 수 있는 '롱 스티치 wrong stitch 기법'은 우연히 발견한 테크닉인데 기존 자수와 전혀 다른 분위기를 풍긴다. 공장에서 찍어낸 게 아니라 '장인이 만든 느낌 오뜨 꾸뛰르 느낌'을 준다. 실수에 가까운 발견이 오히려 브랜드의 고유함을 더해준 셈이다.

스웨덴 출신의 디자이너 지미 루스는 피렌체에 있는 자신의 스튜디오에서 디자인을 하고 샘플을 만든다. 모든 티셔츠는 브랜드 고유의 롱 스티치 기법으로 탄생되며 100퍼센트 이탈리아 면사를 사용한다. 피렌체에 스튜디오를 둔 브랜드답게 모든 아이템은 수작업으로 마무리된다.

스티치 디테일과 페미닌한 장식에서 디자이너의 발랄한 영감과 창조적 정신을 느낄 수 있다. 고급스러운 티셔츠 브랜드를 찾는다면 눈여겨봐야 할 브랜드다.

Luxury Street Wear

JOUR/NE *since 2015*

Contemporary | 🇫🇷 France | Lou Menais&Lea Sebban&Jerry Journo

패셔너블하면서도 편하고 실용적이면서도 도회적인 스타일을 추구하는 신생 브랜드 주흐네 *JOUR/NE*.

숨겨진 여러 개의 포켓, 겉으로 드러나지 않는 히든 지퍼, 자석으로 된 단추 클로저 등 위트 있는 디테일로 팬층을 넓혀가고 있는 젊은 브랜드다.

최근 삼성물산의 편집숍 비이커*Beaker*와 콜라보도 선보였는데 귀엽고 명랑하고 깔끔하다.

이 브랜드의 디자이너들은 '아침 미팅', '금요일 밤의 여유와 즐거움', '일요일 오후의 브런치' 등 평범한 일상에서 영감을 얻는다. 도시적이고 활동적이며 현대적인 여성들을 위해 편안하고 실용적이면서 스타일리쉬함까지 갖춘 제품을 만든다. 덕분에 심플하면서도 활기 넘치는 룩이 많다.

디테일에 매우 민감한 브랜드로 디자인 디테일을 제대로 구현하는 유럽 내 최고 장인들과의 협업을 고집한다. 하이엔드 패브릭만 사용하며 살짝 꾸뛰르 느낌이 날 정도로 고급스럽다.

매 시즌 출시되는 직사각형 프레임에 복고풍의 그래픽이 새겨진 프린트 티셔츠는 이 브랜드의 시그너처 아이템이다. 편하고 여성스러운 스트리트웨어 브랜드라고 할 수 있다.

Katya Dobryakova since 2011

| Contemporary | 🇺🇸 New York | Katya Dobryakova |

러시아 문학 전공자이자 관련 서적 전문 번역가라서 그런지 러시아어로 된 이름만 보면 그냥 지나치지 못한다. 프랑스의 한 유명 쇼룸에서 만난 러시아 브랜드 카티아도브리야코바 Katya Dobryakova 역시 그랬다. 이토록 좋아하는 러시아 브랜드 바잉을 주저하는 요인은 단 하나, 가격이다.

국제무대에서 활동하는 러시아 브랜드 중 상당수가 말도 안 될 정도의 고가 정책을 펼친다. 쇼룸에서 가격표를 보고 깜짝 놀랄 때가 한두 번이 아니다.

기본적인 러시아 브랜드의 가격을 아는지라 카티아도브리야코바를 처음 봤을 때도 그냥 지나치려고 했다. 그러다 우연히 홀세일 가격이 적힌 라인시트가격과 품번, 상품의 기본 정보가 적힌 리스트를 봤는데 이게 웬일인가. 러시아 브랜드라고는 믿기 어려울 정도로 가격이 좋았다.

러시아 디자이너가 뉴욕에서 론칭한 컨템 브랜드라니, 다음 시즌에는 직접 뉴욕을 찾아 그들의 쇼룸에서 바잉할 생각이다. 디자이너 카티아 도브리야코바를 직접 만나 패션에 대한 그녀의 철학과 러시아 문학과 문화에 대한 생각을 나누어보고 싶다.

펀&펑키한 스트리트웨어 정신을 제대로 반영한 컬렉션을 보여주고 있는 브랜드 그렇지만 어딘지 살짝 여성스럽다. 2017년 FW에는 SS보다 훨씬 커진 컬렉션과 함께 디자이너로서도 충분한 가능성을 보여줬다. 디자이너를 만나봐야 확실해지겠지만 기대해볼 만한 브랜드라는 생각이다.

Maison Kitsune *since 2002*

| Contemporary | 🇫🇷 Paris | Gildas Loaec&Masaya Kuroki |

혹, 100퍼센트 램스울 lamb's wool 소재에 인타르시아 짜임으로 귀여운 여우 얼굴이 들어간 스웨터를 본 적이 있는가? 그것이 바로 메종키츠네 Maison Kitsune 의 시그너처 아이템인 '폭스 모티브'다.

위트 있는 클래식한 스타일에 프렌치 감각이 더해진 그래픽 레터링과 브랜드 아이콘인 폭스 모티브는 매 시즌 컬렉션마다 변형되어 왔다.

브랜드명 '키츠네'는 일본어로 '여우'라는 뜻이다. 일본에서 여우는 다재다능함, 융통성, 변화무쌍함을 상징한다. 특히 한국, 중국, 일본 등 아시아 국가에서 여우에 관한 전설이 많은데, 주로 외모를 바꿀 수 있는 초자연적인 힘을 지닌 동물로 등장한다.

메종키츠네가 추구하는 철학도 이와 비슷하다. 비록 초자연적인 힘은 없지만 영감의 원천에 따라 소재와 스타일을 자유자재로 변화시킬 수 있는 디자이너들의 재능과 힘을 여우에 비유하고 있는 것이다.

디자이너 길다스 로엑 Gildas Loaec 은 프랑스 일렉트로닉 뮤직 듀오 다프트 펑크 Daft Punk 의 전 매니저였고, 마사야 쿠로키 Masaya Kuroki 는 건축가였다. 그래서일까? 메종키츠네의 컬렉션에는 패션과 음악, 건축적인 모티브가 적절히 융합되어 있다.

프랑스인과 일본인 디자이너 듀오답게 이들은 프랑스와 일본의 패션과 문화에서 영감을 얻는다. 동양과 서양, 전통

과 현대, 편안함과 단순함, 시크함과 무심함 사이에서 완벽한 조화를 이끌어낸다.

   디테일과 마무리를 중시하는 브랜드로 누구나 무난히 소화할 수 있는 아이템이 많다. 귀여운 프린트, 전체적으로 톤 다운된 컬러지만 중간중간 톡톡튀는 컬러 배합으로 자신들의 장난기와 위트를 표현한다.

   스커트와 재킷도 있지만 우리나라에서는 단연 귀여운 스웨터, 스웨트셔츠, 셔츠, 티셔츠들이 잘 팔린다.

   2013년에는 카페키츠네 *Cafe Kitsune*를 오픈, 라이프스타일 브랜드로도 영역을 넓혀나가고 있다.

   만약 남자친구나 남편 혹은 조금 큰 아들과 커플룩을 입고 싶다면 이 브랜드를 추천한다. 귀엽고 스포티하며 깔끔한 룩이다.

Markus Lupfer *since 1997*

| Contemporary | 🇬🇧 London | Markus Lupfer |

누구나 한 번쯤은 육감적으로 반짝이는 스팽글 입술이 한 가운데에 자리 잡고 있는 스웨터를 본 적이 있을 것이다. 입술 모티브로 전 세계를 사로잡은 디자이너 마커스 루퍼의 작품이다.

홍콩에서 커다란 스토어 체인을 하고 있는 한 바이어는 '다른 건 볼 필요도 없이 크든 작든 입술만 사다 놓으면 다 팔린다'라고 말했다. 마커스 루퍼의 인기를 단적으로 설명하는 예다.

물론 마커스루퍼에 입술 프린트, 입술 포인트 아이템만 있는 건 아니다. 풀 컬렉션 브랜드로 귀여운 프린트가 들어간 드레스와 스커트 등도 있다.

하지만 '마커스루퍼=입술 모티브 스웨터'가 먼저 떠오르는 것은 어쩔 수 없다. 스팽글로 형상화된 입술, 컵케이크, 동물, 물고기 등이 새겨진 고급스러운 울 소재의 단색 스웨터들 말이다.

우리나라에서는 대부분의 바이어가 스웨터나 스웻셔츠 등만 집중적으로 바잉한다. 이를 잘못된 것이라고 할 수 있을까? 결코 그렇지 않다. 브랜드를 키우려는 생각을 가진 바이어라면 그 외 다른 아이템도 바잉해야하지만, 그렇지 않다면 기존처럼 스웨터만 바잉해도 충분하다. 전략적 선택이 필요한 것이다.

스웨터의 셰이프도 2, 3가지에 불과하고, 매 시즌 가슴 중앙에 놓인 스팽글 오브제만 변하는 것을 보면서 가끔 '이 브

MARKUS LUPFER

랜드 참 쉽게 가네'라는 생각을 한다. 그래도 어쩌겠는가. 잘 팔리는 것을.

　디자이너 마커스 루퍼는 1997년 런던 웨스트민스터 Westminster를 졸업했다. 졸업하던 그해 발표한 컬렉션이 유명한 부티크 코사무이 Koh Samui에 바잉되며 곧장 유명세를 타게 되었다. 요즘은 워낙 과한 패치가 많아서 마커스루퍼의 패치가 그리 신선하게 보이지 않지만 당시만 해도 매우 충격적이었을 것이다.

　런던 패션 위크에 꾸준히 참가했고 까사렐, 멀버리 Mulberry 등 여러 유명 브랜드와의 협업도 활발히 진행하고 있다. 유머러스하면서도 때로는 과격한 오브제의 니트웨어와, 장난스러운 프린트 저지 일상복은 비욘세, 마돈나 Madonna, 케이티 페리 Katy Perry, 제니퍼 로페즈 등 셀럽의 큰 사랑을 받았다. 남성복, 액세서리, 슈즈까지 출시했으니 모노 브랜드가 될 날도 그리 머지않은 듯하다.

Michaela Buerger *since 2014*

| High Contemporary | 🇫🇷 Paris | Michaela Buerger |

귀여운 스웨트셔츠로 유명한 또 하나의 브랜드가 있다. 3년 밖에 안 된 브랜드지만 전 세계적으로 인기가 높은 미카엘라버거*Michaela Buerger*다. 특히 우리나라에서 매우 인기가 높다.

이 작은 땅덩어리그것도 거의 서울에 집중되어 있는에서 미카엘라버거를 바잉하는 편집숍의 수가 유럽 전체에서 이 브랜드를 바잉하는 편집숍보다 많다. 우리나라 특유의 바잉 스타일 때문에 일어난 현상이다.

'사촌이 땅을 사면 배가 아프다'라는 모토와 '네가 사면 나도 산다'라는 정신이 이런 현상을 만들어내는 것이다. 의외로 일본에서는 이세탄백화점 한 곳에만 입점해 있는데, 국내에서는 대부분의 멀티숍에 모두 입점해 있을 정도다.

▲
톡톡튀는 재미난 수작업 손뜨개 패치가 돋보이는 다양한 스웨트셔츠

국내 고객이 선호하는 귀엽고 펑키한 룩을 만들어내는 브랜드임에는 분명하다. 다만 스웨트셔츠 한 벌 가격이 70~80만 원을 육박할 정도로 비싸서물론 수작업 니트다 가격 저항선을 극복할 수 있을지는 미지수다.

디자이너 미카엘라 버거는 할머니에게서 어머니로, 어머니에게서 딸로 뜨개질에 대한 사랑과 스킬이 전해지는 집안에서 태어났다. 자연스럽게 어려서부터 뜨개질을 익히고 그 매력에 푹 빠지게 되었다.

결국 수공예 니트 패션 하우스를 설립한 후 지금껏 우리가 본 적 없는 스웨트셔츠 및 티셔츠 류를 선보이고 있다.

2016년에는 데님 웨어와 원피스 라인도 선보였는데 밝고 경쾌한 컬러, 펀&펑키 패치 등이 미라미카티Mira Mikati의 그것과 많이 닮았다 코바늘뜨기 니트라는 점만 빼면. 두 디자이너가 서로 비슷한 영감을 얻는 것인지, 서로에게 너무 많은 영향을 주고받는 것인지는 모르겠지만 많이 비슷한 건 사실이다.

100퍼센트 수작업으로 만든 니트 패치는 미카엘라버거를 상징하는 시그너처다. 컬렉션을 보면 두꺼운 뜨개실로 만든 커다란 패치 하나가 스웨트셔츠 중앙에 붙어있거나, 다양한 뜨개 패치가 전면에 배치되어 있는 경우가 많다.

프랑스의 봉마르쉐백화점과 신주쿠의 이세탄백화점 그리고 온라인 쇼핑몰 샵밥이 미카엘라버거와 독점 콜라보를 진행했을 정도로 인기가 대단한 브랜드다.

Mira Mikati

| Luxury | 🇬🇧 London | Mira Mikati |

2015년 9월 뉴욕 패션 위크 당시, 시장 조사를 위해 가장 핫한 멀티숍 제프리뉴욕 Jeffrey new york을 방문했다. 바잉된 브랜드들을 둘러보고 있는데 판매 직원이 다가와 브랜드 하나를 소개했다. 첫 시즌이고 가볍고 귀여운 룩이지만 가격이 좀 높다는 이야기와 함께. 그 브랜드가 바로 미라미카티다.

정말이지 헉 소리 나게 비쌌다. 솔직히 검은색 재킷 한 벌 가격이 220만 원을 훌쩍 넘으리라고는 생각조차 못했다. 하지만 너무 겁먹지는 말자. 최근 들어 가격이 많이 다운되었으니. 참고로 현재 미라미카티 티셔츠는 20~30만 원, 스웨터는 70~80만 원, 코트는 200~300만 원 선이다.

'패션을 재미있게 만든다 Make Fashion Fun'라고 적힌 택tag이 말해주듯, 미라미카티의 컬렉션은 정말 재치 넘치고 경쾌하며 가볍고 편하다. 화려한 컬러와 위트 넘치는 패치워크 시그너처로 자신의 철학을 표현한다.

디자이너 미라 미카티는 외교관인 아버지의 영향으로 어린 시절부터 여러 나라의 문화를 접한 레바논인이다. 현재 중동의 가장 핫한 편집숍 플럼 Plum을 오픈한 창업자이기도 하다.

디자이너가 되기 전 편집숍 바이어였던 그녀는 프랑스 전통 라이프스타일 브랜드 파코나블 Faconnable, 고상하지만 살짝 심심한 느낌의 브랜드의 캡슐 컬렉션 작은 규모로 자주 발표하는 컬렉션을 디자인해달라는 초청을 받는다. 당시 그녀는 바이어로서 고급스러운 동시에 펀&펑키한 브랜드를 발견하고 싶어 했다. 이

는 많은 바이어들의 공통된 바람이기도 했다. 결국 캡슐 컬렉션은 대성공을 거두었고 이를 바탕으로 자신의 이름을 건 독자 브랜드를 론칭하기에 이른다.

 도무지 어울릴 것 같지 않은 우아하고 성숙한 컷에 펀&펑키, 만화 같은 디테일을 믹스 앤 매치하여 럭셔리&펀 브랜드를 만들어낸 그녀. 세계적인 만화가 다셀 *Darcel*과의 콜라보로 주목받은 바 있다.

 비싼 가격, 고급 패션에 대한 파격적인 해석, 만화 디테일 등으로 상징되는 그녀의 컬렉션을 보고 있으면 나도 모르게 리히텐슈타인 *Roy Lichtenstein*, 앤디 워홀과 함께 미국 팝아트를 대표하는 화가이 떠오른다. 일상과 예술의 경계를 허문 아티스트가 아닐까 싶다.

MSGM *since 2009*

| High Contemporary | 🇮🇹 Italy | Massimo Giorgetti |

'패션을 좀 안다' 하는 사람들에게 'MSGM을 모르면 간첩이다'라는 말이 있을 정도로 유명한 브랜드다.

볼드하고 예술적인 프린트, 생동감 넘치는 화려한 패턴, 경쾌하고 독특한 디자인, 전혀 어울릴 것 같지 않은 셰이프와 색조의 혼합적 사용이 특징이다.

여성성과 섬세함의 상징인 레이스로 후드 트레이닝복을 만들거나, 스웨트셔츠를 만들던 패브릭 소재에 밝은 컬러의 과감한 프릴을 매치하여 티셔츠를 만드는 등 기존의 상식을 깨는 디자인이 많다.

불과 몇 년 전만 해도 톡톡튀는 아이템을 중심으로 한 크지 않은 컬렉션이었다. 짧은 시간 동안 무섭게 성장해 2016년도에는 몇 배로 커진 컬렉션을 선보였다. 아무래도 대대적인 펀딩이 진행된 듯싶다. 이탈리아 브랜드는 조금만 인기 있어도 펀드가 달라붙는다.

컬렉션 크기는 당장 모노 브랜드로 출시해도 무리 없을 정도지만, 정작 바잉할 수 있는 아이템의 숫자는 이전과 비슷하다. 일반적인 고객이 소화하기에는 과한 아이템이 많다.

디자이너 마시모 조르제티 *Massimo Giorgetti*는 디자인 스쿨을 나온 정통파 디자이너들과 거리가 멀다. 원래 클럽 DJ였던 그는 2004년부터 자신이 꿈꾸던 브랜드를 론칭하고자 적극적인 홍보를 벌인다. 그 결과 파올리니 *Paolini*라는 회사의 펀딩을 받아 2008년 MSGM을 론칭하게 되었다. 꿈이 있는 곳에 길이 있다는 것을 몸소 보여주는 집념과 의지의

화신이자 이탈리아 패션계의 떠오르는 샛별이다.

그는 종종 자신의 디자인을 턴테이블을 돌리는 스킬에 비유한다. 여러 장르의 음악을 섞어 새로운 음악을 만들어내는 DJ처럼, 여러 패브릭을 믹스 앤 매치하여 완전히 새로운 룩으로 탄생시키기 때문이다.

클럽 DJ 출신답게 트렌드에 매우 민감한 디자이너다. 최신 트렌드를 제대로 이해하고 소화하여 자신만의 스타일로 재탄생시키는 재능 또한 탁월하다.

현재 패션계에서 가장 핫한 애슬레저 Athleisure, 일상복처럼 입는 운동복룩에 소녀에게 어울리는 러플을 버무려 트렌드와 완벽하게 부합하는 컬렉션을 선보인 바 있다. 슈즈 라인의 인기도 매우 높다.

브랜드 인지도, 컬렉션 크기, 마켓 반응 등 여러 가지 정황을 봤을 때, 조만간 국내 모노 브랜드 스토어 오픈이 예상된다. 누군가가 국내 독점권을 확보한다는 이야기도 들리고 있다.

편집숍 매출의 상당 부분을 MSGM이 차지하고 있는 바이어가 있다면, 지금이라도 대체 브랜드를 발굴해야만 한다. 그래야만 매출 감소의 충격을 최소화할 수 있다.

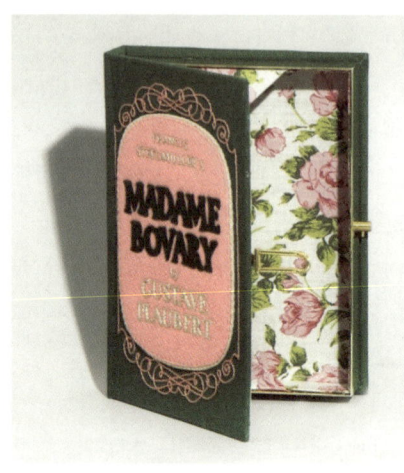 

Olympia Le-Tan *since 2009*

| Luxury | 🇫🇷 French | Olympia Le-Tan |

올림피아르탱Olympia Le-Tan하면 떠오르는 것은 누가 뭐래도 자수 북 클러치다. 얼핏 보면 도서와 구별이 불가할 정도로 실제 책 표지와 크기, 디자인 등이 똑같다. <장화 신은 고양이> <신데렐라> <이상한 나라의 앨리스> <빨간 모자> 등 동화책을 모티브로 한 자수도 귀엽다.

동그란 모양의 탬버린 크로스 미니백 역시 이 브랜드의 시그너처 아이템이며, 우유팩 모양의 클러치백 역시 한때 인스타그램을 뜨겁게 달구었다.

빈티지 패브릭으로 마무리된 클러치 내부를 보면, 어릴 적 소중히 간직하던 보물함이 떠오른다. 어린 시절에 대한 향수가 묻어나는 로맨틱 아날로그 감성과 한 땀 한 땀 정성이 깃든 정교한 자수가 돋보이는 클러치백은 각 10여 개 정도

▲
Olympia Le-Tan의 자수 북 클러치 컬렉션

만 생산되는 한정품이다. 특히 자수 북 클러치는 컬렉션별로 수집하여 자신의 책장에 책처럼 꽂아두는 마니아들이 있을 정도로 인기가 높다.

얼핏 보면 아이들 장난감 같고 실용성도 전혀 없는 클러치지만 가격은 전혀 장난스럽지 않다100~200만 원대. 일반적으로 국내 시장은 리미티드 에디션에 대한 열망이 크지 않고 특히 패션 아이템은 그렇다, 수작업에 대해서도 높게 평가하는 문화가 아니므로 판매와 연결될 가능성은 희박해 보인다. 솔직히 북 클러치보다 이 브랜드에서 최근 론칭한 일반적인 가죽 가방의 판매가 훨씬 쉬우리라고 본다.

의류 컬렉션 역시 귀엽고 펑키하며 발랄하다. 가격대가 높은 만큼 퀄리티도 좋다. 로맨틱한 컬러에 생동감 있는 귀여운 프린트가 여성스러운 실루엣과 어우러져 독특한 스타일을 만들어내는 브랜드다.

디자이너 올림피아 르 탱은 옛날 화보와 영상, 그림 등에서 영감을 얻는 것으로 알려져 있다. 그래서일까? 재미나고 생기발랄한데 왠지 빈티지 감각이 묻어나는 아이템이 많다.

그녀 역시 정통 엘리트 코스와는 거리가 멀다. 독학으로 디자이너가 된 케이스다. 하지만 뛰어난 실력을 인정받아 살아있는 패션의 전설 칼 라거펠트 Karl Lagerfeld, 질 뒤푸르 Gilles Dufour 와 함께 샤넬 디자인 스튜디오에서 일했다. 질 뒤푸르를 따라 발망으로 자리를 옮기기도 했다.

패션의 대가들과 일하며 기본기를 탄탄하게 쌓은 그녀는 2009년 자신의 이름을 딴 액세서리 브랜드 올림피아르탱을 론칭했고 정확히 3년 후인 2012년 RTW 라인을 선보였다.

Opening Ceremony *since 2003*

Contemporary | 🇺🇸 New York | Carol Lim&Humberto Leon

우리나라에서 오프닝세리머니 Opening Ceremony는 의류 브랜드로 유명하지만, 2002년까지만 해도 뉴욕의 한 편집숍 이름이었다. 오프닝세리머니와 일반 편집숍의 다른 점은 바로 이듬해인 2003년 쇼룸을 시작했다는 것. 그리고 현장에서 받은 고객들의 피드백을 그냥 지나치지 않고 니즈를 반영하여 비슷한 디자인의 의류를 만들기 시작했다는 것이다.

한마디로 편집숍 오프닝세리머니는 쇼룸 오프닝세리머니를 통해 브랜드 오프닝세리머니의 제품 자신들이 발굴한 신진 디자이너와 기존 브랜드 카피 제품을 홀세일 고객들에게 판매한 것이다. 가격은 기존 브랜드 제품의 50퍼센트 수준! 그리고 약 5~6년 전, 자체 테마를 중심으로 한 컬렉션 라인을 론칭하면서 제품 퀄리티도 훨씬 좋아졌다 그만큼 가격도 비싸졌다.

    이 브랜드가 큰 유명세를 치르게 된 것은 2011년, 편집숍과 쇼룸 대표 겸 디자이너인 캐롤 림 *Carol Lim*과 움베르토 레온 *Humberto Leon*이 겐조의 크리에이티브 디렉터로 발탁되면서다. 카피족들의 카피 1호 제품이었던 호랑이 스웨트셔츠자수나 프린트로 호랑이가 크게 그려져 있는 스웨트셔츠도 이들의 작품이다.

    스포티하고 편한 룩이 강점인 디자이너들로, 겐조의 컬렉션 역시 캐롤 림과 움베르토 레온 영입 후 매우 영하고 시크해졌음을 볼 수 있다.

    스포티&펀을 바탕으로 여성성과 귀여움을 가미한 컬렉션을 선보이는 오프닝세리머니. 브랜드의 모체인 동명의 편집숍은 맨해튼과 LA, 도쿄의 오모테산도 오모테산도의 오프닝세리머니 앞에 정말 유명한 다코야키 집이 있으니, 꼭 먹어 보길 권한다 그리고 시부야에서 만나볼 수 있다.

Luxury Street Wear

Peter Jensen *since 1999*

| Contemporary | 🇬🇧 London | Peter Jensen |

덴마크를 대표하는 디자이너 피터 젠슨 Peter Jensen은 영국 센트럴세인트마틴 졸업 후 파리, 뉴욕, 런던 등 세계 3대 패션 위크에 모두 참가한 실력파 디자이너다. 유니크한 컬러웨이와 토끼를 모티브로 한 시그너처 문양으로 유명하다.

매력과 위트를 지닌 컨템 디자인을 찾는 사람이라면 누구나 좋아할 만한 브랜드로, 살짝 독특하면서도 매우 편안한 스타일을 추구한다.

토끼와 한입 베어 문 사과 모티브 프린트는 매우 귀엽지만 전체적으로 어려 보이는 룩은 아니다. 1020세대보다 3040세대 고객에게 어필할만한 브랜드라는 이야기다.

우리나라 바이어들은 주로 재미있는 일러스트가 그려진 프린트 티셔츠와 셔츠 등 고객에게 인기 높은 아이템만 바잉한다. 덕분에 스커트와 코트 등도 있는 풀 컬렉션 브랜드라는 사실을 아는 사람은 많지 않다.

17년 동안 같은 크기의 컬렉션을 선보이는 것을 보면, 모노 브랜드로 발전할 가능성은 희박해 보인다 게다가 컬렉션도 크지 않다.

Luxury Street Wear

Stella In Paris *since 2005*

| Contemporary | 🇫🇷 Paris | Stella Ji&Nazanine Kania |

파리에 있는 작은 스튜디오아는 사람만 찾아가는 곳에서 캡슐 컬렉션을 진행하는 브랜드 스텔라인파리Stella In Paris. 대중적인 브랜드는 아니지만 가성비 좋은 귀여운 스웨트셔츠와 티셔츠 등을 선보이고 있다. 컬렉션이 작고 아이템 수도 제한적이지만 각각의 아이템은 강하다.

100퍼센트 일본과 이탈리아 패브릭만 고집하고 메이드 인 프랑스를 원칙으로 한다때로 메이드 인 이탈리아도 있음. 모든 컬렉션은 스튜디오에서 자체적으로 제작, 마무리하며 소량 생산을 원칙으로 한다.

스텔라인파리는 2005년 파리의 에펠탑이 내려다보이는 트로카데로Trocadero 광장의 작은 스튜디오에서 탄생했다. 다양한 문화적 배경을 지닌 디자이너 스텔라 지Stella Ji와 나자닌 카니아Nazanine Kania가 만든 PLPrivate Label 브랜드다. 론칭 당시에는 소수 고객을 중심으로 대중 의상이 아닌 예술 의상오뜨 꾸뛰르을 진행했다.

긴 휴식기를 거친 이들이 다시 등장한 것은 2015년, 럭셔리 스트리트웨어의 바람을 타고서다. 아직은 컬렉션 크기도 작고 티셔츠와 스웨트셔츠, 셔츠 등 단품 아이템에 집중되어 있지만, 2017 FW에서 귀여운 트위스트가 돋보이는 고급 캐시미어 스웨터를 선보일 예정이니 기대해봄직하다.

긴 휴지기 동안 여러 유명 디자이너 브랜드에서 기량을 갈고닦은 디자이너들. 2018 SS 컬렉션은 이전보다 훨씬 더 커졌고 아이템 하나하나가 매우 좋다. 최고급 소재, 꼼꼼한 디테일, 훌륭한 디자인, 메이드 인 프랑스임에도 불구하고 가격은 매우 합리적이다. 장기 불황으로 가격 저항력이 높은 요즘, 편집숍이 소개하기 좋은 브랜드 중 하나다.

Vivetta *since 2009*

| High Contemporary | 🇮🇹 Italy | Vivetta Ponti |

　네크라인을 감싸는 하얀 손빨간색 매니큐어가 돋보인다! 모티브를 바탕으로 한 포플린 셔츠나 원피스를 본 적이 있을 것이다. 패션지와 인스타그램에 수없이 많이 노출된 제품이고, 우리나라 여러 편집숍에 입고된 상품이다.

　빨간 매니큐어와 사람의 옆모습 일러스트가 시그너처인 재미난 브랜드 이름은 비베타Vivetta. 어떻게 보면 살짝 그로테스크하지만 아이디어가 참 신선하다. 가벼운 유머를 주는 듯 경쾌한 느낌이지만 실루엣은 한없이 여성스럽다. 100퍼센트 메이드 인 이탈리아로 품질도 우수하다.

　내게 비베타의 성격을 세 단어로 꼽으라면 펀*fun*, 펑키*funky*, 페미니니티*femininity*라고 말하겠다. 디자이너 비베타 폰티*Vivetta Ponti*는 시, 인형, 앤티크, 태피스트리, 발레 등 다

양한 장르에서 컬렉션의 영감을 얻는다. 패션계의 피카소라고 불리는 그녀의 컬렉션은 '아이러니와 초현실주의를 지닌 낭만주의가 패션에 녹아있는 것 같다'는 평가를 받는다.

실제로 셔츠나 원피스 등의 실루엣은 지극히 전통적이고 클래식한데 빨간 매니큐어를 바른 손이나, 사람의 옆모습을 형상화한 옆 라인 등은 왠지 모르게 피카소의 큐비즘cubism, 입체주의을 연상시킨다. 손, 얼굴의 옆면, 매우 단순화된 눈, 코, 입 모양의 자수가 매 시즌 전 컬렉션에 사용된다.

디자이너 비베타는 로베르토 카발리 Roberto Cavalli에서 기본기를 다진 후 2009년 자신의 이름을 내세운 비베타를 론칭했다.

현재 일본 <보그>의 편집장이자 강력한 차기 이탈리아 <보그> 편집장 후보인 안나 델로 루소 Anna Dello Russo와 세계적인 모델 알렉사 청 외 많은 셀럽이 비베타의 열성팬이다.

Rock&Punk Street Wear

비주류의 주류화,
락&펑크 스트리트웨어

스트리트웨어 정신을 그대로 보여준 최초의 럭셔리 브랜드는 골든구스Golden Goose가 아닌가 싶다. 럭셔리 스니커 라벨로 시작한 이 브랜드를 처음에 보았을 때 고개가 절로 갸우뚱해졌다.

오래 신어서 때가 탄 느낌에 낡아 구겨진 듯한 슈즈가 50~60만 원이라니 그럴 수밖에. 고객 중 한 명은 외출 후 돌아왔더니, 도우미 아주머니가 '신발을 왜 이리 더럽게 신고 다니냐'라며 골든구스를 깨끗하게 빨아놓았다는 웃지 못할 에피소드를 전해주기도 했다.

패션계의 많은 사람이 골든구스의 인기를 잠시 스쳐가는 바람이라고 생각했다. 이러한 예상은 보기 좋게 빗나갔다. 스트리트웨어의 유행을 타고 슈즈에 이어 의류까지 출시된 상황이다. 생명이 짧기로 유명한 패션계에서 7~8년이라는 시간 동안 승승장구하고 있는 것을 보면 단순한 인기가 아님을 알 수 있다.

최근 뜨겁게 떠오르는 브랜드 오프화이트Off-White 역시 락&펑크스타일 스트리트웨어의 대명사라고 할 수 있다. 단, 국내에 이미 독점권을 가진 회사가 있어 바잉이 불가능하므로 이 책의 리스트에는 넣지 않았다.

지금까지 패션계에서 스트리트웨어 정신에 충만한 락&펑크스타일이 주류인 적은 없었다. 하지만 늘 패션계의 한쪽 자리를 차지하고 있었음은 그 누구도 부인할 수 없는 사실이다. 비주류였던 락&펑크스타일이 럭셔리 스포츠, 하이엔드 아틀레티카 Hi-End Athletica, 하이엔드 클럽 컬쳐 Hi-End Club Culture와 만나 주목받게 되었다.

샤넬, 프라다, 지방시, 크리스티앙 디오르 등에서도 스니커즈, 스웨트셔츠, 트레이닝 팬츠 등을 출시하고 있으니 스트리트웨어의 인기는 꽤나 오랫동안 지속되지 않을까 싶다.

GCDS *since 2015*

| Contemporary | 🇮🇹 Italy | Giuliano Calza & Giordano Calza |

80~90년대 젠더리스*genderless, 성별의 구분이 없는 패션 스타일* 락&펑크룩의 럭셔리한 부활이다. 체제와 기득권, 전통에 반항하는 정신으로 가득한 락&펑크 정신을 이어받은 스트리트웨어 하드코어 브랜드 GCDS*God Can't Destroy Streetwear, 신도 스트리트웨어는 파괴할 수 없다*'. 브랜드명 자체에서 풍기는 포스도 강하다.

그래픽이 잔뜩 들어있는 스웨터, 오버사이즈의 헐렁한 유니섹스 티셔츠와 스웨트셔츠, 여기저기 찢어지거나 낡아 헤진 듯한 톱과 데님 등은 모두 이탈리아 공방에서 수작업으로 만들어진다.

내가 운영하는 스페이스 눌의 분위기와 어울리지 않는 브랜드라서 바잉은 하지 않지만, 젊은 감각의 편집숍 톰그레이하운드*Tom Greyhound*나 에크루*ECRU* 등에 딱 맞는 브랜드가 아닌가 싶다.

바이어로서 인기가 높고 판매가 잘 되는 브랜드를 욕심내는 것은 자연스러운 일이다. 그러나 숍의 아이덴티티를 망치면서까지 유행에 영합하는 행위는 위험할 수 있다. 특히 GCDS의 경우 모든 아이템이 '하드코어 락&펑크 정신'을 그대로 반영하고 있어 평범한 아이템을 골라내기 쉽지 않다.

2016년 이 브랜드에서 국내 바이어들에게 판매한 스웨트셔츠와 티셔츠가 약 5,000장이 넘는다. 한국처럼 작은 시장에서 판매량으로 전 세계 톱을 찍은 것이다*게다가 론칭 1년도 안 된 브랜드다*. 솔직히 나는 이런 상황이 의아스럽다. 소비자들이

원해서라기보다 '한 유명 편집숍이 구매했다'라고 하니 너도 나도 매입한 결과가 아닌가 싶다. 한국 바이어들의 고질적인 문제점를 보여주는 대표적인 케이스다. 이 상황을 조금 더 자세하게 이야기해보자.

패션 위크 시즌 유명 쇼룸을 찾은 한국 바이어들은 기계적으로 '이 브랜드를 구입한 편집숍은 어디인가?'라는 질문을 빼놓지 않는다. 이때 상대의 입에서 국내 유명 편집숍 이름이 하나라도 나오면 묻지도 따지지도 않고 동일 아이템을 구매하는 진풍경이 벌어진다. 오죽하면 프랑스나 이탈리아 쇼룸 담당자들이 '한국 바이어와 마켓은 판매하기 너무 쉬운 곳'이라는 이야기를 하겠는가. 같은 바이어로서 창피한 일이고 반성해야 하는 일이다.

본론으로 돌아와서 GCDS의 시그너처 아이템은 'GCDS'라는 큰 영문 로고가 박힌 헐렁한 티셔츠다. 시그너처 아이템에서 알 수 있듯 대담하고 활기차며 로고가 사방에 박혀 있는 다소 과격한 브랜드다. 베스트셀러 아이템 중 하나가 뽀족한 징이 박힌 초커*choker*라고 하니 브랜드의 이미지를 짐작할 수 있을 것이다. 참고로 검은색 초커의 인기가 높아 빨간색과 초록색 초커도 판매 중이다.

온라인으로 이 브랜드를 주문하면 구입한 상품과 함께 작은 선물 패키지가 도착한다고 한다. 패키지 안에는 콘돔, 쿠키, 스티커, 영양바, 성냥 같은 것들이 들어있어 쇼핑의 재미를 더해 준다고 한다.

유니섹스 스트리트웨어 붐을 타고 많은 패피와 국내 셀럽에게 큰 사랑을 받고 있는 브랜드다.

Luxury Street Wear

A.F. Vandevorst

| High Contemporary | 파리에서 런던 패션 위크로 옮김 |

에이.에프.반데버스트 A.F. Vandevorst 하면 즉각적으로 떠오르는 아이템이 몇 개 있다. 가죽 라이더 재킷, 오버사이즈 모자가 달린 박시한 집업 스웨트셔츠, 부드러운 소재의 헐렁한 프린트 티셔츠 등. 물론 깔끔한 정장과 여성스러운 드레스도 있지만, 누가 뭐래도 에이.에프.반데버스트는 아방가르드룩으로 손색없는 과감한 프릴과 과격한 컷, 상식을 뛰어넘는 디자인이 특징이다.

부드러운 벨벳 드레스 위에 과감한 스터드 장식의 라이더 재킷을 매치하거나, 턱시도 재킷 허리 부분에 과격하고 두꺼운 실버 지퍼를 매치하는 등 전위적인 창의성이 돋보이는 브랜드다.

2017년 컬렉션에서 선보인 앞뒤가 바뀐 데님 팬츠, 데님 스커트, 데님으로 된 이브닝드레스 등은 일반적인 패션의 틀을 뛰어넘는 에이에프.반데버스트의 특징을 잘 보여주고 있다.

락&펑크 스트리트웨어로 불려도 무방하지만 아방가르드로 분류되어도 무난할 만큼 관련 아이템이 많다. 한마디로 '락&펑크 아방가르드 스트리트웨어'라고 부를 수 있겠다.

Alexander Wang *since 2007*

| Luxury | 🇺🇸 New York | Alexander Wang |

박시한 청재킷, 밀리터리 재킷, 찢어진 청바지, 너덜너덜한 스웨터와 스웨트셔츠는 알렉산더왕의 컬렉션에서 빠지지 않고 등장하는 아이템이다. 이와 같은 스트리트웨어 스타일은 2007년 브랜드 론칭 당시부터 알렉산더왕의 아이덴티티 일부분을 차지했다.

Designer : Alexander Wang

발렌시아가의 크리에이티브 디렉터를 맡기도 했던 디자이너로, 발렌시아가와 자신의 독자 브랜드를 동시에 주목받게 한 능력자이기도 하다.

내가 알렉산더왕의 컬렉션을 처음 본 것은 2008년 무렵이다. 뉴욕에 있는 멀티 라벨 쇼룸에서 두 랙 정도 걸려있는 그의 컬렉션을 보았다. 메이드 인 차이나를 그토록 당당하게 내세운 브랜드는 처음이었다. 그것도 꽤 비싼 RTW 브랜드가 말이다.

2009년에는 세컨드 브랜드 T by를 론칭했는데 가격이 정말로 저렴했다. T by의 소매가가 10만 원대 초반^{디자이너 라벨을 10만 원대 초반에 살 수 있다는 건 굉장한 메리트다!}이었으니 스페이스 눌에서도 호떡 팔 듯 불티나게 팔았던 기억이 있다. 문제는 퀄리티, 세컨드 라인 티셔츠의 퀄리티가 그리 좋은 편은 아니어서 1년 정도 입으면 반드시 재구매를 해야만 했다.

어느새 T by도 풀 컬렉션이 되어 오리지널 브랜드만큼 비싸졌다. 이 브랜드의 슈즈와 가방 역시 큰 인기를 누렸으나 ^{불과 3, 4년 전의 일이다} 지금은 상황이 많이 다르다.

국내 마켓에도 변화가 생겼는데, 알렉산더왕은 약 2년 전

까지 바이어들의 매입이 불가한 브랜드 중 하나였다. 대기업이 독점권을 가지고 있던 탓이다. 하지만 지나치게 높은 미니멈 계약 때문에 재계약은 성사되지 못했다. 아무리 인기가 높은 브랜드라도 국내 마켓 사이즈를 넘는 계약은 수용할 수 없는 법이다. 덕분에 알렉산더왕 바잉은 가능해졌지만, 브랜드의 인기가 예전만 못하다는 게 함정이다.

▼
스트리트웨어 정신이 충만한
Alexander Wang의 컬렉션

Amen

| Luxury | 🇮🇹 Italy | 젊은 디자이너 그룹 |

모던 럭셔리를 추구하는 강단 있는 브랜드 아멘Amen. 이스트&웨스트의 매력을 아우르며 독특한 특징과 정교한 디테일로 주목받고 있다.

젊은 디자이너 군단의 다양한 아이디어와 열정을 키워내는 자토팩토리Jato Factory에서 시작된 아멘은 이탈리아 볼로냐 지역을 기반으로 한다. 오뜨 꾸뛰르와 프레타포르테를 위한 텍스타일과 데코레이션을 제작하는 회사이기도 하다. 그들의 고급스럽고 실험적인 패브릭과 과할 정도로 넘치는 장식을 이해할 수 있는 배경이다.

누군가는 여성스러운 드레스 라인으로 또 다른 누군가는

인터넷 쇼핑몰처럼 완전한 스트리트웨어로 바잉할 수 있을 정도로 색깔이 다양한 브랜드다.

먼저 드레스를 살펴보면 입이 떡 벌어질 정도의 디테일과 창의성, 크리스털과 스팽글 자수, 오뜨 꾸뛰르 같은 테일러링, 화려한 패브릭과 텍스처 장식을 자랑한다. 물론 스트리트웨어 정신이 가득한 아이템도 많다. 자수가 놓인 넓은 데님 팬츠, 고급 체인으로 장식한 찢어진 데님, 가벼운 실크 소재의 소매꽃무늬 프린트를 덧댄 후드 스웨트, MSGM풍의 귀엽고 고급스러운 스웨트셔츠 등이 그것이다. 여성스러운 럭셔리와 과격한 스트리트웨어의 감성이 공존하는 브랜드임에 틀림없다.

한 인터넷 쇼핑몰은 아멘을 '참신하고 발랄하면서도 세련미가 넘치는 브랜드, 전통과 혁신의 조화라는 상반된 매력을 아우르는 브랜드'라고 소개해놓았다.

MSGM보다 성숙하면서 살짝 진지한 아이템, 고급스러우며 여성스러운 락&펑크 웨어를 찾는 바이어에게 흥미진진한 브랜드다.

AVIU

| Contemporary | 🇮🇹 Italy |

에이비우AVIU는 니트의 무한한 변신과 가능성을 보여주는 니트 전문 스트리트웨어다. 한없이 여성스러운 선이 굵은 니트가 어떻게 스트리트웨어의 모던한 분위기를 뿜어낼 수 있는지를 잘 보여준다.

리치 패브릭에 더해지는 기교옷 절반 이상을 스팽글로 덮거나 스와로브스키로 장식한 화려한 지퍼가 목선 또는 옆선에 붙어 있는 등의 과감한 디테일을 선보이며, 니트를 기반으로 한 온갖 실험정신을 발휘하고 있다. 평범한 니트 소재가 이토록 다양한 모습으로 태어날 수 있다니 그저 놀랍기만 하다.

니트와 우븐, 니트와 면포플린 등의 패브릭을 믹스 앤 매치하고, 셰이프와 볼륨도 자유자재로 믹스한다. 아방가르드한 긴 소매는 이 브랜드의 시그너처다.

100퍼센트 메이드 인 이탈리아로 모든 디테일은 이탈리아 장인의 손길로 만들어진다. 퀄리티는 보증되는 셈이다.

우리나라에서는 한 겨울 코트 아래에 입는 독특한 스웨터가 매우 잘 나가는 아이템 중 하나다. 유니크하고 펑키한 니트를 찾는다면 반드시 봐야 할 브랜드다.

RE/DONE since 2014

| Contemporary | Sean Barron&Jamie Mazur |

    드라이클린온리Drycleanonly가 빈티지 티셔츠 리메이크 브랜드라면, 리/던 RE/DONE은 데님 리메이크 브랜드다.

    빈티지 리바이스Levi's 데님은 새 청바지가 가질 수 없는 독특한 풍미를 지녔다. '리바이스 데님은 와인과 같다. 세월이 지나면서 점점 더 멋있어진다'라는 말과 함께 디자이너들의 찬사를 한 몸에 받는 진이다.

    리/던은 빈티지 리바이스 진의 과거를 기념하고 개별 데님의 이야기를 이어나간다. 중고 데님의 박음선을 해체하여 다른 천을 덧대거나, 새로운 데님 팬츠를 만드는 식으로 빈티지 패브릭에 모던 핏을 더한다. 똑같은 제품이 단 하나도 없는 100퍼센트 리미티드 아이템이다.

    앨리슨레이놀즈울프앤램 Alison Reynold's Wolf and Lamb 역시 빈티지 의류를 해체하여 현대적인 감각으로 재탄생시키는 브랜드다. 옛것을 존중하며 친환경적으로 옷을 만드는 시스템이 우리에게는 다소 낯설기도 하지만 미소 지어지는 흐뭇한 흐름이 아닐 수 없다.

Luxury Street Wear

Christopher Kane since 2006

| Luxury | 🇬🇧 London | Christopher Kane |

과감한 프린트, 경계를 뛰어넘는 소재의 사용으로 반항적인 무드에 성숙한 페미니즘까지 곁들인 브랜드 크리스토퍼 케인 Christopher Kane. 아름다우면서도 시크한 컬렉션을 선보이는 잘 생긴 디자이너의 멋진 브랜드다.

크리스토퍼 케인은 비닐 디테일을 사용한 스웨트셔츠나 원피스를 선보이기도 한다. 2017 SS에는 앞면 전체에 야수 얼굴이 프린트된 스웨트셔츠와 원피스, 장미꽃이 활짝 핀 레이스 원피스를 소개했다. 조금은 성숙하고 다크한 여성의 카리스마를 보여주는 스트리트 정신이 강한 컬렉션이다.

여성스러운 스커트와 원피스가 많은 브랜드지만, 우리나라 편집숍 바이어들은 독특한 프린트나 소재가 가미된 스웨트셔츠와 티셔츠를 주로 구입한다. 개인적으로는 스웨트셔츠 라인보다 독특하고 고급스러운 디테일이 들어간 드레스 라인을 더 선호하는 편이다.

브랜드 크리스토퍼케인은 디자이너 크리스토퍼 케인의 센트럴세인트마틴 석사 졸업쇼의 성공을 바탕으로 2006년 론칭한 브랜드다. 어느덧 런던 패션 위크의 하이라이트로 자리 잡았다. '브리티시 패션 어워드 British Fashion Award' 및 '보그 패션 펀드' 등 권위 있는 상을 수상하며 패션 전문가는 물론 대중의 사랑을 한 몸에 받고 있다.

Coliac *since 2009(슈즈) / 2017 FW 여성복 RTW 라인 론칭*

| Luxury | 🇮🇹 Milano | Martina Grasselli |

커스텀 주얼리 브랜드로 2009년 론칭한 콜리악Coliac. 이 브랜드를 이끄는 마르티나 그라셀리Martina Grasselli는 스텔라매카트니Stella McCartney, 장폴고티에Jean Paul Gaultier, 크리스찬 루부탱Christian Louboutin 등에서 경험을 쌓으며 럭셔리 주얼리와 가죽 액세서리에 대한 실력을 다진 디자이너다.

슈즈 라인도 론칭했는데 기본적으로 매우 클래식한 스타일을 선보인다. 클래식 슈즈에 초현실적인 느낌을 주는 피어싱, 진주, 크리스털 장식을 더해 고급스러운 락&펑크스타일을 연출한다.

이탈리아 장인의 가죽 마감, 경화처리된 고무바닥, 부드러운 라이닝 등은 하루 종일 신어도 불편함 없는 착화감을 선사한다.

2017 FW에는 슈즈에 사용한 피어싱, 진주, 크리스털 모티브를 이용하여 작은 의류 컬렉션도 론칭했다. 슈즈와 마찬가지로 매우 고급스럽고 심플한 미니멀 락&펑크라고 정의할 수 있다. 첫 컬렉션임에도 불구하고 큰 가능성이 느껴지는 브랜드다.

Luxury Street Wear

Drycleanonly Bkk *since 2010*

| Contemporary | 🇹🇭 Bangkok | Patipat Chaipukdee |

드라이클린온리비케이케이 *Drycleanonly Bkk*의 모든 아이템 은 이 세상에 단 하나 밖에 없는 수작업 커스텀 메이드 *custom made* 제품이다. 얼핏 보면 우리나라 시장에서 1만 원 정도면 살 수 있는 중고 티셔츠처럼 생겼지만, 빈티지 티셔츠에 일 일이 수작업을 가공하여 완성한다.

리복 *Reebok*, 나이키 *NIKE*, 아디다스의 티셔츠, 롤링스톤 *Rolling Stone*의 월드 투어 티셔츠, 할리 데이비슨 *Harley-David-son*의 빈티지 티셔츠에 레이스, 프릴, 자수, 스터드, 비즈, 안 전핀, 주얼리 등을 더해 슬립 드레스, 조끼, 스커트, 여성스 러운 티셔츠 등을 만든다. 극도의 리미티드 아이템으로 'My only item'을 추구하는 고객들에게 어필하고 있다.

이 브랜드의 철학은 확고하다. 대량 생산된 아이템을 세

▲▲
아디다스와 나이키 등의 빈티지 티셔츠를. 세상 단 하나뿐인 아이템으로 재탄생시킨 Drycleanonly Bkk의 컬렉션

상 단 하나뿐인 아이템으로 재탄생시키고, 공장 제품을 하이 라벨 제품으로 변형시켜 환경을 보호하는 것. 더불어 각 브랜드의 오리지널 라벨 아래 'Dryclean Only' 라벨을 붙이는 식으로 오리지널 빈티지 아이템에 대한 존경과 존중을 보여주고 있다.

방콕 디자이너 파티팟 차이푹디 Patipat Chaipukdee는 티셔츠계의 피카소라고 불린다. 빈티지 아이템을 해체, 분해하고 재조립해서 전혀 새로운 아이템으로 변화시키는 모습이 피카소의 그것과 닮았다. 독특하고 유니크한 제품을 원하는 빈티지 티셔츠 마니아들에게 매우 매력적인 브랜드다.

우리나라에도 이와 비슷한 브랜드가 하나 있다. 코오롱이 운영하는 브랜드 래코드 Re;code다. 이곳에서는 소각시켜야 하는 옷들을 장애우 단체가 해체하고 신진 디자이너들이 재창조해 새로운 옷으로 탄생시킨다. 장애우와 신진 디자이너들을 돕고 환경도 보호하는 등 일석삼조의 효과를 누리는 셈이다.

2012년 이 프로젝트를 론칭할 당시 열렸던 전시회에 초대를 받아 참석했었다. 쉽지 않은 일을 지금까지 성공적으로 이끌어오고 있는 것을 보면 나도 모르게 감사한 마음이 든다. 솔직히 이윤이 별로 남지 않는 프로젝트다. 프로젝트를 진행하고 있는 리더의 열정과 안목, 확고한 의지와 헌신 덕이 아닐까 싶다.

래코드가 드라이클린온리처럼 전 세계를 대상으로 쭉쭉 뻗어 나가길 바란다. 충분히 그럴 가능성이 있고 사랑받아 마땅한 브랜드다.

Faith Connexion since 2004

| Luxury | 🇫🇷 Paris | 젊은 디자이너 그룹 |

락&펑크 스트리트웨어의 느낌이 물씬 나는 브랜드 페이스커넥션Faith Connexion. 발망의 전 크리에이티브 디렉터 크리스토퍼 데카르닌Christophe Decarnin이 페이스커넥션의 젊은 디자이너 그룹을 이끌고 있다는 사실은 패션계의 공공연한 비밀이다.

스프레이 페인트가 뿌려져 있는 밀리터리 재킷, 탈색된 오버사이즈 데님 셔츠와 조끼, 헐렁한 스웨트셔츠, 구겨짐이 느껴지는 점프슈트, 그라피티가 그려진 재킷이 시그너처 아이템이다. 마치 소재를 뚫고 나온 듯 러프하게 장식된 스와로브스키 크리스털과 페인트로 마구 칠해 놓은 듯한 슬로건이 티셔츠, 목도리 등에 박혀있는 것도 독특하다.

우리나라에서는 페이스커넥션을 밀리터리 브랜드라고 생각하는 사람이 많다. 대다수 바이어가 밀리터리 재킷과 카키 스커트 등을 주로 바잉하기 때문이다. 페이스커넥션은 분명 락&펑크 정신이 충만한 풀 컬렉션 브랜드다.

페이스커넥션은 '럭셔리가 무엇인지 이해하는 섹시한 파리지엔느가 좋아할 브랜드'를 만들고자 한다. 짙은 스모키 화장에 스틸레토 힐을 신은, 로큰롤 정신이 충만한 여성들을 위한 룩을 추구한다. 화려하고 관능적인 브랜드로 강렬한 매니시룩mannish look을 선보이는 럭셔리 스트리트웨어다.

Luxury Street Wear

Jeremy Scott *since 1997*

| Luxury | 🇫🇷 Paris | Jeremy Scott |

Designer : Jeremy Scott

Luxury Street Wear

디자이너 제레미 스캇 Jeremy Scott은 장 폴 고티에, 마틴 마르지엘라 Martin Margiela, 티에리 뮈글러, 프랑코 모스키노 Franco Moschino를 롤모델로 삼고 있다. 롤모델로 삼은 디자이너들의 이름만 들어도 그의 컬렉션이 범상치 않은 이유를 짐작할 수 있다.

과감한 색채와 과격한 형태의 장 폴 고티에, 실험적인 컷과 디자인을 선보이는 마틴 마르지엘라, 인체 공학적인 옷을 선보이는 티에리 뮈글러, 단추, 조끼, 벨트 등 옷 모양을 아예 인타르시아 기법으로 만들어 넣는 프랑코 모스키노의 모든 것이 더 과감한 형태와 색채로 제레미 스캇 안에 녹아있다.

미국 캔자스 주 북동부에 위치한 캔자스시티에서 태어난 제레미 스캇의 어린 시절 꿈은 패션 디자이너. 이상하고 독특한 스타일로 학교에서 왕따를 당했지만 그는 결코 자신의 꿈을 포기하지 않았다. 패션에 대한 열정 하나로 뉴욕으로 상경하여 관련 공부를 시작했고, 브랜드 모스키노를 소유하고 있는 에페패션그룹 Aeffe Fashion Group 뉴욕 사무소에서 인턴 생활을 거쳤다.

무일푼으로 파리에 도착, 노숙자 생활을 하며 업계의 문을 두드렸지만 패션계는 냉정했다. 결국 직장을 구하지 못한 그는 독자 브랜드를 만들기로 결심했다.

1997년 종이로 된 병원 가운을 구해 '칼날 위를 달리는 사람, 쓰레기봉투와 세상의 종말 Blade Runner, Trash bags, and the Apocalypse' 이라는 테마를 붙였는데, 이것이 프랑스 최고의 편집숍 콜레트의 눈에 띄었다.

　　상업성 없는 디자이너_{팔 수 없는 옷, 안 팔리는 옷}로 정평이 나 있던 제레미 스캇이 전 세계적으로 팬층을 누리게 된 것은 2008년 아디다스 컬렉션 덕분이다. 아무리 패션에 관심이 없는 사람이라도 양쪽으로 날개가 달린 하이탑 운동화를 본 적 있을 것이다. 일명 제이에스윙스 JS Wings 라고 이름 붙여진 이 컬렉션은 헤르메스 Hermes, 제우스의 아들의 날개 달린 샌들 탈라리아 Talaria와 닮았다.

　　<곰돌이 푸>에 등장하는 겁쟁이 호랑이 티거의 꼬리와 테디 베어의 머리가 붙어 있는 제이에스베어스 JS Bears 라인도 있는데 정말이지 대단한 상상력이 아닐 수 없다.

　　2013년 자신의 롤모델 중 한 명인 모스키노의 크리에이티브 디렉터가 된 제레미 스캇. 맥도날드 핸드백, 프렌치프라이 핸드백, 팝콘 드레스, 영양성분표시 드레스 nutrition-label ballgowns, 스폰지밥 네모바지스퀘어팬츠를 모티브로 한 노란색 도트 무늬 코트 등 2014 FW 모스키노 컬렉션은 제레미 스캇이 아니면 절대 나올 수 없는 컬렉션이었다. '럭셔리 컬렉션과 저가 브랜드의 믹스 mix of the street, high and low'라는 디자이너의 모토를 그대로 볼 수 있는 컬렉션이었다.

　　상업성이 전혀 없고 가격 또한 말도 안 될 정도로 비쌌던 제레미 스캇의 컬렉션이 본격적으로 달라진 것은 2016년 FW 부터다. 디자인도 훨씬 차분해졌고 입을 만한 옷 즉, 바잉할 만한 옷도 많아졌다. 여전히 높은 가격이지만 과거에 비해서는 많이 저렴해진 편이다.

　　2017년 SS에는 여성스러운 카디건과 스웨터, 스케이트 스커트까지 출시했다. 너무 차분하고 일반적인 아이템이어

▲
Jeremy Scott을 세상에 알린 날개 달린 하이탑 운동화

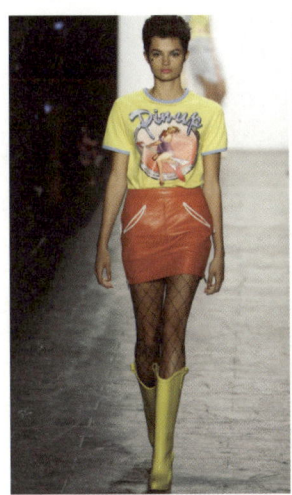  

서 '제레미 스캇 맞나?'라는 의구심이 들 정도다. 어찌 됐든 바잉할 수 있는 아이템이 점점 많아지고 있으니 바이어로서는 기쁜 일이다.

Preen by Thornton Bregazzi since 1996

| Luxury | 🇬🇧 London | Justin Thornton&Thea Bregazzi |

프린바이손튼브레가찌 Preen by Thornton Bregazzi 컬렉션에는 남성성과 여성성, 강함과 부드러움이 공존한다. 남성 정장 핏에 펑키한 디테일을 가미하거나, 중성적인 스트리트웨어에 과한 프릴을 덧붙이는 식이다 남성성이 강한 아이템에 지나칠 정도로 많은 프릴과 주렁주렁한 디테일, 컷 등을 사용한다.

2001년 SS 런던 패션 위크에서는 빈티지 레이스와 펑키한 요소를 가미한 컬렉션으로 비평가와 패피들의 엄청난 주목을 받았다.

상업적으로도 큰 성공을 거둔 프린바이손튼브레가찌는 어느덧 런던 패션 위크에서 반드시 봐야 할 쇼가 되었다. 2008년 SS부터는 런던 패션 위크 대신 뉴욕 패션 위크 런던 위크보다 참석하는 바이어가 많다에 참여했는데 그 덕분에 빠른 속도로 이름을 알렸으며, 세일즈도 크게 증가했다.

같은 해 세컨드 브랜드 프린 Preen 라인을 론칭했는데 매우 패셔너블하면서도 독특한 디자인을 선보이고 있다. 결코 평범하지 않은 스타일이지만 일반인도 무리 없이 소화할 수 있다. 컨템 브랜드로는 살짝 비싼 편이지만 오리지널 브랜드 정신이 살아있는 것도 강점이다. 여성스러운 락&펑크 스타일로 컨템 바이어에게 강력히 추천하는 브랜드다.

런던에 있는 작은 의상실에서 시작했지만 어느새 25개국이 넘는 곳에서 판매되고 있다.

Public School

| Contemporary | 🇺🇸 New York | Dao-Yi Chow&Maxwell Osborne |

흔히 런웨이의 옷을 보고 '저걸 어떻게 입어?' '저 옷을 돈 주고 사는 사람이 있어?'라고 생각하는데, 런웨이의 룩과 실제 마켓에 나오는 룩이 다른 경우가 많다.

런웨이는 디자이너가 자신의 예술적인 감성을 마음껏 펼칠 수 있는 무대다. 반면 세일즈가 중심인 컬렉션은 바이어들을 위한 쇼로 상업적이고 웨어러블한 룩이 많을 수밖에 없다. 퍼블릭스쿨 Public School 이 그 대표적인 예다.

퍼블릭스쿨은 박시한 타탄체크 셔츠, 드롭 숄더의 박시한 후드 티셔츠, 마구 찢어진 듯한 데님 재킷, 카키, 블랙 등 톤 다운된 봄버 재킷 등을 주력 아이템으로 선보인다. 아이템만 보면 펀&펑크 스트리트웨어임을 의심할 수 없다. 그런데 런웨이를 보면 상황이 달라진다. 독특하고 과감한 디자인과 길고 긴 슬리브 등은 스트리트웨어 보다 아방가르드의 범주에 가깝다.

퍼블릭스쿨을 이끄는 듀오 디자이너 다오이 초 Dao-Yi Chow 와 맥스웰 오스본 Maxwell Osborne 이 DKNY의 새로운 크리에이티브 디렉터로 영입되면서 또 한 차례 유명세를 치렀다. 아방가르드가 살짝 가미된 펀&펑크스타일의 DKNY 컬렉션을 기대해도 좋을 듯하다.

Luxury Street Wear

PUBLIC SCHOOL

Sold Out Frvr(Forever) since 2015

| Contemporary | 🇮🇹 Italy | Marc&Iggy&David |

박시한 셰이프에 과감한 레터링이 옷 전체에 프린트되어 있다. 하드코어 스트리트웨어를 좋아하는 사람이라면 누구나 성별 구분 없이 입을 수 있는 브랜드 솔드아웃포에버Sold Out Frvr다.

쇼룸 판매 직원에 의하면 이 브랜드를 구입한 편집숍에서 재구매 요청이 쇄도하고 있다고 한다. 브랜드명처럼 '전 제품 완판' 사례가 많다는 이야기다.

체크 셔츠와 체크 드레스에 과감한 프린트와 두꺼운 레터링을 사용하여 다소 과격해 보이지만 입어보면 꼭 그렇지만도 않다. 2017 SS에서 선보인 밝은 데님 컬러의 헐렁한 롬퍼는 너무 귀여워서 퍼스널 오더를 넣었을 정도다.

솔드아웃포에버는 락&펑크의 라이브 콘서트 세계와 강한 연관성을 지니고 있다. 브랜드의 아이디어 자체가 이탈리아 에밀리아Emilia, 이탈리아에서 로큰롤로 가장 유명한 지역의 한 프린트 공장에서 시작되었기 때문이다. 이 프린트 공장은 지난 40년간 로큰롤 아이코닉iconic을 생산해온 곳이다. 그래서인지 옷 하나하나에서 로큰롤 정신이 느껴진다.

모든 작업은 100퍼센트 핸드메이드로 이루어지며 컬렉션 전체가 메이드 인 이탈리아로 높은 퀄리티를 자랑한다. 맥시멀maximal&그런지 룩Grunge Look 감각이 특징이며, 비비드 컬러의 타탄체크는 솔드아웃포에버의 시그너처다.

The Editor *since 2011*

| Contemporary | 🇮🇹 Italy | Creative director: Vincenzo Modesti |

이탈리아 볼로냐는 바이어에게 흥미로운 공간이다. 그곳에는 의류나 가방을 만드는 공장이 독자적인 쇼룸 또는 아울렛을 가지고 있는 경우가 많은데, 이런 시스템을 갖춘 곳은 전 세계 어디에도 없다.

볼로냐에서 태어난 브랜드 더에디터 The Editor는 재미나고 펑키한 디자이너들의 상상력과 장인의 손기술이 합쳐진 결과물이다. 당연히 핸드메이드 아이템이 많다.

더에디터는 브랜드명 그대로 여러 가지 디테일, 자수, 스터드 장식, 오리지널 프린트 등을 이용해 독특한 아이템을 만들려고 노력하며, 패피들의 옷장을 신선하게 개혁시키고 편집 edit하고자 한다. 위트 있는 클래식 classic with twist, 스트리트웨어+전통 이탈리아 테일러링을 믹스 앤 매치하여 독특한 패션을 선보이고 있다. '진정한', '편안한', '근심 걱정 없는 라이프스타일'을 지향하고자 한다.

스트리트웨어라고 하기에는 조금 클래식하고, 클래식한 웨어라고 하기에는 스트리트웨어 분위기가 나는 룩이다.

Luxury Street Wear

Gothic&Punk Street Wear

블랙 감성으로 대변되는 다크웨어 Dark wear,
고딕&펑크 스트리트웨어

고딕 Gothic 스타일이 패션의 중심에 선 적은 없지만 늘 패션의 일부로 존재해온 것은 사실이다. 이미 알려진 브랜드를 예로 든다면 릭오웬스나 앤드뮐미스터 Ann Demeulemeester 정도가 될 것이다. 고딕 스타일이 구체적으로 떠오르지 않는다면 중세 수도승이 입었을 법한 무채색의 옷을 떠올려보라.

이와 관련된 세 개의 브랜드를 살펴보고 길고도 긴 스트리트웨어 브랜드를 마감하고자 한다.

Luxury Street Wear

Damir Doma *since 2010*

| Contemporary | 🇫🇷 Paris | Damir Doma |

다미르도마 Damir Doma에서 열 번도 넘게 초청장이 왔었다. 미안한 마음에 두어 번 파리 쇼룸을 방문했다. 우리 숍 분위기와 맞지 않는 감이 있어 바잉은 하지 않았으나 상당히 인상 깊은 컬렉션이었다.

이 브랜드의 원피스를 나같이 키가 작은 사람이 입으려면 적어도 반은 잘라내야 한다는 생각을 하며 랙을 살펴보았다. 러플, 금속링 등이 많이 사용된 컬렉션으로 패브릭은 정말 부드러웠다. 모든 아이템은 꾸미지 않은 듯 자연스럽고 모던했다. 차분한 컬러에 실험적인 독특한 실루엣, 대조적인 텍스처 패브릭이 만들어내는 강렬한 스타일이 인상 깊었다.

다미르도마는 고딕 스타일에 걸맞게 검은색, 흰색, 회색, 다크한 카키색 등 무채색 중심이다. 라인이 깔끔하게 떨어지기보다는 살짝 너풀거리고 축축 처지는 스타일이다. 소매 역시 원래 핏보다 살짝 더 길다.

디자이너 다미르 도마는 2007년 남성복 라인 론칭 후, 2010년 여성복 라인을 론칭했다. 남성복도 여성복과 비슷한 느낌이다. 고딕 스타일의 취향을 가진 커플이라면 함께 입어도 좋을 브랜드다.

2015년 파리에서 밀라노로 공방을 옮긴 후 파리 컬렉션 대신 밀라노 컬렉션에 참여하고 있다.

Luxury Street Wear

Haider Ackermann since 2003

| Luxury | 🇫🇷 Paris | Haider Ackermann |

하이더아크만 Haider Ackermann의 우아한 레이어링, 드레이핑 테크닉, 스터드 장식, 과감한 실버 지퍼가 돋보이는 라이더 가죽 재킷과 비대칭 컷의 재킷&조끼 그리고 부드러운 소재의 스웨터 등을 보고 있으면 앤드뮐미스터가 연상된다. 다만 컬러에서 큰 차이를 보이는데 앤드뮐미스터보다 훨씬 컬러풀하다.

Designer : Haider Ackermann

하이더아크만의 컬렉션은 기본적으로 검은색, 흰색, 회색 등 무채색이 주를 이루지만 일렉트릭 옐로우, 밝은 오렌지, 핑크, 라벤더, 골드, 구리색 등 볼드한 컬러의 사용도 주저하지 않는다. 더불어 가죽 코르셋, 레오파드 프린트에 컬러풀한 감각이 더해져 고딕 스트리트&락&펑크 느낌이 흠씬 풍긴다. 레이스 디테일이 가미된 가죽 베스트, 가죽 스커트, 톱은 시그너처 아이템 중 하나다 비대칭 역시 아크만의 시그너처다.

2017 SS에는 유독 플리츠 디테일과 이와 관련된 아이템이 눈에 띄었는데 일본 디자이너 이세이 미야케 IsseyMiyake의 플리츠에서 영감을 받은 것으로 알려져 있다. 그러나 이 역시 골드와 실버 등 메탈릭 소재 락&펑크를 사용하여, 우아하면서 살짝 고딕 느낌이 나는 아크만 특유의 감성을 보여준다. 디자이너의 표현대로 질서와 혼란, 어두움과 밝음, 럭셔리와 스트리트, 부드러움과 카리스마가 공존하는 여성성이다.

살짝 생뚱맞아 보이는 슬로건 '나 자신의 영웅이 되라 Be Your Own Hero' '조용한 군인 Silent Soldier'이 새겨진 티셔츠들

은 최근의 강력한 패션 모드인 스트리트 정신을 표현하고 있다.

    2003년 파리 패션 위크에 참여하여 자신의 컬렉션을 선보였고, 2005년 벨기에 회사에 합류, 디자이너 앤 드뮐미스터와 함께 작업을 진행했다. 그리고 2013년 앤드뮐미스터와 하이더아크만은 각자 브랜드로 독립한다. 왜 그의 컬렉션에서 앤 드뮐미스터의 감성이 묻어나는지 이해되는 대목이다.

    디자이너 하이더 아크만은 어느 정통 브랜드 못지않은 테일러링 기법을 바탕으로 그 누구도 흉내낼 수 없는 혁신적인 미학을 구현하고 있다. 풍부한 상상력이 빚어낸 실루엣과 생동감 있는 프린트, 강렬한 장식이 사람들의 시선을 사로잡는 컬렉션으로 평가된다.

    릭오웬스나 앤드뮐미스터를 좋아하는 바이어나 고객이라면 마음에 드는 아이템을 다수 발견할 수 있을 것이다.

    빅토리아 베컴, 자넷 잭슨 Janet Jackson, 페넬로페 크루즈 Penelope Cruz, 틸다 스윈튼 Tilda Swinton 등이 아크만의 팬이다.

Luxury Street Wear

Thomas Wylde since 2006

| Contemporary | 🇺🇸 USA | Thomas Wylde |

가죽, 해골, 스터드, 얇은 캐시미어 소재의 스웨터와 실크 셔츠. 토마스와일드 Thomas Wylde란 이름과 함께 떠오르는 이미지들이다.

시그너처 아이템으로는 크고 작은 해골 스터드 장식이 잔뜩 박힌 검은색 가죽 가방, 해골 프린트가 가득 찍힌 실크 블라우스와 스카프가 있다.

디자이너 토마스 와일드는 강하고 자주적이며 관능적인 여성상을 그린다. 영민하면서도 자극적인 여성, 한마디로 정의할 수 없는 팜므파탈을 추구하며 컬렉션에서 이를 기반으로 한 자신의 세계관을 펼쳐 보인다.

개인적으로 이 브랜드에서 좋아하는 아이템은 얇고 부드러운 캐시미어 스웨터다. 속이 훤히 비칠 정도로 얇고, 착착 감기다 못해 축축 늘어지는 톤 다운된 캐시미어 스웨터인데, 한때 내 겨울 코트 속 단골 메뉴였다.

트렌드에 휘둘리지 않고 자신의 색을 꾸준히 지켜나가고 있는 브랜드다. 그런데 무슨 일인지 최근 공장을 한국으로 바꾸었다. 안타깝지만 메이드 인 코리아 made in Korea 라벨을 단 후 수입 브랜드 바이어들로부터 살짝 외면당하고 있다. 물론 퀄리티나 디자인은 이전과 별반 차이 없다.

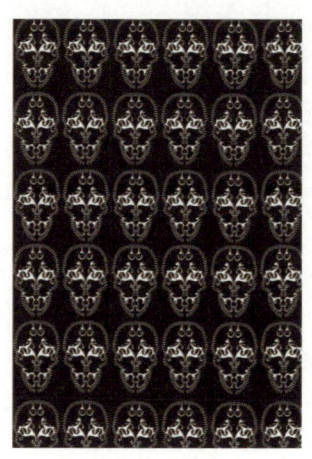

▲
Thomas Wylde를 상징하는 해골 프린트 컬렉션

PART
3

Bohemian Chic

보헤미안 시크

One Point Lesson

여름 패션의 절대강자, 에스닉 스타일ethnic style

여름만 되면 보헤미안 시크, 보호Boho, 에스닉 등으로 불리는 스타일이 온갖 패션지와 패션 채널에 자주 등장한다. 정확하게 어떤 스타일의 룩을 말하는 것일까? 또 왜 이렇게 다양한 이름으로 불리는 것일까?

먼저 보호라는 명칭은 보헤미안 홈리스Bohemian Homeless의 약자로, 집 없이 떠도는 집시의 스타일에서 유래했다. 이를 제대로 이해하기 위해서는 보헤미안에 대한 설명이 잠깐 필요하다.

보헤미안의 어원은 프랑스어 보엠Bohême이다. 보엠은 '보헤미안 사람'이라는 의미다. 보헤미아는 체코의 한 지방 도시명으로 15세기경 이 지역에는 유랑민족인 집시여행자와 중부 유럽에서 도망쳐 나온 사람들이 거주하고 있었다. 일정한 주거지 없이 떠도는 이들을 보고 프랑스인들이 보헤미안이라고 부르기 시작했다.

보헤미안이 집시가 아닌 작가, 화가, 예술가 등 인습에 구애받지 않고 자유분방한 생활을 하는 사람 또는 그들의 스타일을 의미하게 된 것은 19세기 후반에 이르러서다. 여기에 '시크하다'라는 프랑스어가 합쳐지면서 우아하고 스타일리시하다는 뜻의 보헤미안 시크가 탄생했다.

자유분방한 생활을 즐기는 집시 복장을 모티브로 한 보호 스타일이 정점을 찍은 것은 2005년, 배우 시에나 밀러Sienna Miller와 모델 케이트 모스Kate Moss에 의해서다. 이후 미샤 바튼Mischa Barton과 밀라 요보비치 Milla Jovovich가 영국식 시골풍 정원English country garden의 보호 스타일을 유행시켰고 여기에 빈티지룩까지 가미되었다.

시에나 밀러의 언니이자 영국을 대표하는 패션 디자이너 사반나 밀러 Savannah Miller는 보헤미안에 대해 다음과 같이 정의한다.

"진정한 보헤미안이란, 아름다움을 그 깊은 곳까지 감상하고 감사할 줄 아는 사람이다. 엄청나게 낭만적인 사람이며 이미 만들어진 상자 속에서 살기보다는 자신만의 세계를 창조해내는 사람이다."

트렌드에 따라 인기의 높고 낮음은 있지만 보호 스타일은 여전히 현재진행형이다. 보호 락Boho Rock, 발레아레스 보호balearic boho 등 다양한 스타일로 변형되며 그 스트림이 계속되고 있다.

꽃무늬 패턴이 프린트된 맥시드레스와 찰랑찰랑한 긴 스커트, 털 달린 조끼, 기하학적 패턴 자수가 돋보이는 튜닉, 짧은 크롭트 재킷cropped jacket, 인조 동전이 주렁주렁 붙어 있는 벨트, 양가죽 부츠와 카우보이 부츠, 성긴 니트 재질의 손뜨개로 완성한 박시한 카디건과 스웨터 그리고 이에 어울리는 호보백 등이 보호 시크의 바람을 타고 승승장구했다.

보호 스타일은 강렬하고 뜨거운 태양과 잘 어울리는 룩이라 여름에 특히 강세를 보인다. 이 시즌에는 저렴한 길거리 브랜드부터 발렌티노나 구찌Gucci 같은 명품 브랜드까지 보호 스타일의 튜닉이나 드레스를 출시한다. 여름 필수 아이템이다.

Boho look it item

보호룩 완성을 위한,
필수 아이템

A Printed Maxi Dress 맥시드레스

전체적으로 잔잔한 꽃무늬 패턴이나 과감한 프린트가 들어간 맥시드레스에 허리를 강조한 빅 벨트를 하거나, 빈티지 느낌이 나는 가죽 가방 또는 모칠라에 발목까지 오는 가죽 앵클부츠를 매치한다. 스타일리시한 무드의 보헤미안룩의 완성이다.

Tunic & Peasant Top 튜닉 & 페전트 톱

팜팜이나 테슬 또는 자수가 놓인 튜닉이나 드레스는 여름 필수 아이템이다. 페전트 톱 또는 '시인의 블라우스'라고 불리는 이 튜닉은 반바지나 플레어드 데님과 잘 어울린다. 수영복 위에 비치 가운으로 착용해도 매우 예뻐서 휴가 계획이 있는 사람은 반드시 챙겨야 할 아이템이다. 여기에 챙이 있는 펠트 모자나 밀짚모자를 겸비하면 매력적인 스타일링을 선보일 수 있다.

Accessory 액세서리

글래디에이터 슈즈, 레이어링된 화려한 컬러의 팔찌, 나무, 코럴, 터키석, 페더 등을 이용한 팔찌, 목걸이와 헤어 액세서리는 아주 멋진 포인트 아이템이다. 보헤미안룩을 돋보이게 하는 프린지가 달린 가방, 조끼, 스카프 역시 좋은 아이템이다. 선글라스 또한 절대 빼놓을 수 없는데, 알이 큰 선글라스를 추천한다.

보호에 대한 공부는 이 정도에서 마무리하고 이제 실전으로 들어가도록 하자. 지금부터는 보호룩이 강한 브랜드를 살펴보고 각 브랜드의 특징과 반드시 구입해야 할 아이템에 관해 이야기하려고 한다.

보호룩에 대한 이야기를 하고 있자니, 서둘러 바캉스를 다녀와야 할 것 같다. 물론 어여쁜 이 아이들을 데리고!

BRAND

for Boho look

Calypso st. Barth / Catherine Malandrino / Figue
Heidi Klein / Jonny Was / Mara Hoffman / Juliet Dunn
Mathew Williamson / Stella Jean / Talitha
Temperley London / Ulla Johnson / Mochila
Other Brand

Calypso st. Barth

| Contemporary | 🇺🇸 New York | Christiane Celle |

원래 칼립소Calypso는 1992년 론칭된 편집숍 이름이다. 하지만 지금은 이 편집숍의 오너인 크리스챤 셀Christiane Celle이 디자인하는 강렬하고 자극적인 색상의 '칼립소 컬렉션'으로 더 유명하다. 편집숍이 브랜드화되면 이윤 창출을 위해 편집숍의 이름을 단 티셔츠 라인 등 나름 구색을 갖춘 제품을 생산하기 시작한다. 오프닝세리머니, 10꼬르소꼬모 외 많은 유명 편집숍도 이와 비슷한 상황이다.

이제는 편집숍보다 '칼립소 모노 브랜드 스토어'가 더 어울릴 정도로 자체 브랜드가 차지하는 비중이 크다. 맨해튼을 비롯해 유명 도시에 수십 개의 매장을 갖고 있다.

현재 칼립소에는 정교한 수작업으로 만든 인도풍의 옷이 많은데, 미국에서는 계절에 상관없이 잘 팔리고 있는 듯하다. 미국 최대의 트레이드 쇼 코트리에도 참여하는데, 칼립소 부스에는 늘 많은 고객이 북적인다. 리조트웨어 부티크로 시작했으나 럭셔리 라이프스타일 브랜드로 자리매김했다. 과거에는 보헤미안 느낌이 강했는데 치렁치렁하다 느낌 정도로 과한 비즈 아이템이 많았음 최근에는 깔끔하고 영한 느낌을 주는 아이템이 늘고 있다. 이국적인 타이다이 카프탄, 캐시미어 카디건, 커다란 샹들리에 이어링 등 보헤미안 시크룩을 위해 다른 곳에 갈 필요가 없을 정도로, RTW부터 액세서리까지 모든 아이템을 갖춘 브랜드다.

Catherine Malandrino since 1998

| Contemporary | 🇺🇸 New York | Catherine Malandrino |

CATHERINE MALANDRINO

캐서린말란드리노 Catherine Malandrino는 대략 10년 전까지 내가 많이 입던 브랜드다. 당시만 해도 디자이너 캐서린 말란드리노가 이 브랜드의 디자인 디렉터를 맡고 있었다. 그녀는 파리의 역동성과 시크함, 프로방스의 목가적인 낭만, 뉴욕의 에너지를 제대로 느낄 수 있는 컬렉션을 선보였다. 덕분에 시크하면서도 보헤미안 감성이 묻어나는 낭만적인 블라우스와 원피스를 만날 수 있었다. 반바지도 핏이 정말 예쁘고 편해서 지금까지도 내 옷장의 한 부분을 차지하고 있을 정도다.

창업자이자 디자이너인 캐서린 말란드리노는 프랑스 쪽 알프스에서 태어난 아탈리아인이다. 파리에서 패션을 공부

한 후 엠마뉴엘웅가로, 루이페로Louis Feraud 등에서 경험을 쌓았다. 뉴욕으로 건너와 랩드레스로 유명한 다이앤본퍼스텐버그의 컬렉션을 디자인했다. 1998년에야 비로소 자신의 이름을 건 브랜드를 론칭했다.

그런데 2013년 이후 그녀는 더 이상 자신의 브랜드 디자인에 관여하지 않는다. 캐서린밀란드리노를 브랜드 매니지먼트 그룹 블루스타얼라이언스Bluestar Alliance에 매각했기 때문이다.

블루스타얼라이언스는 고가의 컨템 브랜드였던 캐서린말란드리노 골드 라벨gold label을 매우 저렴한 라인으로 만들었고, 값비싼 럭셔리 라인으로 블랙 라벨black label을 따로 론칭했다.

현재 캐서린말란드리노에도 미약하게나마 보헤미안적인 요소가 남아 있기는 하다. 하지만 캐서린이 디자인할 때와 다르게 브랜드의 정체성이 많이 약해진 게 사실이다. 데일리 룩의 비중이 훨씬 높아졌기 때문이다. 따라서 로우 컨템 바이어는 골드 라벨을, 하이 컨템 바이어는 블랙 라벨의 컬렉션을 선택하면 큰 도움이 될 것이다.

Bohemian Chic

PART 3

Figue *since 2012*

| Contemporary | 🇺🇸 New York | Stephanie von Watzdorf (전 토리버치 디렉팅 디자이너) |

    무화과라는 뜻을 가진 피그Figue. 바이어라면 반드시 주목해야 할 브랜드 리스트에 입력해 놓아야 한다. 슈즈, 액세서리, 모자, RTW 라인까지 보헤미안을 위한, 보헤미안에 의한, 보헤미안 브랜드로 매우 시크하고 퀄리티가 높다.

    디자이너 스테파니 폰 와츠도프Stephanie von Watzdorf의 여행에 대한 열정, 세계 장인들의 재능을 나누고자 하는 열망에서 탄생한 브랜드다. 비즈, 자수, 타이다이 등 여러 소재들을 결합한 독특한 프린트로 '상류사회의 집시' 같은 유니크한 콘셉트를 탄생시켰다.

    낯선 세계로의 탐험을 두려워하지 않는 여성, 언제나 이

국적인 곳으로의 여행을 꿈꾸는 여성이 선호하는 브랜드를 만들고자 한다.

　디자이너 스테파니는 독일-프랑스계 아버지와 러시아인 어머니 사이에서 태어났다. 파리에서 성장한 후 파슨스디자인스쿨에서 공부했다. 이브생로랑Yves Saint Laurent, 조르지오 아르마니Giorgio Armani, 랄프로렌 등을 두루 거친 후 2004년 토리버치Tory Burch에 합류 7년 동안 RTW와 액세서리 라인 디렉팅을 담당했다. 그녀의 보헤미안 셔츠에서 토리버치 느낌이 나는 이유다.

　퀄리티 있고 고급스러운 보헤미안룩의 블라우스와 원피스를 바잉하고자 하는 바이어나 고객에게 꼭 추천하고 싶은 브랜드다. 참고로 다양한 밀리터리 재킷도 소개하고 있으며 시즈널 아이템도 가득하다. 독특한 패턴의 밀리터리 재킷 섹션도 점점 더 커 나가리라 기대해본다.

Heidi Klein *since 2002*

| Contemporary | 🇬🇧 UK | Heidi Gosman&Penny Klein |

럭셔리 스위밍 웨어로 자리매김하고 있는 브랜드다. 헤이디클레인은 수영복뿐 아니라 보헤미안 톱과 드레스, 밀짚모자와 가방 등 럭셔리 리조트, 비치 웨어의 모든 것을 판매한다.

하이디 고스만 Heidi Gosman과 페니 클라인 Penny Klein 두 디자이너가 영국 최초의 원스톱 홀리데이 숍 one-stop holiday shop 을 내세우며 오픈한 매장을 브랜드화했다. 여성스러운 디테일, 심플한 하드웨어, 몸매를 보정하듯 탄탄하게 받쳐주는 수영복과 그와 어울리는 수영복 커버업 cover-up 등이 많다. 시크하고 깔끔한 리조트룩을 원한다면 이 브랜드의 다양한 아이템을 필히 눈여겨봐야 한다.

케이트 모스, 시에나 밀러, 제니퍼 애니스톤 등이 이 브랜드의 팬이다.

Jonny Was *since 1987*

| Contemporary | 🇺🇸 USA |

이 브랜드명은 한 유행가 가사에서 시작됐다. 남부 캘리포니아 해변가에 살던 디자이너들은 전설의 레게 가수 밥 말리*Bob Marley*의 노래 'Johnny was a Good Man'을 들으며, 브랜드 조니워즈*Jonny Was*를 만들기로 한다. 언제 들어도 좋은 노래처럼 트렌드와 유행에 상관없이 시공간을 초월하여 영향력을 발휘하는 브랜드로 성장하길 원하는 바람이 담긴 이름이다.

이 브랜드의 디자이너들은 인생을 풍요롭게 하는 것은 커다란 사상이나 철학이 아니라 일상의 아름다운 디테일이라고 믿는다. 부정할 수 없는 진정한 보헤미안 정신을 기반으로 주변의 아름다운 모든 것에서 영감을 얻는다. 이러한 신념은 디테일 자수, 럭셔리한 패브릭, 빈티지와 모던함의 아우름, 편안한 실루엣을 통해 나타난다.

조니워즈는 캘리포니아의 햇살같이 근심 걱정 없는 시크한 라이프스타일로 전 세계인에게 어필하는 옷을 만들고 있다. 더불어 여행을 앞둔 사람이 반드시 챙기고 싶어 하는 여행자의 옷이 되고자 한다.

가격도 적절하고 디테일이나 패브릭이 아주 좋다. 뜨거운 여름 편안한 원피스나, 자수 니들 포인트가 첨가된 빈티지한 느낌의 블라우스를 선택하기 아주 좋은 브랜드다.

Bohemian Chic

Mara Hoffman *since 2000*

| Contemporary | 🇺🇸 New York | Mara Hoffman |

Designer : Mara Hoffman

    마라호프만Mara Hoffman의 수영복과 드레스 라인은 다른 보호 시크 또는 리조트웨어와 확연히 구별된다. 마라호프만이 가지고 있는 독특한 색채 때문이다.

    마라 호프만의 디자인에는 '방랑벽'이 느껴진다고 할 정도로 강한 집시 분위기가 풍긴다. 보헤미안 정신이 존재하지만 그녀가 쓰는 컬러는 어딘지 에밀리오 푸치Emiloi Pucci나 우리나라의 젊은 추상화가 하태임을 닮았다.

    현란한 팝아트의 색채와 놀라운 추상화 패턴으로 만든 민소매 원피스가 시그너처 아이템이다.

    2000년 론칭 당시에는 일명 서클circle이라고 불리는 니트 컬렉션으로 시작했다. 타이다이홀치기염색, 천의 일정 부분을 실 같은 도구로 강하게 묶어 다양한 컬러를 손으로 염색하는 방법를 해본 사람은 알겠지만 패브릭이 묶인 지점으로부터 동그랗게 퍼져나가는 원형으로 염색된다.

    현재 컬렉션은 손으로 염색한 아이템이 아닌 오리지널 실크 프린트가 대부분을 차지하고 있다. 수영복, 드레스, 비치웨어, 니트 외 캐시미어 코트까지 출시하고 있는 브랜드다.

    완전한 RTW 컬렉션으로 나갈 수 있는 잠재력이 느껴진다. 뉴욕 파슨스디자인스쿨에서 패션 디자인, 런던 세인트마틴에서 예술과 디자인을 전공한 디자이너의 약력을 보더라도, 계속해서 발전할 잠재력 큰 브랜드임이 분명하다.

Juliet Dunn *since 2000*

| Contemporary | 🇬🇧 London | Juliet Dunn |

인도 여행을 하던 디자이너 줄리엣 던*Juliet Dunn*은 그곳의 다채로운 컬러와 카프탄, 사롱 등에 큰 영감을 받는다. 이를 바탕으로 탄생한 것이 바로 글래머러스한 리조트&비치 웨어 전문 브랜드 줄리엣던이다.

인도 자수의 영향으로 다량의 미러 자수 아이템을 보유하고 있으며 밝은 보헤미안룩이 많다. 모든 아이템에는 최고급 면과 실크를 사용하며, 그 위에 수작업으로 여러 가지 테크닉 디테일을 더한다. 고급 퀄리티의 브랜드일 수밖에 없다.

손으로 수놓은 자수가 특징인 카프탄은 폭넓은 드레스로 활용이 가능하다. 시그너처 아이템은 끈 달린 자수 원피스 겸 수영복 커버. 플레이 슈트, 반바지 롬퍼와 점프 슈트인 긴 바지 롬퍼도 좋은 반응을 얻고 있다.

'카프탄의 여왕'이라는 닉네임이 부끄럽지 않게 그녀의 컬렉션은 화이트, 핑크, 스카이 블루 등 밝고 화려한 컬러로 가득하다. 블랙 패브릭에는 미러 자수를 사용해 반짝 반짝 빛나게 만든다.

아름다움, 태양, 여행, 밝은 색채를 좋아하는 여성을 위한 디자이너로 비욘세, 케이트 허드슨이 이 브랜드의 팬이다.

나이에 상관없이 서머 보헤미안 시크를 원하는 고객에게 적극 추천한다. 멋쟁이 리조트룩으로 이보다 더 좋을 수는 없다.

Bohemian Chic

Mathew Williamson *since 1997*

| Luxury | 🇬🇧 London | Mathew Williamson |

내가 매튜윌리엄슨Mathew Williamson을 처음 입어 본 것은 2000년대 초, 미국의 워터타워플레이스Marshall Field Water Tower place에서다. 당시 마샬필드백화점에는 28shops이라고 이름이 붙은 층이 있었다. 28개 브랜드가 입점해 있던 28shops. 요즘 백화점이 운영하는 명품 편집숍과 비슷한 개념이 아닐까 싶다.

28개 브랜드 중에는 조르지오아르마니, 돌체앤가바나, 미쏘니Missoni 등 익숙한 이름도 있었지만, 한국에서 보지 못했던 욜리Yolee, 엠강M Kang 등의 브랜드도 있었다. 그중 하나가 바로 매튜윌리엄슨이다.

유독 블링블링한 보석과 비즈 장식이 많이 달린, 화려하고 튀는 컬러의 컬렉션이어서 매튜윌리엄슨이 걸려 있는 랙은 단연 돋보였다.

당시만 해도 작은 키에 상당히 마른 체형이었던10여 년 전이니, 지금과 비교해서 말랐다는 소리다! 나는 작은 사이즈의 옷을 입을 수밖에 없었다. 여러 번의 가격 인하 후에도 작은 사이즈가 많이 남아서 제법 비싼 매튜윌리엄슨의 드레스와, 톱, 반바지 등을 여러 벌 장만했던 기억이 난다.

유학을 마치고 귀국한 후 한동안 이 브랜드를 접할 수 없었는데, '디테일지금은 사라져버린 1세대 멀티숍'이란 곳에서 매튜윌리엄슨을 발견했었다. 하지만 워낙 시크 무드가 대세였던 터라 블링블링하고 화려한 이 브랜드의 인기가 별로 없었던 듯싶다. 패밀리 세일 기간에 찾은 편집숍 디테일에서 엄청난

양의 매튜윌리엄슨의 재고를 보았으니 말이다.

매튜윌리엄슨의 시그너처는 과감한 프린트와 변화무쌍한 컬러 그리고 화려한 장식과 디테일이다.

그의 옷은 워낙 글래머러스해서 100미터 밖에서도 눈에 띈다. 보석, 비즈, 자수가 많고 디자인이나 실루엣 역시 다소 과장되어 평상복으로 입기에는 좀 과한 감이 있다. 이를 역으로 말하면 리조트룩이나, 비치 웨어 또는 보호 시크 스타일을 연출하기에 좋은 아이템이 많다는 뜻이다. 최근 수영복 라인도 출시했으니 리조트룩과 세트로 연출하면 매우 글래머러스 해보일 것이다.

디자이너 매튜 윌리엄슨은 2005년, 브랜드 에밀리오푸치의 크리에이티브 디렉터로 발탁된다. '컬러의 달인'이라는 그의 별명으로 볼 때 충분히 수긍이 가는 부분이다.

자신의 브랜드에 집중하기 위해 2008년 에밀리오푸치를 떠난 그는 수영복 라인 외 가구, 벽지 등 라이프스타일 아이템까지 출시하며 다각도로 확장 중이다. 1년에 6번 발표하는 캡슐 컬렉션은 지금도 발표되기 무섭게 매진된다.

스트리트웨어 열풍 덕에 고객들 또한 과감한 컬러와 디자인에 익숙해진 상태다. 따라서 이 브랜드를 다시 한번 국내 시장에서 테스트해도 좋지 않을까 싶다.

Bohemian Chic

MATTHEW WILLIAMSON

Stella Jean *since 2011*

| High Contemporary | 🇮🇹 Italy | Stella Jean |

스텔라진Stella Jean의 컬렉션을 보고 있으면 고갱의 작품 <타히티의 여인들> 시리즈가 생각난다. 컬러 팔레트나 패턴이 매우 닮았기 때문이다.

클래식한 이탈리아 테일러링에 아프리카와 카리브 해의 테마를 합하거나, 아이티의 이미지를 형상화한 아이템이 많은데 이는 아이티인 어머니의 영향이 크다. 그녀 자신은 로마에서 태어나 성장했다.

디자이너 스텔라 진은 자신의 컬렉션을 아이티나 아프리카 장인들과 함께 작업하며, 재개발 국가와 사회를 도와주려는 노력을 게을리하지 않는다. 더불어 그들의 전통과 예술을 보존할 수 있도록 지원하고 있다. 디자이너의 개인적 환경과 신념을 떠나서 컬렉션 자체만 보더라도 매우 신선하고 아름다운 게 사실이다.

2011년 밀라노 컬렉션에서 첫선을 보인 직후 선풍적인 인기를 끈 스텔라진. 풍부한 테크닉과 프린트, 다양한 문화적 융합이 심플하고 여성스러운 실루엣과 합쳐진 그녀의 컬렉션은 과히 걸어 다니는 예술 작품이라고 불러도 손색이 없다.

분명 에스닉 스타일이지만 여타 보호 시크나 에스닉 브랜드와는 확실히 차별된다. 컬렉션 사이즈만 조금 더 커지면 고객에게 소개하기 매우 좋은 브랜드다.

Bohemian Chic

Talitha *since 2006*

| Luxury | 🇬🇧 UK | Kim Hersov&Shon Randhawa |

패션 에디터 겸 칼럼니스트 그리고 스타일리스트로 활동 중인 킴 허숍Kim Hersov과 자수 전문가인 숀 란다와Shon Randhawa가 최고로 아름다운 여행 의상을 만들겠다는 목표로 론칭한 브랜드다. 탈리타Talitha 컬렉션이 선보이는 모든 아이템은 디자이너 란다와가 운영하는 인도 뉴델리 아틀리에에서 장인들의 손에 의해 생산된다. 이 브랜드가 고가인 이유 중 하나다.

여행지에서의 아름다운 룩을 목표로 하는 브랜드지만 최근에는 도심 속 일상에도 잘 스며드는 시크하고 아름다운 보헤미안룩을 만들어내고 있다.

풍부한 인도 예술과 수공예품의 문화적 유산에서 깊은 영감을 받은 탈리타의 블라우스와 드레스에는 옥색, 남색, 붉은색 등 꽃무늬 패턴 자수가 놓여 있다. 블라우스와 드레스는 무게감을 거의 느끼지 못할 정도로 가볍고 몸에 감기는 착용감 역시 매우 훌륭하다. 소재는 부드러운 면, 실크, 마 등인데 최고급품만 엄선하여 사용한다. 여성스러운 벨 슬리브, 태슬, 팜팜, 슬릿의 넉넉한 실루엣은 그 자체로 보헤미안 시크다.

한마디로 럭셔리 보호 시크의 정수를 보여주는 브랜드라고 할 수 있다. 비키니나 원피스 수영복 커버업, 비치&리조트웨어뿐 아니라 평소 시크하게 입을 수 있는 고급스러운 보호룩 블라우스와 드레스를 찾는다면 탈리타를 강추한다. 보호룩 넘버원 추천 브랜드다.

talitha

Temperley London *since 2000*

| Luxury | 🇬🇧 London | Alice Temperley |

Designer : Alice Temperley

    2006년 미국판 <보그>는 영국 패션계에 가장 커다란 변화를 일으킨 디자이너로 앨리스 템퍼리*Alice Temperley*를 지목했다. 2005~2011년까지 뉴욕 패션 위크에 참여했고, 후에는 계속 런던 패션 위크에 참여하고 있는 디자이너다. 센트럴세인트마틴을 졸업한 그녀는 2000년 독자 브랜드 템퍼리런던*Temperley London*을 론칭한 후 2002년 웨딩드레스 라인을, 2010년 세컨드 라인인 앨리스바이템퍼리*Alice by Temperley*를 론칭했다.

    2012년 영국 존루이스백화점*Jone Lewis*과 콜라보로 서머셋바이앨리스템퍼리*Somerset by Alice Temperley*를 론칭했는데, 존루이스백화점 역사상 가장 빨리 완판된 컬렉션으로 남아

있다.

    탄력을 받은 앨리스바이템퍼리는 오리지널 브랜드보다 훨씬 저렴한 가격과 캐주얼한 디자인을 내세워 젊은층 공략에 나선다. 하지만 오리지널 브랜드의 퀄리티와 디자인을 알고 있던 나에게는 실망스럽기 그지없는 컬렉션이었다. 비단 나 혼자만의 생각은 아니었던지, 2013년 이 브랜드에 새로 합류한 CEO 울리크 가르드 듀이 *Ulrik Garde Due*는 앨리스바이템퍼리 라인을 접기로 결정했다. '하나의 브랜드 하나의 메시지'에 집중하기 위해서다. 참으로 올바르고 훌륭한 결정이라고 생각한다.

    디자이너 앨리스 템퍼리는 모던함, 여성스러움, 에너지, 감정, 꿈 등을 컬러 비율과 디자인적 요소로 보여주고자 한다. 이러한 디자이너의 바람은 강렬한 컬러 팔레트, 프린트, 패턴 등을 통해 드레스, 블라우스, 니트웨어에서 생생하게 살아나고 있다.

    수공예 테크닉이 한껏 가미된 정교한 장식과 부정할 수 없는 보호 정신은 디자이너 앨리스의 시그너처가 된지 오래다. 오간자, 자수, 스팽글, 황홀한 색채를 자랑하는 실크, 시폰, 핸드 페인트 등 패션이 상상할 수 있는 모든 것을 보여주는 브랜드로, 편안하고 모던한 보헤미아니즘의 정수를 보여준다.

Ulla Johnson *since 2000*

| High-Contemporary | 🇺🇸 New York | Ulla Johnson |

Designer : Ulla Johnson

두어 시즌 전부터 파리와 뉴욕에서 울라존슨Ulla Johnson의 광고판이 자주 보였다. 내게는 그저 여성스러운 아이템이 많은 이미지인데 갑자기 여기저기서 눈에 띄는 이유가 궁금했다. 아마도 그동안 컬렉션의 규모가 커지고 높은 퀄리티를 자랑하는 제품이 많아지지 않았나 싶다. 더불어 스트리트웨어의 열풍 끝에 찾아온 지극히 여성스러운 옷에 대한 니즈가 울라존슨을 부각한 게 아닌가 한다.

이유야 어찌 됐든 뉴욕이나 파리에서 눈에 띄는 브랜드 광고가 있다면 곧 그 브랜드가 매우 핫해질 것이라는 의미다.

디자이너 울라 존슨은 고고학자의 딸로 맨해튼에서 나고 자랐다. 최첨단 패션의 도시 뉴욕과 아버지를 따라 고대 유적이 남긴 인류의 문화유산 속을 거닐던 그녀. 남다른 환경 덕분에 자신만의 시그너처 스타일을 연마할 수 있게 된다. 천연 소재, 깔끔한 마무리, 편안한 핏과 실루엣 그리고 완벽에 가까운 디테일이 바로 그녀의 시그너처다.

2000년 대학 졸업과 동시에 론칭한 독자 브랜드 울라존슨은 곧바로 언론의 주목을 끌었다. 덕분에 바니스뉴욕과 같은 거대한 리테일 체인의 적극적인 지지를 얻게 된다.

철저하게 고객의 주문으로 완성되는 수작업 프린트, 정교한 자수, 우아한 테일러링 등이 전 세계 패피를 팬드로 만들었다. 2013년 가을에는 슈즈 컬렉션도 론칭한 바 있다.

그녀에게 영감을 주는 국가는 페루다. 이러한 영향으로 울라존슨의 2017 SS와 FW 컬렉션은 페루 현지 장인들이 만들

Bohemian Chic

어낸 자수와 수공예가 주를 이뤘다.

문제는 2017 SS 컬렉션이다. 당시 두터운 코튼 거즈*cotton gauze*, 실크 노일*silk noil*소재로 만든 블라우스들을 선보였는데 봄, 여름에 입기에는 다소 더운 감이 있는 소재들이다.

울라존슨의 뚜렷한 보호 시크는 확실히 강점이다. 하지만 우리나라 SS에 적합하지 않은 소재를 주로 사용하므로, 국내 판매에는 다소 어려움이 예상된다. 혹, 이 브랜드를 바잉할 바이어가 있다면 철저하게 고객의 눈으로 살펴보고, 계절에 맞는 소재와 디자인인지를 꼼꼼히 따져봐야 한다. 이런 작은 디테일이 판매율에 큰 차이를 만드니 바이어라면 절대 간과해서는 안 될 부분이다.

Bohemian Chic

Mochila 모칠라

▲
문양마다 각기 다른 상징적 의미를 내포하고 있는 모칠라 가방

몇 년 전 '에스닉 모드의 붐'과 함께 많은 할리우드 스타들이 화려한 색상의 손뜨개 가방을 들고나오기 시작했다. 어느새 인스타그램과 패션지는 이 화려한 가방으로 도배되었다. 관심 있게 지켜보긴 했으나 너무 강한 컬러와 패턴이 스페이스 눌의 다른 브랜드와 어울리지 않는다는 생각에 바잉을 하지 않았다. 그러던 어느 날, 얼리 어답터 고객들로부터 '스페이스 눌이 셀렉한 모칠라를 기대했는데 실망이다'라는 질타를 들었다. 사실 질타라기보다 스페이스 눌에서 모칠라를 보고 싶다는 고객들의 강력한 요구였다. 나는 곧바로 콜롬비아행 비행기표를 끊었다. 그리고 무려 서른 시간의 비행을 거쳐 콜롬비아의 작은 시골 마을 리오아차에 도착했다.

모칠라는 과히라 사막에 흩어져 사는 콜롬비아 원주민 와유족 여인들의 손에 의해서만 만들어진다 와유 사람들의 중요 생계 수단이다. 아름다운 손뜨개 가방 모칠라는 무게감을 느낄 수 없을 정도로 가볍다. 여타 가방과 다르게 물빨래도 가능하다. 세탁 후에는 외형 변화가 거의 없어 늘 새 가방 같은 느

낌을 준다. 한마디로 예쁘고 가볍고 실용적인 아이템이다.

　디자인 그 자체로 강렬함을 보여주는 모칠라 가방은 100퍼센트 핸드메이드 작업으로 완성된다. 한 여인이 꼬박 2~4주 동안 손뜨개를 떠야만 한 개의 모칠라가 만들어진다. 수작업이라는 특성상 단 하나도 같은 모양이 없고, 와유족 대대로 내려오는 문양에는 각기 다른 상징적 의미『모칠라 이야기』 참조가 내포되어 있다. 몇 세대에 거친 와유족의 전통과 2~4주 동안 한 사람의 삶이 고스란히 모칠라 안에 수놓아지는 것이다. 참으로 아름다운 일이 아닐 수 없다.

　과히라 사막에 머무는 동안 건강하고 아름다운 와유족 아이들을 만났다. 그 순수하고 맑은 아이들과 함께 시간을 보내면서 더 많은 사람에게 모칠라를 알리고 사랑받게 하겠다는 결심을 했다.

　모칠라를 구매하는 행위는 단순히 예쁜 가방을 사는 게 아니다. 세계 시민으로서 지구 반대편에 사는 소수민족을 돕겠다는 마음이 깃든 행위이자, 세계화와 문명화에 쓰러져가는 중요한 인류의 정신적 자산을 지키는 일에 동참하는 것이다.

　그래서 나는 앞으로도 모칠라를 더 많이 알리기 위해 노력할 것이다. 아무도 시키지 않았지만 모칠라를 세상에 알리는 일은 내게 의무가 된지 오래다.

Other Brand

이본 스포레Yvonne Sporre라는 전직 모델이 만든 브랜드 이본에스Yvonne S 또한 편안한 여름 드레스나 롬퍼를 찾는 바이어라면 관심을 가질 만하다.

도도바오르Dodo Bar Or라는 귀여운 이름을 가진 독특한 보호 브랜드는 다음 시즌 나의 바잉 브랜드 리스트에 올라있다. 자가드 면으로 된 롬퍼는 정말 귀여워도 너무 귀엽다. 롬퍼뿐 아니라 블라우스, 스커트, 드레스 등도 예쁘다. 흔치 않은 보호 스타일을 찾는 바이어에게 강추하는 브랜드다.

우크라이나 수작업 브랜드 비타킨Vita Kln의 비싼 보헤미안 드레스와 셔츠는 유럽과 미국의 명품 편집숍에서 큰 인기를 얻고 있다. 올 6월에 방문한 두바이의 고급 편집숍에서도 비타킨의 대규모 컬렉션을 보았다. 우리 고객들에게는 살짝 과한 감이 있는 브랜드다.

이 밖에도 SS 시즌에는 여러 RTW 브랜드에서 보호 시크 제품을 일부 컬렉션에 포함해놓는다.

보호 시크는 여름이면 반드시 등장하는 강력한 패션의 한 흐름이다. 끊임없이 새로운 아이템이 등장하고 어김없이 최신 트렌드가 대두되겠지만 아무리 강력한 룩이라도 해변이나 리조트에서만큼은 보호 시크를 이길 수 없다. 보호 시크는 언제까지나 가장 럭셔리하고 아름다운 여름 패션 트렌드로 존재할 것이다.

Yvonne S

Dodo Bar Or

Vita Kln

Bohemian Chic

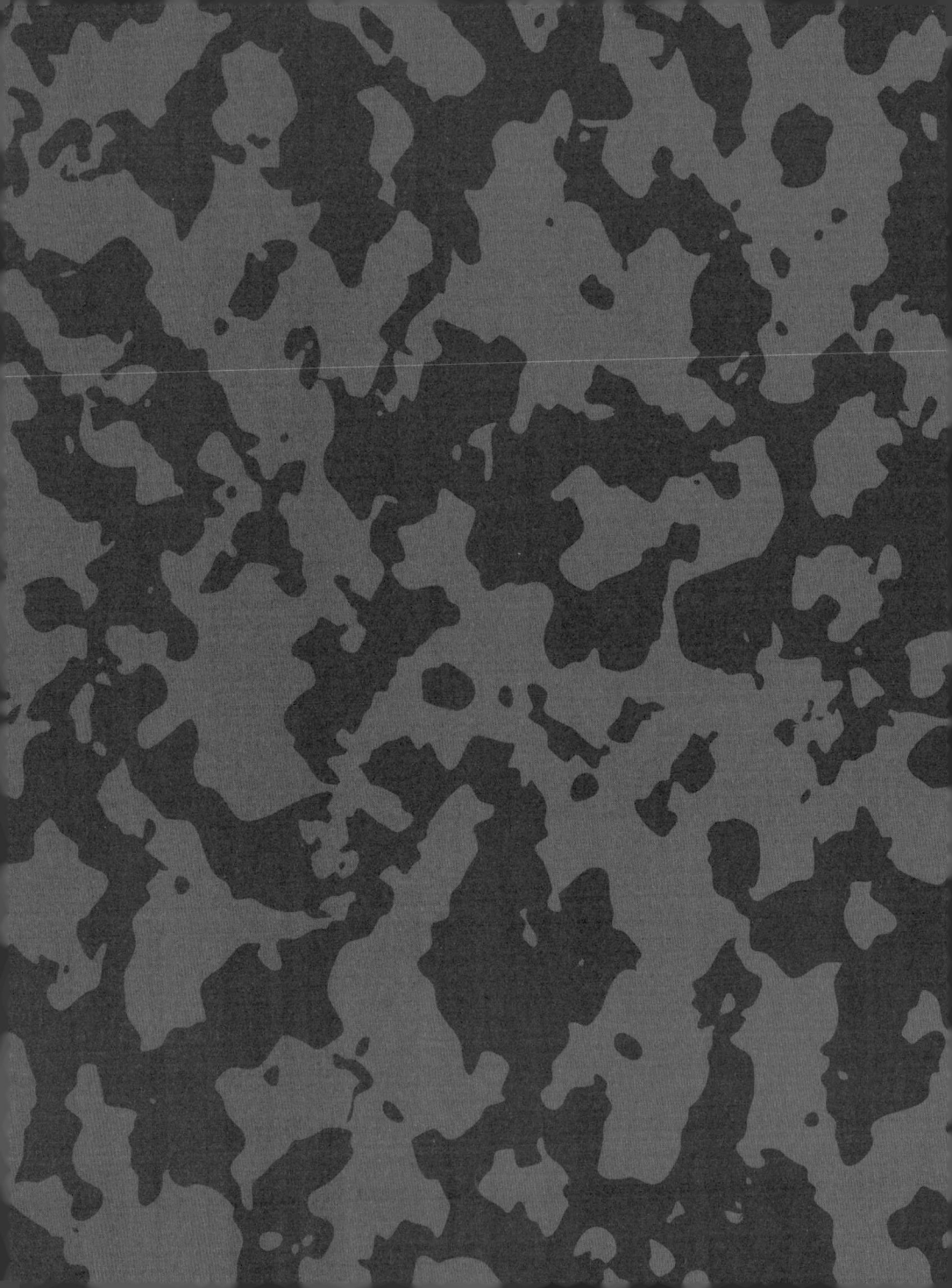

PART
4

Military Look

밀리터리룩

One Point Lesson

중성적인 매력이 돋보이는 밀리터리룩

우리나라에서 야상은 일명 카키색이라고 불리는 카무플라주camouflage 밀리터리 그린이 기본이지만, 요즘은 네이비 블루나 회색 등도 많이 나온다. 중성적인 매력을 추구하는 여성들에게도 꾸준한 사랑을 받는 아이템으로 패피라면 누구나 한두 벌의 야상은 가지고 있다.

'야전 상의'를 뜻하는 야상은 방수와 방풍 등 다목적으로 군인들에게 제공되던 M65 필드 재킷 M-1965 Field Jacket의 후손이다. 베트남 전쟁이 한창이던 1965년 당시, 미군에게 공급된 M65 필드 재킷 중 상당수가 반출되어 퇴역 군인은 물론 민간인까지 입게 되었다.

재미난 것은 베트남 반전 시위에 참여하는 이들이 M65 필드 재킷 뒷면에 반전 시위 문구들을 휘갈겨 써서 입었는데, 이 역시 패션의 한 흐름으로 자리 잡았다는 사실이다. 재킷의 실용성과 기능성뿐 아니라 남성스러운 시크함과 멋스러움이 사랑받게 되면서, 많은 브랜드와 디자이너가 M65 필드 재킷의 변형 제품을 탄생시켰다. 일명 야상이라고 알려진 가을, 겨울용 재킷이 바로 그것이다.

(이헌 패션칼럼니스트. 조선일보 기사 중 요약 발췌)

내가 야상과 사랑에 빠진 것은 2000년대 초반, 미국 일리노이에서 공부하던 때다. 기말시험 준비로 정신없던 어느 늦은 밤, 집에 돌아가기 위해 도서관을 나왔다. 그런데 주먹만한 얼굴에 짧은 금발의 키 큰 여학생이 복숭아뼈까지 내려오는 긴 야상 코트를 입고 도서관 앞에 서 있었다.

어둑한 밤이었지만 귓불에 찰랑거리는 금발과 하얀 피부 그리고 길고 멋진 야상의 조합은 정말이지 눈부시게 아름다웠다. 여학생에게 다가가 아름답고 멋지다는 말을 전하고는 재킷의 구입처를 물었을 정도다.

몇 주 후, 겨울 방학 기간이 짧아 한국에 가지 못하는 나를 위해 한국에 있던 남편이 일리노이로 날아왔다. 여독이 채 가시지도 않은 그를 채근하여 운전대에 앉혔다. 그리고 시카고 근방에 있다는 야상 전문 옷가게를 다섯 군데나 돌아다녔다.

하지만 땅꼬마인 나에게 남성용 야상은 그야말로 그림의 떡이었다. 마치 아빠 옷을 걸쳐 입은 10살짜리 꼬마 아이처럼 보였다. 금발 여학생처럼 멋지고 시크한 모습을 기대했지만 거울 속의 내 모습은 코믹함을 넘어 처참하기까지 했다.

몽땅한 내 몸을 빛나게 해줄 야상을 찾아 나선 지 10여 년, 이탈리아 야상 전문 퍼 브랜드 미노마에스트렐리 Mino Maestrelli를 만나고 나서야 이 긴 여행은 해피엔딩이라는 종착역에 도착하게 된다.

BRAND
for Military Look

밀리터리룩을 만날 수 있는 브랜드

Mino Maestrelli / Army by Yves Salomon / AS65
Furs66 231 / History Repeats / Libertine / Mr&Mrs Italy
Project Foce

Mino Maestrelli *since 2007*

| Luxury | 🇮🇹 Italy | Mino Maestrelli&Luigi Boselli |

3D 입체 나비가 붙어 있고 초록색 퍼 라이닝이 돋보이는 미노마에스트렐리의 야상을 보는 순간 여성스러우면서도 고급스러운 퍼 야상을 찾아 헤매던 나의 여행이 끝났음을 알았다.

미노마에스트렐리의 야상은 100퍼센트 메이드 인 이탈리아 퍼와 패브릭을 사용하고, 이탈리아 아틀리에에서 숙련된 퍼 장인들에 의해 만들어진다.

야상은 최고급 코요테 퍼토끼털, 여우털보다 퀄리티가 높고 비싸며, 밍크를 제외하고 가장 비싼 라이닝 원단가 라이닝되어 있고, 색감도 훌륭하다.

또 퍼 야상 최초로 멀티 퍼 컬러를 도입해서, 럭셔리함과 화려함을 업그레이드시켰다. 여성스러운 디테일이 수작업으로 가미된 야상으로, 여성성을 한껏 돋보일 수 있는 고급스러운 야상 브랜드의 최고봉이다.

1930년대 밀라노에서 텍스타일 전문기업으로 출발한 이 회사는, 1950~1960년대에 페라가모 Ferragamo, 샤넬 등 유럽의 명품 브랜드에 패브릭과 텍스타일을 공급했다. 퍼, 바닥 원단, 워싱 등이 뛰어날 수밖에 없다.

1953년 이 브랜드의 창업주 미노 마에스트렐리는 에르메네질도 제냐 Ermenegildo Zegna와 함께 멀티 브랜드 패션 부티크 요즘의 편집숍 하베스트 Harvest를 공동으로 론칭한다. 2007년 할아버지이자 창업주인 미노 마에스트렐리와 같은 이름을 가진 손자 미노 마에스트렐리가 사업을 이어받는다. 그는 이탈리아 최고급 퍼와 패브릭을 사용하여 퍼 야상 럭셔리 브랜드를 탄생시킨다.

미노마에스트렐리의 퍼는 미스터앤미세스 Mr&Mrs Italy 보다 약 30퍼센트 이상 저렴하고 털 빠짐도 거의 없다. 2016~2017년 겨울, 국내 론칭 첫 시즌이었는데도 얼리어답터들에게 뜨거운 사랑을 받았다.

2017 SS에는 몸에 꼭 맞는 여성스러운 야상을 중심으로 고급스러운 RTW 라인을 전개했다. 스트리트웨어 정신이 충만한 남성복 컬렉션도 선보이고 있다. 약 90년 가까이 축적되어온 이 브랜드의 저력이 몹시 기대되는 바다.

너무 과격하거나 남성적인 야상이 싫은 고객에게 적극적으로 추천한다.

Army by Yves Salomon since 1972

| Luxury | 🇫🇷 France |

이브살로몬Yves Salomon은 원래 럭셔리 퍼 가죽 전문 브랜드로 지난 100년 동안 화려하고 여성스러운 고급 퍼 라인과 레이저 컷의 화려한 가죽, 셔링 등을 만들어 왔다. 이러한 환경적 영향으로 이브 살로몬이 브랜드의 창시자은 자연스럽게 퍼 가죽 전문 브랜드인 이브살로몬을 론칭하게 된다.

그의 고조할아버지 그레고리 살로몬Gregory Salomon이 퍼를 취급하게 된 경위가 재미있다. 1910년 시베리아로 추방당한 그는 현지 사냥꾼들에게서 퍼 다루는 법과 영업 노하우를 배웠다. 이후 60여 년 동안 그와 아들은 유럽의 가장 큰 패션 브랜드들에 가죽을 공급했다.

1972년 증손자인 이브 살로몬이 퍼 전문 브랜드를 론칭했다. 현재 4대손에 의해 운영되는 이 브랜드에 변화의 바람이 불기 시작했다. 젊은 감각으로 더 광범위한 고객층에게 다가가기 위해 아미바이이브살로몬Army by Yves Salomon을 론칭한 것이다. 그는 이 컬렉션을 파리 트라노이에서 선보였다.

내가 알던 이브살로몬은 여성스러움의 정점어찌 보면 장인 정신이 느껴질 정도다에 서 있었다. 그러니 남성적이고 중성적인 아미바이이브살로몬의 야상이 생소할 수밖에. 퍼 전문 브랜드답게 혁신적인 테일러드 실루엣과 부드러운 퍼를 자랑하는 야상 라인은 여전히 멋지다. 퀄리티 또한 최상급이다. 다만 토끼털 안감이 많은 편이니 토끼털 알레르기가 있는 사람은 코요테 안감을 사는 게 좋을 듯하다.

Military Look

AS65 *since 2014*

| Luxury | 🇮🇹 Italy | Alessandro Squarzi |

2014년 혜성같이 등장한 브랜드 AS65. 뉴욕을 여행하던 디자이너 알렉산드로 스쿠아르치 Alessandro Squarzi 는 뉴욕 브루클린의 한 빈티지 가게에서 오리지널 미국 군복을 발견한다. 군복의 매력에 푹 빠진 그는 이를 자신의 아내에게 여행 선물로 전달한다. 자신이 가지고 있던 기존 퍼 베스트와 남편에게 선물 받은 군복을 매치하여 입은 그녀. 이 모습을 본 알렉산드로는 퍼와 빈티지 야상의 조합이 빚어내는 아름다움에 푹 빠졌고 마침내 AS65를 론칭하기로 결심한다.

디자이너 알렉산드로의 빈티지에 대한 열정과 사랑, 영감으로 탄생한 AS65의 야상은 모두 리얼 빈티지 군복으로 만들어진다. 그 과정은 다음과 같다.

1950년대 오리지널 미국 군복을 이탈리아로 수입한 후 홀치기 염색을 하거나 표백으로 색을 바래게 만든다. 대부분 군복 사이즈가 엄청나게 크기 때문에 현대적인 핏에 맞추어 다시 재단한다. 완전히 해체한 군복 위에 새로운 핏을 만들고 자수, 패치, 그림 등으로 장식한다. 이렇게 재단된 아이템들은 숙련된 이탈리아 퍼 장인 여우, 늑대, 코요테, 검은담비 등의 풍성한 퍼를 사용의 손길을 거쳐 겨울옷으로 탄생한다. 마지막으로 메이드 인 이탈리아 라벨을 달고 전 세계로 수출된다.

남성 컬렉션은 다소 미니멀하지만 여성 컬렉션은 자수와 컬러 퍼 사용으로 매우 화려하고 맥시멀하다.

▲
별다른 디테일 없이 기본에 충실한 AS65의 퍼 밀리터리 재킷

Furs66 *since 2015*

| Luxury | 🇮🇹 Italy | |

퍼세이세이 Furs66는 많은 유명 브랜드에 아우터 웨어를 납품하던 회사였다. 그러던 중 빈티지 카키 그린 군복에서 영감을 얻어 럭셔리한 밀리터리 코트 컬렉션을 선보이기 시작한다. 세련되고 단순한 아이템은 물론 자수 등 화려한 장식이 가미된 아이템, 맥시 롱코트&크롭트 재킷 그리고 망토까지…. 다양한 스타일의 야상 라인을 갖추고 있다. 더 놀라운 사실은 이 모든 아이템에 최상급 여우, 밍크, 토끼, 비버 퍼 라이닝이 들어가 있다는 것!

브랜드의 철학은 간단하다. '최고의 퀄리티를 고객에게 선보인다'라는 것이다. 이를 증명하듯 퍼세이세이의 코트, 재킷, 조끼 등은 이탈리아 최고 장인들에 의해 수작업으로 만들어진다. 트렌드를 읽고 트렌드에 맞추어 등장한 브랜드답게 최신 트렌드에 맞추어 개발된다.

Military Look

고급스럽고 부드러운 패브릭과 이탈리아 장인의 손길로 만들어지는 히스토리리피츠 History Repeats. 얼마 전까지만 해도 밀리터리 재킷이 중심인 브랜드였다. 최근에는 티셔츠, 셔츠, 면팬츠, 데님 팬츠 등 다양한 아이템을 포함한 풀 컬렉션을 선보이고 있다. 마치 RTW 컬렉션으로 발전하고 있는 듯한 느낌이다.

프로젝트포체 Project Foce와 비슷한 이미지로 금테가 둘린 장교복 스타일의 밀리터리 재킷과 핏이 살아있는 롱 모직 코트가 멋지다. 이런 스타일의 코트는 대부분 울 소재를 사용하기 때문에 멋있어 보이긴 하지만 딱딱하고 무거울 수밖에 없다. 사실 국내 고객들이 별로 선호하지 않는 스타일이다. 우리나라 고객들은 부드러운 소재를 선호하고 타이트한 핏보다 품이 여유 있는 야상을 좋아한다. 바이어들은 이 점을 꼭 유의하길 바란다.

시크하고 세련된 바이커 재킷, 일반 군복 형태의 재킷, 장교복 같은 럭셔리 감각의 길고 짧은 재킷, 후드 달린 야상 그리고 이 아이템들과 매치하기 편한 단품 아이템이 많다.

히스토리리피츠가 그리는 이상적인 여성상은 언제나 선두에 서 있는 여왕 같은 여성이다. 유행을 따르지 않고 자신만의 스타일을 찾는 고객을 위해 컬렉션을 만든다.

재킷의 디테일과 핏이 비슷해서 매 시즌 같은 컬렉션을 보는 듯한 착각이 들 때도 있다. 하지만 자세히 살피고 하나하나 입어보면 이야기가 달라진다.

자신들의 아이덴티티를 잃지 않으면서 매 시즌 새로움을 선보이는 브랜드다. 야상 브랜드로는 가장 큰 컬렉션을 선보이는 곳이기도 하다.

Military Look

Libertine since 2001

| Luxury | 🇺🇸 USA | Johnson Hartig |

리버틴Libertine의 실루엣은 단순하고 클래식하다. 하지만 그 안을 채우고 있는 크리스털이나 비즈 장식, 프린트 등은 맥시멀리즘의 정점을 보여준다.

이 브랜드를 단순히 야상 전문 브랜드라고 소개하기에는 다소 어폐가 있을 수 있다. 야상 외 스커트, 모직 코트, 스웨터, 재킷 등을 구비한 풀 컬렉션 브랜드이기 때문이다. 런웨이 컬렉션을 보면 여성복 라인에서 야상은 거의 등장하지 않을 정도다.

Designer : Johnson Hartig

그럼에도 리버틴을 야상 브랜드로 분류한 이유, 물론 있다. 우선 우리나라의 한 편집숍에서 리버틴의 야상을 전문적으로 소개하고 있고 많은 고객이 리버틴의 크리스털 해골 야상형형색색의 스와로브스키로 장식된 해골이 뒷면에 박혀있다을 좋아하기 때문이다. 100퍼센트 핸드메이드라서 가격 역시 격하게 비싸다.

디자이너 존슨 하르티그Johnson Hartig는 자신의 컬렉션에서도 리사이클 빈티지 아이템을 선보인다. 빈티지 아이템에 자신만의 시그너처를 새겨 넣어 올드한 아이템을 새로이 '부활' 시킨다. 그는 자신의 브랜드를 '고전 클래식과 현대적인 노하우의 만남'이라고 정의한다.

리버틴의 과하다 싶은 크리스털 패치를 보고 있으면 어느 순간 아방가르드함이 느껴진다. 수많은 크리스털이 떨어지지 않고 제 형태를 유지하는지도 궁금하다. 언젠가 이 브랜드를 수입하는 편집숍 대표를 만나 크리스털에 관해 물었다.

▲
스와로브스키 크리스털 와펜,
패치 디테일이 돋보이는
Libertine의 컬렉션

예상대로 많이 떨어진단다. 고객이 옷을 가져오면 여분으로 받아놓은 큐빅으로 수정을 해준다고 한다.

그런데 이 브랜드를 좋아하는 고객들은 크리스털이 떨어져도 그게 '나름의 멋'이라고 생각해서 컴플레인을 하지 않는다고 한다. 몇만 원짜리 티셔츠에서 뜯어진 실밥 하나만 발견해도 컴플레인을 요구하는 게 고객이다. 그런데 수백만 원짜리 야상에서 크리스털이 떨어져 나가도 그게 '멋'이라고 생각하다니 신기한 일이다.

이유야 어찌 되었든 정말 재미있고 아이덴티티가 강한 브랜드다. 또 어떤 테마와 아이템으로 나를 놀라게 할까 하는 기대감으로 다음 시즌을 기다리게 만든다.

다양한 업종의 브랜드, 아티스트와 협업도 했는데 메인 아티스트 중 하나가 영국 현대미술 작가 데미안 허스트 _Damien Hirst_ 다. 어쩐지 야상의 크리스털 해골이 범상치 않다고 생각했다.

Mr&Mrs Italy

Luxury	🇮🇹 Italy

'퍼 라이닝 야상'을 탄생시켜 야상계의 혁명을 일으킨 미스터앤미세스이탈리아 Mr&Mrs Italy. 방수와 방풍 등의 목적으로 군인들에게 제공되던 M65 필드 재킷의 후손인 야상과 눈비를 맞으면 안 되는 퍼의 믹스 앤 매치라니! 매우 아이러니한 조합이지만 패피라면 누구나 두 손 들고 환영할 수밖에 없는 럭셔리한 변신이다.

원래 브랜드명은 미스터앤미세스퍼 Mr&Mrs fur였는데 시즈널 브랜드라는 느낌이 강해 미스터앤미세스이탈리아로 브랜드명을 변경했다. 이후 SS에 셔츠와 티셔츠 등 일반적인 RTW 아이템을 강화하고 슈즈와 가방 라인까지 론칭했다. 바이어들 사이에서는 일명 '미미퍼'라고 불린다.

RTW 라인은 이탈리아 스타일에 럭셔리한 감각과 현대적인 요소가 어우러진 빈티지 스트리트웨어 스타일이다.

▲
일명 '전지현 야상'으로 불리며 큰 인기를 모았던 Mr&Mrs의 퍼 야상

미스터앤미세스를 이야기할 때 빼놓을 수 없는 이름이 하나 있다. 배우 전지현이다. 혹, 흰색 폭스 라이닝에 흰색 라쿤으로 트리밍이 된 카키색 야상을 입은 그녀와 별에서 온 그 남자가 밀당 하던 장면을 기억하는가? 이 장면 하나로 미스터앤미세스는 일약 스타덤에 올랐다.

드라마 <별에서 온 그대>의 영향으로 중국과 유럽은 물론 미국에서도 엄청난 인기를 끌게 되었는데 럭셔리 브랜드를 가장 많이 가진 국내 유통 회사에서 독점권도 없이 모노 매장을 오픈했을 정도다.

나 역시 화제의 퍼 야상을 장만하기 위해 미스터앤미세

스 모노 매장을 찾았다. 야상은 한눈에 반할 만큼 정말 예뻤다. 문제는 털 빠짐! 야상을 몸에 한 번 걸쳤을 뿐인데 검은 터틀넥이 하얀 털로 뒤덮였다. 판매 사원은 너무나도 자연스럽게 손에 들고 있던 테이프 클리너로 터틀넥에 붙은 털을 떼어 주었다.

그나마 저렴한 편에 속하는 토끼털 라이닝400만 원대은 입어보지도 못했다. 판매 사원이 그저 옷을 들어 보여주었을 뿐인데도 눈물과 콧물이 쏟아지기 시작했다토끼털 알레르기가 있다. 이렇게 털이 많이 빠지는데 고객 클레임이 없냐고 물었더니, 나처럼 알레르기가 있는 고객이 꽤 된다는 대답이 돌아왔다. 한두 푼 하는 것도 아니고 무려 700~800만 원대 의상인데, 기본적으로 퀄리티는 보장되어야 하는 게 아닌가?

아니나 다를까. 2017년 봄에 만난 유통기업 바이어에게 모노 브랜드 스토어를 접기로 했다는 이야기를 들었다. 넘치는 고객 컴플레인과 클레임이 문제였다.

미미퍼를 바잉하는 다른 바이어들의 말에 따르면, 2017년 FW 퍼 퀄리티는 훨씬 좋아졌다고 한다. 브랜드 이미지와 가격에 걸맞는 퀄리티로 거듭나기를 바란다.

Project Foce

| High Contemporary | 🇮🇹 Italy |

프로젝트포체의 야상은 우리가 흔히 생각하는 그것과 조금 다르다. 하나의 아이템에 제각기 다른 단추가 달려있거나, 다수의 패브릭을 믹스 앤 매치하는 스타일이다. 이러한 테크닉이 바로 프로젝트포체의 시그너처다.

이 브랜드를 처음 본 것은 파리의 트라노이에서다. 금장을 두른 장교복 스타일의 야상은 히스토리리피츠와 일면 겹치는 면도 있지만, 이 브랜드의 시그너처 아이템인 혼합 패브릭 야상은 그 어디에서도 본 적이 없다. 나무꾼이나 어부들이 입을 법한 작업복 스타일에 밀리터리 디테일을 더한 아이템 역시 독특하다.

이 외에도 이탈리아 브랜드 엠피디박스 MPD box나 미국의 에이치티씨로스앤젤레스 HTC Los Angeles의 럭셔리 라인에도

▲
겨울에만 한시적으로 진행하는
Project Foce의 숍인숍
팝업스토어

Military Look

독특하고 멋진 야상이 많다.

앞서 보았던 보헤미안 시크가 여름의 상징이라면 밀리터리 시크는 가을과 겨울의 핫 아이템이다. 보호 시크가 절대 사라지지 않는 패션 트렌드이듯, 야상 역시 끊임없이 변화하며 지속될 트렌드다. 내가 패션계에 몸담은 지난 10여 년 동안 야상이라는 아이템이 트렌드에서 밀려난 적은 없다.

퍼 라이닝의 유무와 상관없이, 성별에 관계없이 옷 좀 입는 사람들에게는 말 그대로 머스트 해브 아이템이다. 편집숍 바이어라면 누구나 자신의 편집숍 콘셉트에 맞는 야상 브랜드를 한두 개 정도 바잉하는 게 안전할 것이다.

PART
5

Minimalism

미니멀리즘

One Point Lesson

결국은 베이직이다, 트래디셔널 미니멀리즘

앞서 이야기했듯 최근 몇 년 패션계는 블링블링하거나 굉장히 터프하고 강렬한 맥시멀리즘룩이 지배했다. 이에 조르지오아르마니로 대변되는 트래디셔널 traditional, 전통적인 클래식룩, 질샌더 Jil sander로 대변되는 미니멀리즘 관련 브랜드가 많이 사라졌다. 새로운 브랜드도 많이 등장하지 않았다.

맥시멀리즘의 광풍이 언제까지 이어질지 모르지만 결국 사람들이 다시 찾게 되는 건 클래식이다. 특수한 몇몇을 제외하고 매일 출근하는 사무실이나 격식이 필요한 자리에서 강렬한 스터드 장식이 박힌 재킷이나 터프하고 섹시한 느낌의 스트리트 무드를 고집하는 사람이 얼마나 되겠는가. 결국은 베이직, 결국은 클래식, 결국은 미니멀리즘이다.

우리가 때와 장소에 맞게 옷을 갈아입듯, 다양한 룩 역시 각자 스타일에 맞는 플레이스가 따로 있다. 인기가 예전 같지 않지만 꿋꿋하게 직장 여성들의 지지를 받고 있는 띠어리, 북유럽의 띠어리라고 불리는 필리파케이에는 다소 평범하고 기본적인 아이템이 많다. 베이직한 스타일로 편집숍에서 눈에 띄지 않고 묻혀 버리기 일쑤다.

이처럼 클래식하고 미니멀한 브랜드의 경우 편집숍에서 원 오드 뎀 one of them이 되기보다는, 모노 브랜드로 나오는 게 현명하다. 물론 컬렉션의 크기가 허락한다는 전제하에서다.

신세계 편집숍 분더샵Boon the shop에서 클래식하면서도 세련된 룩을 선보인 프로엔자스쿨러Proenza Schouler도 인큐베이팅이 끝나자마자 모노 브랜드로 나왔는데 아마도 같은 이유에서 일 것이다.
아무리 거대한 자금력을 내세운 회사라도 수입 브랜드로 이윤을 내기가 쉽지 않다. 창업주 일가 여성이 진두지휘하기에 가능한 일일 터다. 그런 면에서 지속적으로 국내에 새로운 브랜드를 소개하고 모노 브랜드로 키워내는 이 유통회사에 경의를 표한다.

국내 유통업계에서 패션 브랜드 사업은 거스를 수 없는 대세다. 이런 경향은 앞으로 훨씬 더 강해질 것이다.

미니멀리즘을 다루는 다섯 번째 파트에서는 트래디셔널 미니멀리즘 액세서리Traditional Minimalism accessory의 선두주자로 세계적인 명품이 될 날이 머지않은 핸드백 브랜드 두 개를 소개하고 RTW 라인으로 넘어가려고 한다.

BRAND

for **Minimalism**

Magri / OneSixOne / Cedric Charlier / Chalayan
Derek Lam / Forte Forte / Jason Wu / Stephan Schneider
TELA / Tess Giberson / Thakoon / The Row
Victoria Beckham / Sita Murt

Magri *since 2014*

| Luxury | 🇮🇹 Italy | Isabella Pia Ayoub |

Minimalism

지난 10년, 스페이스 눌의 대표이자 수석 바이어로 전 세계를 돌며 정말 많은 브랜드를 입고, 들고, 바잉했다. 덕분에 RTW로 매우 인상적인 트래디셔널 클래식 브랜드를 수없이 만날 수 있었다. 하지만 안타깝게도 펀&펑키 액세서리가 아닌 트래디셔널 명품백은 단 하나도 찾지 못했다.

그러던 중 2016년 이탈리아 무역공사의 초대로 로마 명품 페어에 참석하게 되었다. 그곳에서 나는 눈이 휘둥그레질만큼 황홀한 자태를 뽐내는 핸드백을 하나 만났다. 샤넬과 에르메스가 아니면 눈길도 주지 않던 내가 드디어 운명의 가방을 만난 것이다. 단순히 '예쁘다' '아름답다'라는 수식어로는 부족한 마그리가 바로 그 주인공이다.

자신이 만든 핸드백만큼이나 우아하고 기품이 넘치는 모

Designer : Isabella Pia Ayoub

습을 한 금발의 디자이너 역시 범상치 않다. 핀란드인과 이탈리아인 부모 사이에서 태어난 디자이너 이사벨라 피아 아유브Isabella Pia Ayoub는 원래 건축을 공부한 인테리어 건축기사였다.

평소처럼 뉴욕의 산탐브라우스Sant Ambroeus에 위치한 어느 바에서 모닝커피를 마시고 있던 그녀. 그런데 무슨 일인지 뉴욕 거리에서 수많은 패피가 들고 있는 샤넬, 에르메스 등의 명품가방이 눈에 들어왔다. 그리고 자신의 옆 자리에 놓인 에르메스 가방을 봤다. 순간 그녀는 기존의 명품백에 흥미를 잃었다. 대신 무언가 새롭고 독특한, 아주 특별한 가방을 들고 싶다는 강렬한 열망을 얻었다. '모든 것을 다 가진 여성이 원하는 가방을 만들고 싶다'라는 생각에 사로잡힌 것이다.

테이블 위에 있던 냅킨 위에 자신이 생각하는 가방을 스케치한 후, 최상의 가죽, 최고의 가죽 장인들이 모여 있는 피렌체 공방을 찾았다. 그리고 3년여의 실험 끝에 그토록 꿈에 그리던 가방을 현실로 만들어냈다.

본인의 능력으로 사회적 지위를 누리는 아름다운 여성일수록 자신만의 컬렉션을 원한다. 샤넬, 에르메스, 구찌, 루이비통 등 아무리 럭셔리한 명품백도 이러한 마음을 만족시킬 수 없다. 이사벨라의 목표는 바로 이러한 여성들을 위한 가방을 만드는 것이다. 매우 까다로운 고객이자 슈퍼 엠디인 내 마음을 쏙 빼앗아간 것만 봐도, 그녀의 목표는 어느 정도 이루어진 것이라고 본다. 이사벨라는 말한다.

"핸드백은 강력한 소통의 수단이다. 가방 및 액세서리는 스타일 감각은 물론, 우리 내부에 존재하는 가치를 겉으로

드러낼 수 있게 만든다. 마그리는 내게 어쩌면 운명일지도 모른다."

디자이너 이사벨라를 실제로 만난 적이 있다. 그녀는 경제력과 미모, 지성과 재능은 물론 인성까지 갖춘 완벽한 여성에 가까웠다. 자신이 바로 그런 여성이기에 성공한 여성의 심리를 잘 아는 것이 아닐까 한다.

100퍼센트 핸드메이드로 제작하는 마그리는 모던하고 견고하며 건축학적인 디자인이 특징이다. 브랜드의 상징이자 버클 디테일은 머리가 두 개 달린 양두 뱀이다. 이 상징은 지혜와 영원한 아름다움, 수줍은 소녀적 감성과 치명적 매력의 팜므파탈 등 여성의 양면성을 상징하고 있다.

마그리의 컬렉션을 실제로 보면 첫 모델인 레이디클레어 Lady Clare, 중간 사이즈와 월드트래블러 World Traveller, 가장 큰 사이즈가 탄생하기까지 왜 3년이라는 시간이 필요했는지 이해가 간다. 구조적이고 훌륭한 가방이다.

현재 액세서리 편집숍으로 가장 핫한 밀라노의 안토니아

An-tonia, 엑셀시오르의 실제 바이어의 메인 브랜드로 매년 안토니아의 쇼윈도 디스플레이를 장식하고 있다.

　실제로 안토니아 편집숍에서 치명적인 자태를 과시하는 마그리 핸드백을 발견했을 때, 한치의 망설임도 없이 그 자리에서 오더를 결정했다. 그런데 주문한 제품을 받으려면 한 시즌을 기다려야 한단다. 내게는 그런 참을성이 없다. 결국 나는 안토니아 윈도를 차지하고 있던 귀여운 미니백 피콜라프린시페사 piccola principessa와 월드트래블러를 구매했다. 샤넬과 에르메스가 아닌 가방을 내 돈 주고 구입한 것은 정말 10년 만에 처음이다. 페이턴트는 요즘 유행하는 미니백 중 단연 압권이고, 월드트래블러는 비즈니스백으로도 그만이다.

　우리나라에서는 편집숍 마이분과 스페이스 눌에서 볼 수 있으며 올 가을부터는 10꼬르소꼬모와 갤러리아백화점의 직바잉 존에서도 만날 수 있다.

OneSixOne *since 2015*

| High Contemporary | 🇪🇸 Spain |

스페인의 럭셔리 가죽 브랜드 로에베*Loewe*가 50퍼센트의 지분율을 가진 브랜드 원식스원*OneSixOne*. 가장 아름다운 비율을 반영하는 가방을 선보이고자 탄생한 스페인 가방 브랜드다.

원식스원이라는 브랜드명은 피보나치 황금 비율에서 따왔다. 브랜드에 대한 영감과 상상의 원천은 사물에 아름다움을 부여하는 피보나치의 황금 비율, 이 신성한 비례에서 비롯된다.

모든 제품은 이탈리아산 최고 가죽을 기반으로 우브리케*Ubrique*라는 마을에서 100퍼센트 수작업으로 생산된다. 우브리케는 몇 대에 거쳐 가죽을 만져온 장인들만 모여 사는 마을이다.

원식스원은 럭셔리 핸드백 분야에서 글로벌 틈새시장을 공략한다는 목표로 탄생했다. 베이직 라인의 가격은 100만 원선. 아트 라인은 300만 원대로 준명품군 타깃이다. 베이직 라인을 제외하고는 전부 리미티드 에디션이다.

1년에 두 번 유명 연예인, 예술가와 콜라보로 리미티드 컬렉션을 제작한다. 리미티드 컬렉션은 베이직 라인과 같은 모양이지만, 콜라보하는 사람들의 시그너처 룩이 가미된다. 브랜드 이름 그대로 161개만 제작, 판매하기 때문에 가격은 다소 비싼 편이나 벌써 리미티드 제품을 수집하는 마니아들이 있을 정도다.

뉴욕의 일러스트레이터 켈리 비맨Kelly Beeman과 콜라보파란색 그림이 유명하다로 탄생한 아이템은 정말 예쁘다. 그녀는 매년 제이더블유앤더슨J.W. Anderson, 로에베, 토리버치, 엘리사브 등과 콜라보를 진행하는데, 원식스원과의 협업이 단연 최고다.

켈리 비맨의 독특한 그림이 그려진 원식스원의 육각형 가방은 누구나 탐낼 정도로 유니크하지만, 가성비를 생각하면 리미티드 라인의 50퍼센트 가격도 되지 않는 베이직 라인도 나쁘지 않다. 베이직 라인이라도 퀄리티는 에르메스 급이다. 아, 최고의 패키징도 빼놓을 수 없다.

▲
Kelly Beeman×OneSixOne의 콜라보레이션 라인, 블루걸 시리즈

Cedric Charlier *since 2012*

| Luxury | 🇫🇷 Paris | Cedric Charlier |

지금부터는 트래디셔널 시크&클래식 시크 *Traditional chic&- Classic chic* 라인을 현대적인 감각으로 재현한 브랜드들을 소개할 차례다.

세드릭찰리어 *Cedric Charlier* 는 다음의 세 가지로 정의할 수 있는 브랜드다. 첫 번째, 깔끔한 테일러링 두 번째, 고급스러운 소재 마지막으로 우아하고 여성스러운 디자인!

벨기에 출신 디자이너 세드릭 찰리어는 셀린느 *Celine*, 랑방 *Lanvin*, 까사렐을 거치며 명품 브랜드의 컷과 분위기 퀄리티를 제대로 익혔다. 2012년 자신의 브랜드를 론칭, 곧바로 바이어와 언론의 주목을 받았다.

노란색, 파란색 등 과감한 컬러 선택이 돋보이며 과감한 컬러와 대비되는 컬러 블록의 사용도 눈에 띈다. 때로는 독특한 디테일도 살짝 가미하지만 기본적인 테일러링은 매우 미니멀한 클래식룩이다.

고급스러운 여성복 트래디셔널룩을 찾는 바이어에게 추천한다.

Minimalism

Chalayan since 1994 / 2002년 파리에서 런던 패션 위크로 옮김

| Luxury | 🇬🇧 England | Hussein Chalayan |

후세인 샬라얀 Hussein Chalayan 은 혁신적인 디자인, 아름다운 테일러링, 우아한 미니멀리즘 미학으로 유명한 디자이너다. 패션 디자인뿐만 아니라 건축, 사진, 심지어 댄스 영역까지 아우르는 재주꾼이다. 이 모든 것을 단순히 취미로 즐기는 수준을 넘어 각 분야 전문가에게 인정받고 있다.

Designer : Hussein Chalayan

파리 패션 위크 중 반드시 가야 할 곳을 꼽으라면 나는 망설임 없이 그의 쇼를 선택할 것이다. 자신의 재주를 총망라한 그의 패션쇼는 입이 떡 벌어질 정도로 환상적이기 때문이다.

개인적으로 패션계에 발을 들이기 전부터 워낙 좋아했던 브랜드 샬라얀 Chalayan. 이 브랜드의 블랙 재킷을 4벌 정도 가지고 있는데, 지금까지 이보다 예쁜 블랙 재킷은 찾지 못했다. 특히 테일러링은 완벽에 가깝다.

하지만 매 시즌 너무 비슷한 아이템이 반복되고 다양하지 못한 컬러 사용은 문제다. 메인 컬러인 검은색이 컬렉션에서 차지하는 비중은 약 80퍼센트. 나머지 20퍼센트는 회색이나 흰색 등 다른 무채색이 살짝 섞여있는 수준이다. 이러한 브랜드 특성상 지속적, 연속적인 바잉이 쉽지 않다.

패션 엠디를 시작했을 당시, 열렬한 팬심으로 샬라얀을 바잉했다. 당시 브랜드명은 샬라얀이 아닌 후세인 샬라얀이었다.

이번 봄, 파리의 한 쇼룸에서 귀여운 디자이너 샬라얀을 다시 만났다. 그는 '작은 데님 라인을 새롭게 론칭했다'라는

- 252 -

말과 함께 특유의 수줍은 미소를 지어 보였다.

새로운 데님 라인은 과거 후세인 샬라얀보다 훨씬 영하고 요즘 유행하는 스트리트웨어의 느낌이 강하다. 샬라얀 특유의 미니멀한 느낌과 검은색이 압도적으로 많다.

몸에 착 감기는 완벽한 테일러링의 블랙 코트나 재킷을 원하는 패피에게 추천하는 브랜드다. 디자이너 샬라얀이 조금 더 다양하고 변화하는 컬렉션을 보여주길 기대한다.

Minimalism

Derek Lam since 2003 (2nd line: Derek Lam 10 Crosby 2011)

| Luxury | New York | Derek Lam |

Designer : Derek Lam

디자이너 데렉 램Derek Lam은 제이슨 우, 알렉산더 왕, 필립 림, 리처드 초이Richard Choi 등 아시아 출신 미국 디자이너가 대거 등장할 때 함께 떠오른 실력파 재미 중국인이다.

8~9년 전, 미국의 젊은 디자이너의 옷을 많이 입던 미셸 오바마 덕에 대중성을 얻은 브랜드이기도 하다.

미셸은 미국의 퍼스트레이디가 된 순간부터 미국 디자이너들을 지지하기로 결심한다. 미국의 패션을 파리나 이탈리아에 뒤지지 않는 세계적인 패션으로 만들겠다는 생각을 한 것이다. 무려 8년이라는 시간 동안 미국의 신진 디자이너들을 서포트한 그녀의 힘은 대단했다. 패션이 가지고 있는 상징적인 힘을 제대로 이해한 훌륭한 퍼스트레이디다.

2016년 제45대 미국 대통령 선거 당시 트럼프에 대항하는 힐러리를 지지했던 그녀의 연설을 듣는다면, 분명 엄청난 팬이 될 것이다. 20~30분 동안 단 한 번도 프롬프터나 스크립트의 도움 없이 감동적인 연설을 이끌어나간 미셸 오바마. 그녀는 분명 아름답고 스마트한 여성이자, 훌륭한 어머니, 현명한 아내다. 그녀는 여성스럽고 심플한 라인을 좋아하는 것으로 유명한데 데렉 램의 컬렉션이 딱 그렇다.

디자이너 데렉 램은 세련되고 여성스러운 아름다움을 심플한 색채와 실루엣으로 풀어낸다. 때로는 감각적이고 독특한 패브릭을 이용하여 페미닌 실루엣을 창조하면서도, 단아한 라인과 절제된 디테일로 미니멀한 클래식 시크를 선보인다.

이 컬렉션에서 내가 가장 좋아하는 아이템은 부드러운 소재로 넉넉하게 재단된 여름 원피스와 귀여운 여성미를 한껏 뽐낼 수 있는 블라우스다. 10벌도 넘는 데렉 램 드레스를 가지고 있는데, 그 어느 브랜드보다 자주 입고 있다. 편하면서도 세련되고 지적으로 보이게하는 매력이 있다.

2011년 세컨드 라인인 데렉램텐크로스비 Derek Lam 10 Crosby를 론칭했다. 알렉산더 왕의 세컨드 라인 T by처럼 저렴한 가격대는 아니지만, 오리지널 브랜드보다 적어도 30퍼센트는 다운된 가격이다.

주 타깃이 젊은층인 만큼 롬퍼, 데님 드레스, 에스닉 풍의 드레스와 블라우스 등 훨씬 실험적이고 캐주얼한 디자인을 선보인다. 요즘 유행하는 스트리트 정신도 살짝 가미되어 있다.

개인적으로 세컨드 라인을 좋아하진 않지만 반바지 롬퍼는 그 귀여움에 반해 한 벌 구입했다. 하지만 오리지널 브랜드 원피스가 10년 넘게 내 옷장의 중요한 부분을 차지하는 것과 달리, 반바지 롬퍼는 20대 중반의 어여쁜 딸의 옷장 속에 들어가 있다. 역시 세컨드 라인은 불혹의 나이를 넘긴 패피보다 2030세대에게 어울리는 디자인과 소재다.

예쁘고 깔끔하면서도 여성스러운 클래식 미니멀리즘룩을 찾는 바이어에게 강력 추천한다.

Forte Forte *since 2002*

| Contemporary | 🇮🇹 Italy | Giada Forte & Pablo Forte |

Designer : Giada Forte&Pablo Forte

◀

낭만의 도시 베네치아를 닮은 컬러 팔레트를 선보이는 Forte Forte의 컬렉션

포르테포르테 Forte Forte는 베네치아에서 패션 가업을 물려받은 남매 지아다 포르테 Giada Forte와 파블로 포르테 Pablo Forte가 2002년 '지역적인 특성을 살린 브랜드를 만들겠다'라는 단순한 철학으로 시작한 브랜드다.

남매 디자이너는 편안하면서도 심플한, 멋 부리지 않은 듯하면서도 시크하고 우아한 라인을 보여주는 옷을 만들고자 한다. 진지하지만 젊은 라이프스타일을 적용하여 수공예로 직조한 부드럽고 가벼운 자연 소재를 주로 사용한다. 샤프한 절개선과 입체적인 라인이 돋보이는데 체형 커버에 탁월하다. 모던한 비전과 소박한 매력이 동시에 녹아 있는 브랜드다.

베네치아에서 탄생한 이 브랜드의 전반적인 컬러 팔레트는 낭만의 도시 베네치아와 닮았다. 물, 하늘, 살구빛 베이지색의 건물, 빛바랜 다리 등 베네치아의 색을 고스란히 담고 있다. 베이직한 티셔츠부터 코트까지 출시하는 풀 컬렉션 브랜드다.

해상에 세워진 인공도시 베네치아는 방향 감각이 제로에 가까운 나 같은 길치가 길을 잃어도 전혀 당황스럽지 않은 공간이다. 언제 어디서나 아름다운 스토리와 놀라운 풍경이 펼쳐지는 어른들의 놀이터 같다. 사랑하는 사람이 있다면 반드시 함께 손을 잡고 걸어야 할 도시이며, 내가 방문한 도시 중 유일하게 다시 가보고 싶은 곳이기도 하다.

파리의 앤티크 마켓과 남매의 고향인 비첸차 Vicenza, 이탈리아 베네토주에 있는 도시의 재단 기술에 영향을 받은 포르테포르테. 아직까지는 편집숍을 통해 소개되고 있지만, 컬렉션으로만 본다면 모노 브랜드로 론칭해도 무리가 없을 정도로 크다.

Minimalism

Jason Wu *since 2007*

| Luxury | New York | Jason Wu |

제이슨우는 여성스럽고 모던한 브랜드다. 세미 아방가르드 스타일이지만 파워풀한 힘이 넘치고, 트래디셔널 미니멀리즘에 속하는 아이템이 많은 럭셔리 명품 브랜드다.

2009년 버락 오바마 대통령 취임식에서 미셸 오바마가 선택한 브랜드이기도 하다.

미셸 오바마 이외에도 줄리안 무어, 리즈 위더스푼 등 많은 셀럽을 팬으로 거느리고 있는 스타 디자이너다.

까까머리 중학생처럼 생긴 30대 초반의 디자이너 제이슨 우는 타이완 출신이다. 그의 성공은 미디어의 힘으로 일약 스타덤에 오른 베트멍 외 몇몇 디자이너의 성공과 질적으로 다르다.

패션 위크를 앞두고 호떡집에 불난 것처럼 컬렉션을 준비

Designer : Jason Wu

하는 디자이너가 많은데 그는 한 시즌 컬렉션이 끝나면 바로 다음 시즌 컬렉션을 위한 패브릭부터 준비한다.

90퍼센트 이상의 소재를 이탈리아나 밀라노에서 주문 생산하는데, 이 패브릭은 오직 제이슨 우만을 위해 제작된다. 이렇게 만들어진 소재가 뉴욕의 가먼트 지구로 이관된 후 메이드 인 유에스에이 made in USA 컬렉션으로 탄생하는 것이다.

끊임없이 생각하는 완벽주의자 제이슨 우는 '패셔너블할 뿐 아니라, 카리스마와 여성스러움을 동시에 갖추고 있는 멋진 여성을 위한 옷을 창조한다'라는 철학을 가지고 있다. 이런 의미에서 미셸 오바마는 그의 완벽한 뮤즈가 아닐까 싶다.

2016년 세컨드 브랜드로 그레이제이슨우 Grey Jason Wu를 론칭했다. 브랜드명 중 '그레이'는 그가 가장 좋아하는 색에서 따왔다. 높은 가격대를 형성하고 있는 오리지널 브랜드에 비하면 매우 저렴한 가격이다.

디자이너의 절친인 영화배우 다이앤 크루거 Diane Kruger와 콜라보 라인도 론칭했는데, 다이앤 크루거가 평상시에 입는 오프듀티 스타일 Off-Duty Style에서 영감을 받은 편안한 스웨터, 드레스, 아우터, 야상 등이 포함된 캐주얼 의류 중심이다.

브랜드 제이슨우는 격식을 차리면서도 전통적이고 여성스러운 라인을 찾는 럭셔리 편집숍 바이어에게, 그레이제이슨우는 높은 퀄리티의 여성스럽고 편한 룩을 찾는 컨템 바이어에게 추천한다.

▲
Jason Wu의 원피스를 입은 미셸 오바마

Minimalism

Photographer : Joachim Mueller-Ruchholtz

Minimalism

Stephan Schneider *since 1994*

| Contemporary | 🇧🇪 Belgium | Stephan Schneider |

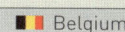

Designer : Stephan Schneider

심플하면서도 세련된 미학을 선보이는 스테판슈나이더. 전형적인 유러피안 감성의 파스텔 컬러 팔레트로 똑떨어지는 스타일을 보여준다. 앤드뮐미스터와 벨기에의 앤트워프 왕립예술학교 Antwerp Royal Academy of Fine Arts 동기지만 다행히 앤드뮐미스터의 고딕 스타일 영향은 받지 않았다.

모든 패브릭은 벨기에에 있는 자신의 아틀리에에서 개발, 퀄리티 컨트롤이 확실하다. 남성 라인으로 출발했던 브랜드답게 재킷과 아우터에 강하다. 클래식하고 미니멀하며 깔끔한 컷과 실루엣을 선사한다.

불행히도 맥시멀리즘이 대세라 미니멀한 룩의 브랜드들이 다소 밀려난 듯 보이지만, 이처럼 실력과 저력을 갖춘 디자이너의 생명이 맥시멀리즘의 유행보다 강하리라고 확신한다.

온라인 쇼핑몰 파페치와 육스Yoox 외 핫한 편집숍 오프닝 세리머니와 도버스트리트마켓 등도 디자이너의 재능을 알아보고 오랜 시즌 바잉하고 있다. 국내에서는 스페이스 눌에서 볼 수 있는데, 조만간 다른 편집숍들을 통해서도 만날 수 있게 될 것이다.

니트, 셔츠, 재킷, 코트 등의 핏감과 소재가 훌륭하다. 더 좋은 점은 가격에 있다. 여타 벨기에 브랜드가 거의 럭셔리 가격인 반면 스테판슈나이더는 10년째 컨템 가격을 유지하고 있다. 최소한의 이윤만 남기는 욕심이 없는 디자이너 덕분이다.

잔잔한 파스텔 톤의 체크 셔츠와 셔츠 드레스, 똑떨어지는 정장 스타일의 모직 재킷과 코트가 시그너처 아이템이다. 남자 친구 또는 남편과 커플룩을 연출하기에 좋은 브랜드다.

모노 브랜드로 나온다면 고급스러운 버전의 유러피안 띠어리가 될 것이다.

▲▶
고급스러운 버전의 유러피안 Theory를 보는 듯하다

TELA *since 2009*

| Contemporary | 🇮🇹 Italy | Creative Director : Federica Mora |

테라TELA는 클래식 컷과 컨템포러리 셰이프 사이에서 조화를 찾는다. 더불어 깨끗하고 미니멀한 컬렉션을 보여주고자 한다.

파리의 테라 쇼룸을 방문하면 키가 정말 크고 날씬한 디자이너 페데리카 모라 Federica Mora를 만날 수 있다. 그녀는 매 시즌 자신이 전시하는 의상을 직접 입고 쇼룸에 나타난다.

2017 FW 컬렉션 위크 때도 롱코트내가 입으려면 30센티는 족히 잘라내야 할 것 같은에 귀여운 셔츠를 입고 나타났다. 물론 그녀 같은 시크함은 풍기지 않겠지만 그래도 도전해보고 싶은 룩이었다. 페데리카 모라는 트래디셔널룩의 대명사 막스마라

Creative Director : Federica Mora

- 264 -

▲▲
미니멀하면서도 살짝 아방가르드한 TELA의 2017 FW 컬렉션

와 세루티 Cerruti를 거치며 클래식 컷과 명품 스타일에 대한 경험과 지식을 습득했다.

이 브랜드의 한 관계자는 '여성스러움' '다양성' '모던함' '미니멀함'이 테라의 미션이라고 설명한다. 하지만 개인적인 느낌은 좀 다르다. 내가 보는 테라는 여성스러운 분위기 속에서도 다소 장난기가 보이는 럭셔리한 컨템 브랜드다. 한마디로 설명하기 힘든 '장난기'가 테라의 시그너처가 아닐까 싶다.

이탈리아 테일러링의 깨끗함을 추구하는 동시에 편안하고 모던한 핏을 선사한다. 특히 귀여운 디테일의 포플린 셔츠와 코트가 예쁘다. 예술과 여행에 남다른 열정을 지닌 교양 있는 여성, 활동성과 역동성이 돋보이는 2040세대를 타깃으로 하는 브랜드다. 우리나라의 고객 또한 30대 후반에서 젊은 스타일을 선호하는 50대까지 연령층이 다소 넓다.

불과 4~5년 전만 해도 컬렉션이 크지 않았으나 어느새 슈즈와 가방 라인까지 론칭했다. 풀 컬렉션이라고 해도 전혀 부족함이 없을 정도다.

처음의 아이덴티티를 간직한 채 잘 성장하고 있는 브랜드다. 여성스럽지만 귀엽고 살짝 개구쟁이 같은 재미난 클래식 룩을 찾는 컨템 고객과 바이어에게 추천한다.

Minimalism

Designer : Tess Giberson

미니멀한 테일러링의 재킷과 팬츠, 핏이 똑떨어지는 드레스, 꽈배기 무늬 니트는 테스기버슨 Tess Giberson의 시그너처 아이템이다.

컬렉션은 블랙 앤 화이트의 절제된 색채로 구성되어 있는데, 한두 개의 아이템을 통해 빨간색, 노란색 등 강력한 시즈널 컬러를 보여준다. 규모는 크지 않지만 임팩트 있는 컬렉션이다.

주름 스커트, 캡 슬리브 드레스, 실크 니트, 톱에 등장하는 프린트는 대부분 디자이너의 남편 존 위드먼 Jon Widman, 화가이 손으로 직접 그린다.

독특한 컷과 셰이프 덕에 몇몇 아이템은 아방가르드하다고 평가받지만, 컬렉션의 기본적인 톤은 미니멀리즘이다.

디자이너 테스 기버슨은 2005년 캐시미어 전문 브랜드 TSE의 CEO로 취임한다. 2008년 TSE를 퇴사하고 2010년 봄, 독자 브랜드 테스기버슨을 론칭한다. TSE에서의 경험을 바탕으로 만들어낸 퀄리티 높고 훌륭한 니트 아이템이 제법 있다.

내가 이 브랜드를 처음 만난 것은 2010년 뉴욕의 한 유명 쇼룸에서다. 메인룸 한쪽 벽면을 차지하고 있던 고급스러운 블랙 아이템들 사이에서 드문드문 흰색 아이템이 돋보였던 기억이 난다.

컬렉션의 크기도 그때와 많이 달라지지 않았고 컬러와 핏, 디자인 역시 미니멀한 브랜드 아이덴티티 그대로다. 큰 투자사가 달려들지 않는 한 풀 컬렉션 브랜드로의 성장은 쉽지 않을 듯하다.

Minimalism

Thakoon since 2004 (2nd line: Thakoon addition)

| Luxury | 🇺🇸 New York | Thakoon Panichgul |

Designer : Thakoon Panichgul

타쿤 Thakoon 은 태국 출신의 뉴욕 디자이너 타쿤 파니치글 Thakoon Panichgul에 의해 탄생된 브랜드다. 이 역시 미셸 오바마가 사랑했던 브랜드 중 하나다.

미셸이 입었던 다양한 꽃무늬 드레스 중 상당수가 타쿤의 작품이다. 프린트는 화려하지만 핏과 실루엣은 매우 깔끔하고 미니멀하다.

열한 살의 나이에 가족과 함께 미국으로 건너온 타쿤은 <하퍼즈 바자>의 편집자 생활을 하다가 파슨스디자인스쿨에 입학했다. 학업을 마친 2004년 컬렉션을 발표했는데, 얼마 지나지 않아 패션계에서 가장 재능 있는 신진 디자이너가 되었다.

타쿤은 옷을 통해 개개인의 개성과 스타일이 드러난다고 믿는다. 넘치는 자신감으로 자기표현을 주저하지 않고, 항상 새롭고 흥미로운 무언가를 탐험하는 여성을 주요 고객으로 삼고 있다.

드레스를 워낙 좋아하는 나 역시 타쿤의 드레스가 몇 벌 있다. 미셸이 입었던 드레스처럼 무채색 꽃무늬가 들어간 옷인데, 실루엣은 매우 심플하다. 가벼운 실크 소재로 여성스러운 옷이지만 트래디셔널하고 미니멀한 셰이프가 돋보인다.

드레스 외에도 다양한 재킷과 팬츠도 많다. 트래디셔널 미니멀리즘의 아주 좋은 예라고 할 수 있다.

오리지널 브랜드가 주로 포멀한 오피스룩을 출시하는 반

면, 세컨드 라인 타쿤에디션 Thakoon addition은 여가 시간을 즐길 수 있는 편안한 캐주얼 컬렉션을 선보인다. 퀄리티도 매우 높아서 국내 바이어들은 오리지널 브랜드보다 타쿤에디션에 더 큰 매력을 느낄 수도 있다.

지갑이 얇은 패피들에게는 2009년 미국의 유통 채널 타깃 Target과 콜라보한 타쿤포타깃 Thakoon for Target 라인을 추천한다. 리미티드 라인이지만 인터넷을 찾아보면 아직도 구할 수 있는 곳이 많다. 소재는 다르지만 디자인만큼은 오리지널 브랜드와 매우 비슷하다. 5~6만 원에 타쿤의 디자인을 입어 볼 수 있는 좋은 기회다.

The Row *since 2006*

| Luxury | 🇺🇸 USA | Ashley&Mary-Kate Olsen |

미니멀의 끝판왕이다. 더로우 *The Row*의 의상은 컬러와 핏 마저 미니멀리즘을 외치는 듯하다.

컬러 팔레트에 존재하는 색깔은 오직 블랙 앤 화이트. 요즘 유행하는 자수, 패치, 프릴 등 그 어떤 장식도 존재하지 않는다. 극도로 정제된 클린룩의 정수라 할 수 있다.

Designer : Ashley&Mary-Kate Olsen

이처럼 완벽한 미니멀리즘 의상은 최고의 소재를 바탕으로 깔끔하고 모던한 실루엣과 핏을 만들어낼 수 있는 엄청난 실력을 갖춘 디자이너가 있어야만 탄생할 수 있다.

더로우는 최고급 퀄리티의 천연 소재를 이용하여 루즈하고 자연스러운 실루엣을 빚어낸다. 컷과 컬러는 미니멀리즘의 대명사 질샌더를 연상시킨다. 장인의 손길로 완성되는 미니멀한 셰이프는 더로우의 시그너처다.

2005년, 동그란 눈에 깡마른 체형의 쌍둥이 자매 중 애슐리 올슨 *Ashley Olsen*이 '완벽한 티셔츠 찾기 프로젝트'를 시작하는데 이것이 바로 브랜드 탄생의 토대가 되었다.

그녀는 나이, 인종, 체형에 관계없이 누구나 예쁘게 입을 수 있는 '완벽한 티셔츠' 모양을 찾고 싶었다. 이 과정에서 쌍둥이 자매 메리 케이트 *Mary-Kate Olsen*까지 프로젝트에 합류했다.

그녀들은 수많은 티셔츠를 만들었고 다양한 사람에게 테스트를 거쳤다. 그리고 2007년 마침내 그녀들은 티셔츠, 레깅스, 캐시미어 울 탱크 드레스 등이 포함된 '마이크로 미니 7피스 컬렉션'을 세상에 내놓았다. 얼마 지나지 않아 바니스

뉴욕백화점에서 이 컬렉션을 사들였다.

완벽한 티셔츠 찾기 프로젝트에서 시작한 7피스 컬렉션은 어느새 안경, 슈즈, 핸드백, 리조트웨어까지 갖춘 풀 컬렉션으로 성장했으며 2011년에는 남성복 라인도 론칭했다.

참고로 미니멀리즘 여성복 브랜드는 남성복 라인으로의 확장이 쉽다. 기존 여성복 패브릭과 아이템에서 핏만 변형하면 되기 때문이다.

더로우의 미션은 미국 하이엔드 패션의 제조 산업을 지지하는 것이다. 그래서 전 컬렉션이 메이드 인 유에스에이다.

매우 럭셔리하고 완벽한 클린함을 보여주는 미니멀리즘 브랜드다. 맥시멀리즘에 밀려 국내 마켓에서는 맥을 못 추는 현실이지만 고집스레 자신의 정체성을 지키며 성장해 나갈 브랜드다.

Victoria Beckham *since 2008*

| Luxury | 🇬🇧 UK | Victoria Beckham |

Designer : Victoria Beckham

잘 알다시피 빅토리아 베컴 Victoria Beckham 은 한때 웬만한 모델도 서러워 울고 갈 만큼 잘생긴 축구선수 데이비드 베컴 David Beckham 의 아내로 유명했다. 데이비드 베컴이 수많은 스캔들과 염문에 휩싸일 때마다 엄청난 다이어트를 진행한 그녀. 해골만 남은 듯한 얼굴로 미디어에 등장한 빅토리아를 보며 나는 솔직히 불행한 네 아이의 엄마라고 생각했다늘씬한 몸매는 눈물나게 부럽다!.

2008년 그녀가 패션 브랜드를 론칭한다고 했을 때 '얼마나 버틸 수 있을까?'라는 생각에 다소 회의적이었던 것도 사실이다. 당시에도 옷을 매우 잘 입는 패셔니스타이긴 했지만 '어느 정도 해보다가 말겠지' 싶었다.

데님과 티셔츠라는 캐주얼한 컨템 브랜드로 시작한 브랜드 빅토리아베컴. 첫 컬렉션으로 선보인 티셔츠와 스키니 진은 그녀 자신처럼 깡마른 사람만 입을 수 있을 정도로 사이즈가 매우 작았다. 길이도 문제였다. 한국 사람이 입으려면 기본적으로 10센티미터 이상은 잘라내야 했다.

하지만 지금은 그 어떤 라벨에도 뒤지지 않는 고급스러운 명품 RTW 브랜드로 성장했다. 문제의 데님 웨어 역시 개별 라인으로 발전 중이다.

여성스러우면서도 깔끔하고 도회적인 미니멀리즘을 선사하는 브랜드다. 고급스러운 디테일의 재킷과 코트가 잇 아이템이다. 독특한 클로저의 클래식한 블랙 롱코트는 매년 입어도 늘 시크하고 세련되어 보인다. 유행을 따르지 않는

고급스러운 미니멀리즘 의상으로 10년 후 딸에게 물려줘도 전혀 촌스럽지 않고 모던하게 느껴질 것이다.

컬렉션 일부에 가방이 속해있지만 눈에 띄는 라인은 아니다. 반면 RTW와 선글라스 컬렉션은 정말 훌륭하다. 디자이너가 완벽주의자라서 성장 가능성 또한 높아 보인다.

세컨드 라인 빅토리아빅토리아베컴 Victoria Victoria Beckam 은 오리지널 브랜드보다 다양한 컬러 팔레트가 특징이다. 주로 캐주얼하고 귀엽고 여성스러운 룩을 선보이다.

컨템 바이어라면 빅토리아빅토리아베컴을 주의 깊게 보기 바란다. 오리지널 브랜드가 풀 컬렉션으로 빠르게 성장했으므로, 세컨드 라인 역시 그만한 성장 에너지와 잠재력이 있다고 여겨진다.

▲▶
오렌지 포인트 컬러와 일렉트릭 블루 디테일이 재미있는
Victoria Beckham의 컬렉션

그 외에도 여성스러운 미니멀 라인을 선보이는 미국 디자이너 리처드 초이, 색채는 화려하지만 핏은 미니멀한 에덴 EDUN 역시 눈여겨볼 필요가 있다. 에덴은 아프리카 문화와 아프리카의 여러 패션 산업을 서포트하는 브랜드다.

앞서 이야기했듯 트래디셔널 미니멀룩이야말로 트렌드나 유행에 관계없이 오래 입을 수 있는 옷이다. 그러므로 미니멀리즘의 의상은 좋은 브랜드의 고급스러운 룩을 구매하길 권한다.

아, 최근 미니멀리즘룩을 선사하는 스파 브랜드도 생겼다. 스웨덴 브랜드 H&M에서 선보인 프리미엄 라인, 코스 COS : Collection of Style가 바로 그것이다.

분명 코스의 의상은 예쁘다. 그러나 진정한 럭셔리 라인의

미니멀리즘을 사랑하는 사람이라면 2퍼센트 부족한 느낌을 받을 것이다. 그럴 때는 럭셔리 브랜드의 10분의 1도 안 되는 가격을 생각하자. 2퍼센트 부족한 느낌을 이해하고 용서하는 데 많은 도움이 될 것이다.

VICTORIA BECKHAM

Sita Murt *since 1924 _4rth generation*

| contemporary | 🇪🇸 Spain |

최근 들어 많은 유럽 브랜드가 적극적으로 한국 시장에 진출하고 있는데 지금까지는 이탈리아와 프랑스가 가장 활발한 움직임을 보였다. 그런데 얼마 전부터 스페인과 벨기에 브랜드들도 대사관을 통해 나를 찾아오기 시작했다.

최근 10여 동안 우리나라 시장에서 대기업을 제외하고 생존한 편집숍은 스페이스 눌이 유일하다. 상황이 이렇다 보니 많은 외국 브랜드가 스페이스 눌을 국내시장의 교두보로 삼으려 한다.

브랜드 시타무르트 Sita Murt는 약 100년 된 스페인 니트 전문 회사다. 샘플 몇 개만 봐도 독특한 디자인과 퀄리티를 금방 이해할 수 있을 정도로 아이템이 좋다. 샘플실과 연구 개발실 R&D, 생산 공장까지 갖춘 회사로 원사부터 염색, 마지막 제품 생산까지 모두 사내에서 원스톱으로 이뤄진다. 마드리드와 바르셀로나의 패션 위크에 참여한 지는 10여 년이 훌쩍 넘었고, 모노 브랜드 스토어만 해도 30여 개에 이른다. 여러 해 미국의 유명 편집숍 체인인 앤트로폴로지 Anthropologie와 협업했고, 25개국에 진출해있다. 개인적으로 이 브랜드와 재미난 에피소드가 하나 있어 소개하려고 한다.

2017년 2월 바르셀로나를 방문했을 당시, 한 쇼핑거리에서 전체적인 분위기는 물론 옷의 퀄리티가 매우 높은 숍을 발견했다. 아무 생각 없이 숍의 간판을 사진에 담아왔는데, 그 숍이 바로 시타무르트였다. 그런데 4개월 후 그 브랜드가 국내 진출을 위해 나를 찾아온 것이다. 우연인지 운명인지

알 수 없지만 사진 속 브랜드가 시타무르트였다는 사실을 알았을 때의 기쁨은 이루 말할 수 없다.

시타무르트의 룩북 *LookBook*을 본 후 그 자리에서 2017 FW의 귀엽고 독특한 스웨터와 판초들을 오더했다. 한두 달 후면 스페이스 눌에서 시타무르트를 만날 수 있다니 신기하기만 하다.

로로피아나 *Loro Piana*와 같은 고급스럽고 자연스러운 컬러 팔레트에 마, 울, 면 등 천연 소재만 사용한다. 고급 브랜드에서만 사용하는 인타르시아 기법을 이용한 겨울 아이템이 많다. 프린지 디테일이 많은 니트 아이템과 마나 실크 소재의 통 넓은 팬츠 그리고 복숭아뼈가 살짝 보이는 9부 스커트 등 여름 아이템도 훌륭하다.

2018년 SS 아이템부터는 스페이스 눌의 자매 회사인 쇼룸 샘플링 *sampling*을 통해 홀세일을 전개할 예정이다. 독특하고 고급스러운 니트 아이템을 찾는 바이어라면 마음에 담아둬야 할 브랜드다.

Minimalism

PART
6

Avant Garde Look
아방가르드 룩

One Point Lesson

유쾌한 도발의 시작, 아방가르드

아방가르드는 프랑스어로 '선발대'를 의미한다. 현재는 예술, 문화 혹은 정치에서 새로운 경향이나 운동을 선보인 작품이나 사람을 칭하는 말로 실험적, 도발적, 비규범적, 탈규범적, 저항적인 경향을 뜻한다.

일상적, 일반적으로 받아들이던 규범을 뒤집는다는 의미를 담고 있으며, 규범에 대한 도전과 도발, 파괴와 전복을 목적으로 한다. 결국 아방가르드는 전통을 이어받아 발전시키는 진화가 아니라 비전통적이자 반전통적인 미학적 혁명에 가깝다. 우리나라에서는 '전위주위'로 번역되며 전위예술, 전위음악, 전위재즈와 같은 낱말에 쓰인다.

하지만 패션에서 '아방가르드하다' 일명 '아방하다'라는 표현에는 이처럼 심오하고 철학적인 뜻이 내포되어 있지 않다. 그저 핏이나 컷이 일반적인 아이템과 다르다, 독특하다는 의미로 보면 된다.

개인적으로 살짝 아방한 아이템을 좋아한다. 규범에서 약간 벗어난, 조금 다른, 조금 독특한 그 무엇이, 반복되는 일상에 건강한 긴장감을 불러오기 때문이다. 더불어 살짝 아방한 핏은 체형 커버용으로도 바람직하다. 나 같은 통통한 아줌마도 귀엽고 편하고 편하게 입을 수 있을뿐더러 때로는 시크한 연출도 가능하다.

아방가르드를 대표하는 브랜드로는 꼼데가르송 Comme Des Garcons과 마틴 마르지엘라 Martin Margiela가 있다.

먼저 꼼데가르송은 실험적이고 도발적이다. '아방가르드가 패션으로 현실화된다면 바로 이런 느낌이겠구나' 할 정도로 아방가르드를 시각적으로 표현하는 데 탁월하다. 현실성이 떨어지는 컬렉션을 보면 가끔 '실제로 저 옷을 입는 사람이 있을까?' 싶을 때가 있다. 그런데 있다. 일본의 패션 거리 신주쿠나 하라주쿠에 가면 꼼데가르송의 아방한 옷_{심하게 아방하다}을 입고 다니는 이들을 어렵지 않게 만날 수 있다.

나 역시 꼼데가르송의 다소 아방한 바지_{우리나라 남성 한복 바지처럼 생겼다}나 살짝 핏이 뒤틀어진 실험적인 디자인의 셔츠와 블라우스를 편하게 잘 입는 편이다.

꼼데가르송의 컬렉션은 매우 실험적이고 파괴적이며 제대로 된 실력을 갖춘 디자이너가 만들어내는 전문적인 아방가르드다.

그런데 요즘 패션계의 피카소인 꼼데가르송을 제치고 아방가르드의 신화를 새로 쓰는 브랜드가 있다. 스트리트 아방가르드의 정점에 서 있는 베트멍이다.

2014년 론칭한 베트멍은 모든 브랜드가 협업을 원하고 있을 정도로 큰 성공을 거두었다. 조지아 출신의 뎀나 바잘리아 Demna Gvasalia가 이끄는 젊은 디자이너 그룹으로 현재 패션계의 가장 뜨거운 별임이 분명하다. 그런데 나는 그들의 아방함에는 별로 미소 지어지지 않는다.

새로운 컬렉션을 발표하기보다는 첫 번째 컬렉션을 그대로 재현한 애티튜드를 이해할 수 없다. 과거 유명세가 부족하여 많은 사람에게 자신들의 훌륭한 컬렉션을 보여주지 못했기에, 과거 발표했던 첫 번째 컬렉션을 새로운 컬렉션으로 대신한다는 궤변을 늘어놓는 이 브랜드의 철학을 과연 이해할 수 있는가?

많은 사람이 보지 못했다는 비운의 첫 컬렉션을 아카이브archives에서 찾아내 유포시키는 것은 유저들이 할 일이다. 진정한 디자이너라면 자신의 철학을 조금이라도 더 보여주기 위해 매 시즌 새 아이디어와 아이템으로 무장한 컬렉션을 만들어내야만 한다.

그런데 3년도 안 된 브랜드가 자신들의 컬렉션을 100퍼센트 자가복제하여 새 컬렉션으로 선보이는 것은 도저히 용납할 수 없는 일이다. 흔히 말하는 밑천과 바닥이 벌써 드러난 것은 아닌지 의구심마저 든다.

현대 예술계에서 비싼 몸값을 자랑하는 제프 쿤스Jeff Koons, 데미안 허스트에게 진정한 창의력이 있는지 의문이 드는 것처럼, 베트멍 역시 시대와 SNS가 탄생시킨 스타가 아닌가 하는 생각이 든다. 물론 앞으로 더 지켜봐야 하겠지만 말이다.

2015년 『패션 MD : 바잉 편』 원고를 준비할 당시 시장 조사를 위해 베트멍을 바잉하는 편집숍을 방문한 적이 있다. 당시만 해도 숍 매니저가 베트멍 아이템을 하나도 팔 수 없다며 하소연 아닌 하소연을 해왔다. 세탁 한 번 하면 쭉쭉 늘어나는 스웨트셔츠가 100만 원이 훌쩍 넘는데 어느 누가 구입하겠느냐는 것이다.

그런데 2017년 방문한 10꼬르소꼬모에서는 180도 바뀐 상황이 벌어졌다. 브랜드 라벨만 없으면 패션계 고등학교 학생의 실험 작품처럼 보이는 셔츠와 티셔츠들이 두 랙 정도 걸려 있었다. 이탈리아 최고급 브랜드 브리오니Brioni, 꼼데가르송과 베트멍의 콜라보 아이템들인데, 없어 못 팔고 있다고 했다.

　이 모든 게 SNS와 비평가들의 엄청난 찬사 덕분이다. 베트멍에 대한 맹목적인 찬사와 타 브랜드들의 열렬한 구애를 보고 있노라면 절로 안데르센의 동화 <벌거벗은 임금님>이 떠오른다.

　내가 트렌드를 못 따라가는 것인지, 세상이 변한 것인지 궁금하여 15년 이상의 경력을 가진 신세계 출신 전문 바이어에게 물었다.

　"정말 베트멍의 옷이 좋아 보여요? 그렇다면 나는 이제 업계를 떠야 할 것 같아요. 나는 그들의 성공이 진정한 실력이 아니라 SNS와 패션계의 비평가들이 만들어낸 허상이라고 느껴지거든요."

　그 역시 '웃기는 컬렉션'이라는 한마디로 자기 생각을 설명했다. 잘 팔리는 상품이라 유치는 할 예정이지만 생명력은 그리 길지 않을 것으로 예상했다. 성숙하지 않은 상태에서 몸값만 너무 높아진 신생 브랜드의 한계를 잘 알고 있는 탓이다.

　"임금님이 벌거벗었다!"라고 진실을 외쳤던 소년처럼 하나둘 제 목소리를 내는 사람이 늘어나고 있는 건 그나마 다행이다. 특히 조선일보 송혜진 기자의 '명품가방의 굴욕'이라는 기사는 참으로 용감하고 신선했다. 내가 하고 싶은 말이 기사에 모두 녹아 있어 중요 부분을 소개하려고 한다.

"다른 건 가격뿐이다"

　미국 CNN방송이 프랑스 고가 브랜드 발렌시아가의 2017년 봄·여름 컬렉션에 나온 약 250만 원짜리 가방과 이케아IKEA의 약 1,100원짜리 장바구니를 비교해 내놓은 평이다. 이 두 가방이 '너무 비슷하다'라는 이유로 최근 화제를 모으고 있다(…) 두 가방은 사실 소재가 다르다. 발렌시아가 가방은 천연 가죽으로 만들어졌고, 이케아 장바구니는 재생 비닐 제품이다.

(…) 2016년 가을·겨울 컬렉션에 등장한 발렌시아가 '바자백'은 태국 야시장에서 흔히 볼 수 있는 줄무늬 비닐백과 다를 바 없었다. 비평가들은 '길거리 감성을 입은 하이엔드 패션'이라고 평했으나 SNS에서 네티즌들은 '몇천 원짜리 가방과 뭐가 다르냐'라고 조롱하기도 했다.

발렌시아가의 디자이너인 뎀나 바잘리아가 2014년 다른 파리 출신 디자이너들과 의기투합해 만든 브랜드 '베트멍'의 옷과 가방도 사실 크게 다르지 않다. 이 브랜드의 후드티와 맨투맨 티셔츠는 1백만 원이 넘는데 한 번 빨면 쭉쭉 늘어난다. 한편에선 '노숙자들이 입는 옷과 뭐가 다르냐'라는 말도 나오고 있다.

2017. 04. 29. 조선일보, '명품가방의 굴욕'에서 발췌

명품이란 시공을 초월하여 그 가치를 인정받을 수 있어야 한다. 인상파의 시대가 끝나도 고흐의 작품이 여전히 많은 이에게 감동을 주는 것처럼 명품이라면 시공간을 뛰어넘는 울림이 있어야 한다. 사회, 문화적 문맥에서 벗어나자마자 그 아우라를 상실한다면, 가치와 실력을 의심받는 게 당연하다.

이와 같은 이유로 나는 피카소 이후의 모더니즘 특히 앤디 워홀 부류의 모더니즘을 선호하지 않는다. 베트멍은 내게 패션계의 앤디 워홀과 같다.

잘 알다시피 앤디 워홀의 그림은 자신이 '공장factory'이라고 부르던

곳에서 '대량 생산' 되었다. 앤디 워홀의 작품은 사회, 문화적 문맥을 떠나서는 예술성 자체가 무의미하다. 그래서 나는 앤디 워홀의 작품은 '작품이 아닌 사회, 문화적 맥락을 사는 것'이라고 생각한다.

베트멍의 노숙자를 연상케 하는 옷, 이케아의 비닐백, 발렌시아가의 바자백 역시 이와 비슷하다.

"이 시대의 패션계가 얼마나 '지루boring하면' 이런 현상이 나타날까?"라고 말하던 한 비평가의 탄식에 동의하는 바다.

뭐 내 생각이야 어찌 되었든 현재 베트멍과 디자이너 뎀나 바잘리아는 막강한 위상과 영향력을 발휘하고 있다. 명품과 스트리트웨어의 경계 허물기, 럭셔리 스트리트웨어의 바람 역시 그에 의해 더욱 거세지고 있는 게 사실이다.

무엇보다 아방가르드 아이템은 편집숍 구성의 중요한 부분이다. 남과 다른 것, 일반적인 패션 규범에서 벗어난 새로운 무언가를 찾는 고객이 많기 때문이다.

아방가르드함의 정도는 편집숍 분위기와 정체성에 맞춰 조절해야 하지만, 좋은 편집숍이라면 어느 정도의 아방가르드함은 반드시 갖추어야 한다. 이에 국내 고객들에게 좋은 반응을 얻을 수 있는 아방가르드 브랜드들을 소개하고자 한다.

BRAND

for Avant Garde Look

Barnhard Willhelm / Cote / Devastee / Narciso Rodriguez
Jacquemus / J.W. Anderson / Pas de calais / Ports 1961
Roksanda / Sofie D'Hoore / Studio Nicholson
Walk of Shame / Zero+Maria Cornejo

PART 6

Bernhard Willhelm since 1999

| Contemporary | 🇫🇷 Paris | Bernhard Willhelm |

Designer : Bernhard Willhelm

'미쳤다. 제정신이 아닌 듯하다!'

대담함을 넘어선 과감함, 미친듯한 과격함, 규범과 경계 허물기의 최고봉, 영국 디자이너 버나드 윌헴Bernhard Willhelm의 컬렉션을 보고 나면 늘 드는 생각이다. 독일 태생의 디자이너 버나드 윌헴은 벨기에의 앤트워프왕립예술학교에서 공부 후, 1999년 파리에서 첫 컬렉션을 선보였다. 론칭 때부터 완벽하게 시장성을 무시한 컬렉션을 선보였는데 어떻게 20여 년 가까이 살아남을 수 있었는지 의아하기까

Avant Garde Look

지 하다.

강한 색채, 선명한 프린트로 상징되는 그의 컬렉션은 남성과 여성의 구분이 없는 토털 유니섹스를 지향한다. 여성이 남성의 옷을 입고 중성적인 스타일을 구현하는 건 너무도 흔하고 익숙한 일이다. 하지만 남성이 여성의 스커트, 롱드레스, 타이트한 소재로 몸매를 과시하는 쇼트 팬츠 등을 입는 건 다른 문제다. 버나드 윌헴의 컬렉션에서 이와 같은 스타일의 의상을 입은 남성 모델이 많이 등장하는데, '젠더의 경계 허물기'라고 할 수 있다.

그뿐만 아니라 톱과 보텀 bottom, 팬츠나 스커트의 경계도 허문 지 오래다. 팬츠 하나를 원 숄더 톱이나 미니 드레스 등으로 다양하게 활용할 수 있는 의상도 많다.

버나드윌헴의 여성복 라인 판권과 라이센싱은 일본에서 럭셔리 편집숍을 운영하는 버스스톱 Bus Stop, 럭셔리 패션 대기업 Onward Kashiyama의 자회사이 가지고 있다. 컬렉션에서 일본 색채가 강하게 묻어나는 이유를 알 수 있는 대목이다.

지나치게 과감하고 지나치게 유니크한 컬렉션임이 분명하지만 재미있는 핏과 프린트, 자수 티셔츠, 팬츠, 귀여운 아방가르드 드레스 등 숍 분위기에 맞는 아이템을 셀렉할 수 있는 브랜드다.

가격도 합리적이라서 바잉에 자신이 있는 바이어라면 충분히 도전해볼 만하다. 사이즈가 매우 넉넉한 편이라서 국내 고객에게는 스몰 사이즈 하나면 충분하리라고 본다.

▶ 젠더의 경계, 일반적인 핏의 기준을 무너뜨린 Bernhard Willhelm의 컬렉션

Avant Garde Look

Cote *since 2010*

| Contemporary | 🇮🇹 Italy | Tomaso Anfossi&Francesco Ferrari |

Designer : Tomaso Anfossi&Francesco Ferrari

여성스러운 아방가르드함이 돋보이는 이탈리아 브랜드 코테Cote. 버나드윌헴처럼 과격한 아방가르드가 아니라 테일러링 중심의 보다 정제된 아방가르드에 귀여운 여성성이 첨가되었다는 표현이 딱 맞지 싶다.

5년 전쯤, 파리의 한 쇼룸 2층에서 코테를 처음 보았다. 당시 쇼룸 관계자는 '모던하고 세련된 아방가르드 신진 디자이너의 컬렉션'이라며 브랜드를 소개했다. 100퍼센트 메이드 인 이탈리아 제품으로 최고의 퀄리티를 자랑하는 반면 가격은 높지 않아서 잠재력이 숨어 있는 브랜드라는 설명이 이어졌다.

2017년 FW 컬렉션 때 이 브랜드를 다시 만났다. 코테를 처음 만났던 5년 전 파리 쇼룸과는 비교조차 할 수 없을 정도로 크고 화려한게다가 강력한 영향력을 지닌 쇼룸에 자리하고 있었다. 이는 코테의 인기가 그만큼 높아졌다는 방증이자 큰 쇼룸이 이 브랜드를 낚아채 갔다는 이야기이기도 하다. 인기와 돈에 쉽게 움직이는 이탈리아 브랜드의 특성을 생각하면 그리 놀라운 일도 아니다.

코테 디자이너 팀은 타고난 우아함을 바탕으로 명랑하고 호기심 많은 여인을 상상하며 컬렉션을 디자인한다. 고급스러운 퀄리티, 세심한 디테일 그리고 아방가르드에 포함될 정도로 볼륨감 있는 실루엣이 브랜드의 시그너처다.

아방한 실루엣이 제대로 표현되기 위해서는 무엇보다 소재가 중요하다. 이에 소재 선택에도 매우 신중하고 까다로운 브랜드로 소문이 나 있다. 고집스럽게 천연 소재를 사용하며 자연에 대한 테마를 보여준다. 여성스럽고 퀄리티 좋은 세미 아방가르드 브랜드다.

Avant Garde Look

Devastee since 2004

| High Contemporary | 🇫🇷 France | Ophelie Klere&Francois Alary |

데바스테Devastee는 프렌치 시크의 정석을 보여주는 브랜드다. 프랑스의 꼼데가르송이라고 불리는데 과감한 핏과 컷이 닮았다는 게 아니라 톤 다운된 컬러 팔레트가 닮았다는 의미다. 오로지 블랙 앤 화이트를 베이스로 한 독특한 패턴과 과감한 커팅으로 시크하면서 심플하고 루즈한 핏을 추구한다.

데바스테의 시그너처는 블랙 앤 화이트 컬러 팔레트와 더불어 매 시즌 등장하는 디자이너 프랑수아 알라리Francois

Avant Garde Look

Alary의 만화 같은 프린트다. 프랑수아 알라리가 직접 손으로 그린 그래픽 패턴은 이탈리아 패브릭 장인의 손끝에서 패브릭 프린팅으로 개발된다. 이렇게 만들어진 패브릭 프린팅에 디자이너 오필리아 끌레르Ophelie Klere의 디자인이 더해지면 비로소 하나의 아이템이 완성되는 것이다.

데바스테는 소녀 같은 외모에 어른스러운 성격을 가진 오필리아 끌레르와 괴짜 천재 소년 같은 프랑수아 알라리의 완벽한 협업 작품이다. 어느새 나의 베스트 프렌드가 된 이 천재 커플! 참 소중한 인연이 아닐 수 없다.

프랑스 모더니티의 상징으로 평가받는 데바스테. 웃고 있는 니트 십자가, 혓바닥을 살짝 내민 십자가 등 위트 넘치는 디테일은 매 시즌 바뀐다. 아방가르드 핏을 선보이지만 실루엣은 매우 깔끔하다.

실루엣이 단순한 대신 복잡한 프린트 디테일을 통해 각 아이템의 개성을 강조한다. 패션을 이해하고 아는 사람들은 이 미묘한 균형을 알아차리고 열광한다. '한 번도 데바스테를 안 산 고객은 있어도, 한 번만 데바스테를 구입한 고객은 없다'라고 할 정도로 중독성이 강한 브랜드다.

재미있고 귀여운 프린트의 블랙 앤 화이트의 셔츠나 블라우스, 인타르시아 기법의 독특한 스웨터, 파리지엔느 느낌의 시크하면서도 편한 코트를 찾는 바이어나 고객에게 강력하게 추천한다.

아, 지갑이 얇은 패피들에게 좋은 소식이 하나 있다. 데바스테가 일본의 럭셔리 편집숍 비아버스스톱 Via Bus Stop과 협업으로 데바스테푸흐뮤지엄 Devastee Pour Museum이라는 액세서리&홈 스타일링 라인을 론칭했다. 재미있고 시크한 데바스테 정신을 그대로 보여주는 아이템이 많다. 10만 원 미만으로 목걸이, 귀걸이, 반지 등을 득템할 수 있는 것도 장점이다.

디자이너 오필리아 끌레르와 프랑수아 알라리는 블랙 앤 화이트의 마법사이자 천재 디자이너임이 분명하다. 단 두 컬러로 매 시즌 새롭고 신선한 컬렉션을 만들어내는 그들의 능력에 감탄이 절로 나올 따름이다. 패피라면 올해는 반드시 데바스테의 컬렉션을 경험하길 바란다.

Narciso Rodriguez *since 1997*

| Luxury | 🇺🇸 USA | Narciso Rodriguez |

나르시소 로드리게즈 Narciso Rodriguez의 컬렉션을 처음 본 것은 1998년, 시카고의 마샬필드 Mashall Field 백화점 내의 28shops이라는 곳에서다.

아이보리와 블랙으로 구성된 컬렉션은 차분한 느낌이었지만, 컷과 패턴에서 묻어나는 아방가르드함은 숨길 수 없었다. 깔끔한 실루엣, 독특한 패턴의 드레스와 흰 스커트가 눈에 쏙 들어왔다.

꽤 오래된 역사를 지니고 있는 이 브랜드가 최근 다시 떠오르게 된 것은 미셸 오바마의 역할이 크다.

2009년 버락 오바마가 제44대 미국 대통령에 당선된 후, 최초의 흑인 대통령으로 신년 국정 연설을 할 때 그녀가 입고 등장한 옷이 바로 나르시소로드리게즈의 드레스였다. 버락 오바마 대통령이 임기를 마치고 2016년 마지막 연설을 할 때도 그녀의 선택은 나르시소로드리게즈였다.

나르시소 로드리게즈는 영하고 새로운 디자이너에게 열광하는 요즘 패션계에서 좀처럼 찾아보기 어려운 역사와 저력을 가진 디자이너다. 파슨스디자인스쿨을 졸업하고 앤클라인 ANNE KLEIN, 도나카란, 캘빈클라인 Calvin klein을 거쳐, TSE와 세루티 그리고 로에베의 크리에이티브 디자이너로 활약했다.

클린 컷, 톤 다운된 색채의 웨어러블한 아방가르드 아이템을 찾는 바이어에게 추천하는 브랜드다.

Avant Garde Look

Jacquemus since 2009

| High Contemporary | 🇫🇷 France | Simon Porte Jacquemus |

레이 가와쿠보 Rei Kawakubo, 꼼데가르송의 창립자이자 디자이너의 추종자이자 문하생인 시몽 포르테 자크 뮈스 Simon Porte Jacquemus. 현재 프랑스 패션계에서 가장 흥미로운 디자이너 중 한 명이다.

이 천재적인 디자이너가 자크뮈스 Jacquemus를 론칭한 나이는 불과 열아홉 살. 어린 디자이너의 넘치는 창의성과 여성성은 전 세계를 단번에 사로잡았다.

해체와 탈구축 그리고 과장된 비율 proportion 등은 독학으로 패션을 공부한 시몽 포르테 자크 뮈스의 시그너처다. 혁신에 가까운 기하학적인 컷은 비대칭 원 숄더 톱과 컬러 블록 스웨터, 오버사이즈 팬츠, 미래주의적 실루엣의 드레스를 통해 잘 나타난다.

미니멀한 디테일, 중성적인 톤, 절제된 색조가 아방가르드하고 모던한 실루엣을 강조한다. 과감하고 구조적인 디자인, 양념처럼 들어있는 톡톡튀는 컬러가 블랙 앤 화이트 컬렉션을 더욱 돋보이게 한다. 프랑스 브랜드 특유의 볼드하고 입체적인 미학을 선보이는 브랜드다.

과장된 오버사이즈의 숄더와 퍼프 슬리브, 핏이 강조된 허리, 아래로 부풀려진 스커트 등은 과거 크리스티앙 디오르의 과장되고 아방가르드한 버전을 보는 듯하다.

구조적이고 입체적인 아이템, 과장된 컷을 보여주는 프렌치 아방가르드의 전형을 대표하는 자크뮈스. 잠재력이 매우 큰 흥미로운 브랜드임이 틀림없다.

Avant Garde Look

J.W. Anderson *since 2008*

| Luxury | 🇬🇧 London | Jonathan Wiliam Anderson |

Designer : Jonathan Wiliam Anderson

일명 '돼지코 백' '코뚜레 백'이라고 불리는 피어스 Pierce 가방을 본 적이 있을 것이다. 디자이너 조나단 윌리엄 앤더슨 Jonathan Wiliam Anderson의 액세서리 라인이다. 그는 텍스처와 형태를 가지고 실험하는 디자이너로 스포츠와 고딕 시대의 문학에서 많은 영향을 받는 것으로 알려져 있다.

요즘 런던에서 가장 쿨하고 핫한 디자이너, 루이비통모에헤네시그룹 LVMH : Louis Vuitton Moet Hennessy의 떠오르는 샛별, 2015년 브리티시 패션 어워드에서 올해의 디자이너 남성복과 여성복 부문을 모두 거머쥔 디자이너, 역사와 전통에도 불구하고 유행에 뒤처지는 느낌의 로에베를 부활시킨 크리에이티브 디렉터 등 조나단 윌리엄 앤더슨을 설명하는 수식어는 차고 넘친다. 조나단 윌리엄 앤더슨의 시대라고 해도 과언이 아닌 상황이다.

그는 '좋은 컬렉션은 현재를 위한 옷이 아니라 미래를 위한 옷이기 때문에 보는 순간 바로 이해하기 어렵다'라고 말한다. '당장 갖고 싶다'라는 느낌보다 '대체 이 옷을 어떻게 입으라는 거지?'라는 의문을 유발시키는 컬렉션이 좋은 컬렉션이라는 이야기다. 이와 같은 디자이너의 철학에 따라 제이더블유앤더슨은 아방가르드한 컬렉션을 선보이고 있다.

조나단 윌리엄 앤더슨과 관련된 개인적인 에피소드가 하나 있다.

2년 전 파리 출장 중, 조깅을 위해 루브르박물관 앞에 있는 튈르리 공원 Jardin des Tuileries을 찾았다. 갑자기 아무도 없

▲
일명 '코뚜레 백'이라고 불리는 피어스 가방 시리즈

- 298 -

는 편집숍 콜레트의 사진을 찍고 싶다는 생각이 들어 파리의 명품 거리 생또노레 Saint Honore 로 방향을 옮겼다. 그때 콜레트의 쇼윈도를 장식하고 있던 디자이너가 바로 조나단 윌리엄 앤더슨이었다.

콜레트의 쇼윈도는 단순한 상품진열창이 아니다. 전 세계로 뻗어 나가는 창문이며 세계적인 패션 트렌드의 교두보다. 만약 다음 패션 트렌드가 궁금하다면 콜레트 윈도 디스플레이를 장식하는 디자이너가 누구인지를 보면 된다.

Pas de calais *since 1998*

| High Contemporary | 🇯🇵 Japan | Yukari Suda |

천연 소재와 천연 염색을 고집하는 자연주의 브랜드 파드칼레는 전 세계적으로 인정받는 도쿄 브랜드다.

이탈리아 컬러 팔레트, 프렌치 시크 셰이프 등을 주로 사용하는 파드칼레의 컬렉션은 마치 미니멀&아방가르드를 표방한 프랑스 브랜드 느낌을 준다.

전 세계 바니스뉴욕백화점에서 최고의 판매율을 자랑하며, 현재 파리에서 가장 핫한 편집숍 메르시 *Merci*의 메인 브랜드이기도 하다. 뉴욕 소호에서 가장 매출이 좋은 숍 중 하나로, 파리 마레 지구에서도 고객 선호도가 가장 높다.

'파드칼레'는 프랑스 북부에 위치한 지역명이기도 하다. 아름다운 도버 해협 *Strait of Dover*이 유명한 이곳은 지상에서 가장 아름다운 레이스가 생산되는 곳이다. 디자이너 유카리 수다 *Yukari Suda*는 자연 친화적인 라이프스타일을 간직한 이 지역의 섬세하고 고급스러운 레이스에서 영감을 받아, 브랜드의 이름을 파드칼레라고 정했다. 그녀는 모던한 아방가르드 캐주얼 디자인을 바탕으로 자연에 대한 향수를 첨가, 부드럽고 현대적인 세계를 창조한다.

일본 특유의 전통적인 수작업 천연 염색부터 최첨단 염색 기법까지 다양한 염색 테크닉을 통해 면, 리넨, 실크 등 천연 소재를 브랜드 고유의 텍스타일로 만든다. 담갈색, 베이지, 카키, 화이트, 그레이, 블랙 등 부드럽고 자연스러운 톤을 기본으로 한다. 자칫 단조로운 색채의 단점은 약간의 재미를 더한 셰이프가 보완하여 편하고 우아한 조합을 만들어낸다.

Avant Garde Look

디자이너 유카리 수다는 조용하고 나지막한 목소리를 지녔다. 외모 역시 가녀린 편이다. 그런데 그녀의 컬렉션 크기와 창의성은 정반대다. 미국과 유럽 시장을 겨냥한 컬렉션과 일본 내수용으로 만드는 컬렉션이 있는데 두 컬렉션의 크기는 거의 비슷하다. 결국 매 시즌 두 개의 컬렉션을 만드는 것과 마찬가지다.

파드칼레의 시그너처 아이템은 천연 소재, 반쯤 비치는 루즈 핏 버튼다운 셔츠, 세미 배기 팬츠, 마 볼나 울가로 만든 얇은 롱코트다. 파리의 편집숍 메르시와 국내 스페이스 눌에서 가장 잘 팔리는 아이템이기도 하다.

보통 롱코트는 나처럼 약간 통통하고 키 작은 아줌마에게 어울리기 힘든데, 파드칼레의 롱코트는 슬림하고 키가 커 보이는 효과가 있다. 완벽한 테일러링과 디자인에 어울리는 소재의 환상적인 조화 덕분이라고 본다.

블링블링한 스트리트웨어가 유행하는 요즘에도 미니멀&아방가르드 브랜드 파드칼레의 인기는 계속되고 있다. 이 브랜드의 지극히 여성스러운 루즈 핏 셔츠와 롱코트를 갖고 있지 않다면 꼭 한 벌 구입하기를 바란다. 파드칼레의 매력에 푹 빠지게 될 것이다.

▲
Pas de calais의 시그너처 아이템이자 매 시즌 완판되는 가벼운 재킷&페전트 블라우스

Avant Garde Look

Ports 1961 *since 1961 / Relaunch 2011*

| Luxury | 🇮🇹 Italy | Natasa Cagalj |

포츠1961Ports 1961은 독특한 실루엣으로 시크하고 모던한 아방가르드룩을 연출하는 브랜드다. 이 모든 것은 절제된 디테일, 세련된 디자인, 정밀한 테일러 감각의 결합 덕분이다. 볼드한 컬러 블록과 클래식한 모노톤이 공존하지만 무언가 달라도 매우 다른, 독특한 아이템을 선보인다. 아삭한 면으로 만든 재미난 디자인의 셔츠 라인은 세련되고 여성스럽다.

포츠1961을 처음 본 것은 내가 패션계에 발을 들이기 한참 전인 15~16년 전이다. 당시만 해도 여성스러운 드레스와 퀄리티 좋은 니트 제품이 많았다. 가격과 퀄리티 모두 높은 명품 브랜드임에도 불구하고 전 아이템은 메이드 인 차이나였다.

1990년대 중반 무렵이었으니 아마도 포츠1961이 아시아 쪽으로 포커스를 옮기고 중국 시장을 겨냥할 때가 아니었나 싶다. 1990년대 말쯤 중국과 홍콩에 약 300여 개의 숍을 오픈한 것을 보면.

그리고 8~9년 전쯤 이 브랜드의 전시회 초대장을 받았다. 컬렉션 장소는 파리의 방돔 광장. 가격, 퀄리티, 디자인, 쇼룸의 위치와 브랜드 이미지는 분명 명품이었는데 여전히 100퍼센트 메이드 인 차이나라는 점이 마음에 걸렸다. 아마도 많은 바이어가 나와 같은 생각을 했던 것 같다.

2005년 무렵 포커스를 미국으로 옮긴 이 브랜드는 뉴욕에 디자인 사무실을 내고 포츠1961이라는 브랜드로 재론칭

하며 캐나다와 뉴욕 시장에 집중하기 시작했다. 이 무렵 뉴욕에 플래그십 스토어도 오픈했다.

마지막으로 2010년 환골탈태하게 되는데 포커스를 유럽으로 옮긴 덕분이다. 디자인팀 역시 밀라노로 베이스를 옮겼고, 덕분에 포츠1961의 아이템은 100퍼센트 이탈리아산 소재에 메이드 인 이탈리아로 만들어지게 되었다. 이 모든 변화를 가능케 한 것이 바로 중국 펀드다.

차이나머니는 무서울 정도로 빠르게 패션 시장을 장악해 가고 있다. 이탈리아 브랜드로 알려진 포츠1961의 실제 주인 역시 중국이다. 막대한 경제력을 앞세운 이들의 전략은 놀랍도록 치밀하고 무섭다.

포츠1961을 명품 브랜드로 만들기 위해 이들은 가장 먼저 스텔라매카트니의 수석 디자이너였던 나타샤 차갈 *Natasa Cagalj*을 크리에이티브 디렉터로 영입했다. 디자인팀 베이스를 명품 패션의 중심인 밀라노로 옮긴 후 밀라노의 패션 위크에도 참여했다.

2015년에는 파리 생또노레에 커다란 자사 플래그십 스토어를 오픈했고 2층에서 전시회를 열었다. 파리 패션의 심장부 생또노레에 플래그십 스토어를 오픈한다는 것은 이미 세계적인 명품 브랜드 대열에 합류했다는 의미다.

앞서 설명한 대로 주인이 여러 번 바뀐 브랜드다. 그동안 많은 디자이너가 이 브랜드를 거쳐 갔지만, 나타샤 차갈의 지휘 아래 재탄생한 포츠1961의 변화가 가장 반갑다. 그녀의 자신감 넘치는 모던한 미학을 앞으로 오랜 시간 볼 수 있기를 바란다.

Roksanda *since 2005*

| Luxury | 🇬🇧 UK | Roksanda Ilincic |

록산다 일린칙 Roksanda Ilincic은 대담한 컬러 블록 드레스, 과감한 컬러 블록 스웨터, 건축적인 패턴과 조형적인 실루엣으로 현재 런던에서 가장 주목받는 디자이너 중 한 명이다.

록산다의 컷은 조르주 브라크 Georges Braque, 프랑스의 화가. 피카소와 함께 입체파를 창시하고 발전시켰다와 피카소의 해체된 대상과 닮았다. 때로는 바실리 칸딘스키 Wassily Kandinsky, 러시아 출신의 프랑스 화가. 현대 추상미술의 아버지나 호안 미로 Joan Miro, 에스파냐의 화가. 야수파의 장난스럽고 기하학적인 모양을 연상시킨다.

색채가 과격할 때는 선과 실루엣이 심플하고, 색채가 심플할 때는 조형적이고 과장된 형태가 가미된다. 색채와 컷

Designer : Roksanda Ilincic

만으로도 모던하고 웨어러블한 아방가르드 컬렉션을 연출하는 디자이너다. 비비드한 컬러와 파스텔 색조의 조합, 조형적인 가죽 패치워크를 이용한 페미닌 터치, 색채와 소재의 대조 등을 이용한 컬렉션은 마치 예술 작품을 보는 듯하다.

우아한 실루엣, 절제된 재단의 모던함이 가미된 컬렉션을 선보이고 있는 록산다는 자신을 둘러싼 주변의 모든 것, 특히 인상 깊게 본 예술 작품이나 건축물_{대학에서 건축을 공부했다}에서 영감을 얻는다.

풍부하고 대담한 컬러를 쓰는 예술가와 독특한 건축물을 좋아한다. 그녀의 컬렉션을 보면 디자이너에게 영감을 주는 예술 작품이 무엇인지 쉽게 추측할 수 있다.

강조된 허리선, 볼륨감 있는 입체적 디자인, 무엇보다 강렬한 색채의 컬러 블록은 그녀의 아이덴티티다. 시그너처 아이템으로는 종 모양처럼 소맷부리가 넓게 퍼지는 벨 슬리브 블라우스와 드레스가 있다.

Avant Garde Look

ROKSANDA

Sofie D'Hoore *since 1992*

| Luxury | 🇧🇪 Belgium | Sofie D'Hoore |

차분한 기품이 묻어나는 소피드후레Sofie D'hoore는 깔끔한 라인과 볼륨을 강조한 비율 처리, 정교하고 모던한 테일러링이 돋보이는 컬렉션이다. 고급스러운 천연 소재와 절제된 텍스처가 과장된 어깨, 오버 핏 코트와 드레스, 톱과 결합하여 미니멀하며 정제된 아방가르드의 좋은 예를 보여준다.

기본적으로 중성적인 톤이 많지만 형광 노란색, 주황색, 빨간색 등 강렬한 색채도 마다하지 않는다. 파리 트라노이에서 가장 큰 스페이스를 차지하는 가장 바쁜 브랜드이기도 하다.

디자이너 소피 드 후레는 패션계에 발을 들이기 전, 치과의사가 되기 위한 공부를 했다. 강한 라인, 정확하고 클린한 컷, 볼륨을 강조하는 톤 다운된 색채가 왠지 병원의 깔끔한 분위기를 연상시키는 것 같기도 하다.

그녀는 건축학적인 정확성을 바탕으로 구조적이고 편안한 룩을 추구한다. 정확한 커팅, 고급스러운 패브릭을 중시하며 아방가르드 핏으로 체형과 관계없이 아름답게 입을 수 있는 옷을 만든다. 그러나 바잉이 만만한 브랜드는 아니다. 유럽 마켓을 겨냥한 브랜드라서 사이즈가 커도 너무 크다. 샘플조차 심한 오버사이즈로 제대로 된 핏을 보기 어렵고 패브릭 역시 너무 다양해서 상상력을 동원해야 할 때가 많다.

이 브랜드를 오랜 시간 바잉했다면 그간의 경험치로 새로운 아이템에 대해 어느 정도 짐작할 수 있지만, 소피드후레를 처음 접하는 바이어라면 무조건 샘플에 있는 패브릭과 컬

러를 바잉하는 것이 안전하다. 대부분 오버 핏이므로 사이즈는 작게 가는 편이 좋다.

앞서 이야기했듯 파리 트라노이에서 매우 바쁜 쇼룸 중 하나다. 쇼룸을 방문하더라도 샘플을 미처 입어 보지 못할 때가 많다. 이럴 때를 대비하여 봉마르쉐백화점 내에 위치한 소피드후레 매장파리에 있는 유일한 소피드후레 숍인숍을 미리 방문하는 게 좋다. 그곳에서 셔츠와 드레스 등 바잉 예정인 아이템을 체크하면 된다.

소피드후레의 아삭한 면 블라우스와 드레스는 패피라면 기본적으로 갖추어야 할 잇 아이템이다.

절대 영하거나 귀엽거나 캐주얼한 브랜드가 아니다. 우아하고 아름답고 성숙하고 고급스러운 브랜드다.

▼
셰이프와 컬러만으로 아방가르드함을 선보이는 Sofie D'Hoore의 컬렉션

Studio Nicholson *since 2010*

| High Contemporary | 🇬🇧 London | Nick Wakeman |

루즈한 블랙 팬츠와 화이트 셔츠를 입고 남자만큼 키가 큰 쇼트커트의 여인이 성큼성큼 걸어간다. 이 여성의 발에는 언제나 단화가 신겨있다. 디자이너 닉 웨이크먼Nick Wakeman의 일상적인 모습이다. 닉 웨이크먼의 모습이 곧 그녀의 브랜드 스튜디오니콜슨Studio Nicholson의 아이덴티티를 한눈에 말해준다.

남성복에서 출발한 스튜디오니콜슨은 깨끗한 라인, 심플한 미학으로 정의되는 테일러링에 강한 클린룩을 선보이는 아방가르드 브랜드다. 고급스러운 텍스타일과 정밀한 테일러드 컷이 돋보이는 브랜드로 모던하면서도 우아한 아이템은 절제된 아방가르드의 전형을 보여준다.

특히 편안한 라인의 스커트와 드레스, 흔히 알라딘 팬츠라고 불리는 밑위가 긴 팬츠 꼼데가르송 스타일는 심플한 아방가르드의 정석이라고 할 수 있다. 우아한 실크 블라우스, 아삭거리는 소재의 주름 스커트, 전문가의 손길이 느껴지는 치마바지 등이 시그너처 아이템이다.

디자이너 닉 웨이크먼은 일본 아방가르드계의 투톱인 요지 야마모토Yohji Yamamoto와 꼼데가르송의 열렬한 팬이라고 알려져 있다. 그래서인지 조형적인 감각과 더불어 일본 스타일의 아방함이 묻어난다. 드레스와 팬츠 그리고 헐렁한 셔츠 등은 앞서 소개한 브랜드 파드칼레와 닮았다.

불행인지 다행인지 극도로 치닫는 과격한 아방가르드 스타일은 아니다. 세미 아방가르드 정신에 우아함을 더한 고급스러운 룩으로 유럽보다 일본, 중국 등 아시아에서 사랑받는 브랜드다.

    검은색, 회색, 남색, 파란색, 하얀색 등 톤 다운된 중성적인 색채가 주를 이룬다. 중성적인 스타일을 표현하는 깨끗하고 고급스러운 아방가르드룩을 찾는다면 꼭 봐야 할 컬렉션이다.

Avant Garde Look

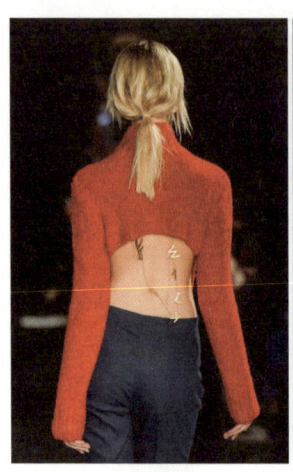 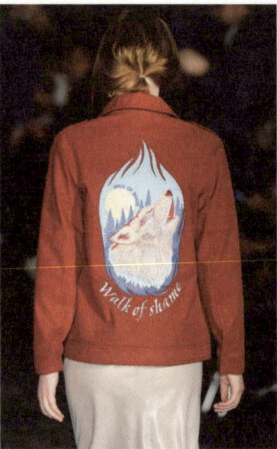 

Walk of Shame *since 2011*

| Contemporary | 🇮🇹 Russia | Andrey Artyomov |

　내가 가진 러시아 문화와 문학에 대한 무지막지한 사랑은 대문호 도스토옙스키에 대한 식을 줄 모르는 짝사랑에서 기인한다. 러시아어인 키릴 문자 *Cyrillic alphabet*는 시각적으로도 아름답고 예술적이다. 번역하다가 특히 좋아하는 Ж 줴라는 글자를 발견하면 가끔 그 문자에 입을 맞출 정도다.

　스트리트웨어의 유행과 함께 스트리트웨어의 극단적인 형태인 러시아 고프닉*gopnik, 반항적인 러시아 거리 청년 문화* 스타일이 등장하고 있으며, 고샤 루브친스키가 패션계에 거대한 돌풍을 일으키면서 러시아 문화와 패션에 대한 관심이 고조되고 있다.

　고프닉룩은 아디다스로 대변되는 삼선 트레이닝이 문맥에서는 '추리닝'이라고 부르는 게 더 어울린다 팬츠에 하이힐을 매칭여성하거나, 정장 구두남성를 신는 스타일을 의미한다. 기본적으로 아디다스 삼선 트레이닝에 가죽 재킷, 벙거지, 정장 재킷이나 코트 등을 코디하는 방식이다. 고프닉룩의 기원은 매우 슬프고 어두운 러시아 문화와 연관되어 있지만 거기까지는 다루지 않겠다.

워크오브셰임Walk of Shame은 러시아의 대표적인 브랜드다. 매 시즌 조금씩 변형을 거치며 소개되는 슬립 드레스, 목욕 가운을 연상케 하는 퍼 코트, 오버사이즈 봄버 재킷, 하이 퀄리티 데님이 시그너처 아이템이다.

디자이너 안드레이 아르툐모프Andrey Artyomov는 밤 문화를 즐기는 소녀를 그리며 의상을 디자인한다. 멋지게 차려입고 친구들과 광란의 밤을 보낸 후 돌아오는 아침, 부러진 힐을 신고 갈지자로 걸을 때조차 완벽하게 글래머러스해 보이는 소녀를 위한 룩을 만드는 게 목표다.

이지, 펀, 시크, 섹시함이 완벽한 컷, 고급스러운 패브릭과 만나 러시아 패피뿐 아니라 세계 유명 편집숍 바이어들의 마음도 사로잡았다.

개인적으로 패션계에 불고 있는 러시아의 바람이 더 강해지기를 소망한다. 더불어 러시아 문학과 문화에 대한 관심도 한층 커지기를 슬라브 문학자이자 러시아 문학 번역가로서 바라고 있다.

Designer : Maria Cornejo&Marysia Woroniecka

브랜드명이 많은 것을 말해줄 때가 있다. 칠레 출신 디자이너 마리아 코르네호 Maria Cornejo의 브랜드 제로마리아코르네호 Zero+Maria Cornejo의 경우가 바로 그렇다.

0은 더하거나 뺄 수 없는 숫자이며 모든 것의 출발점이자 시작이다. 아무것도 첨가되지 않은 순수함이며 시작도 끝도 없는 순환을 의미한다. 제로마리아코르네호의 'Zero'는 디자이너 마리아 코르네호의 건축학적인 순수한 비전 즉, 시작점을 나타낸다. 또 유행을 앞서거나 따르지 않는 무시간성 즉, 영원히 새롭게 느껴지는 컬렉션을 추구하겠다는 의미를 담고 있다.

이 브랜드는 박음선과 지퍼를 최소화하고 한 장의 패브릭으로 하나의 아이템을 만드는 것으로 유명하다. 이 역시 아무것도 첨가되지 않은 순수함 그리고 끝없이 순환하는 숫자 0을 닮았다. 턱시도 블라우스, 블랙 펜슬 스커트, 테일러드 재킷, 기하학적인 패턴과 자연스레 잡히는 코쿤 셰이프 드레이핑 cocoon shape draping, 둥그스름한 모양의 실루엣은 이 브랜드의 정체성을 구성하는 주요 요소다.

우아한 컷, 구조적인 앵글, 최소한의 박음선과 지퍼 디테일 등이 자연스러운 드레이핑과 루즈하고 아방가르드한 실루엣을 만들어낸다. 톤다운 된 색조와 블랙 앤 화이트 등의 무채색을 주로 사용하지만, 리조트 컬렉션에서만큼은 다양한 프린트와 더 많은 색채를 엿볼 수 있다.

뉴욕을 근간으로 하는 명품 브랜드로 컬렉션 대부분은 뉴욕 가먼트 지구에서 생산된다. 미셸 오바마 덕분에 최근 더 유명해진 브랜드이기도 하다.

Avant Garde Look

PART
7

Scandinavia
북유럽

One Point Lesson

미니멀리즘과 실용주의를 지향하는 북유럽 스타일

약 3~5년 전부터 전 세계적으로 북유럽 붐이 불고 있다. 패션뿐 아니라 가구, 생활용품에 이르기까지 그 분야와 폭도 넓다.

내가 북유럽 쪽에 관심을 가진 것은 약 7~8년 전이다. 당시 나는 스웨덴의 국민 브랜드 호프 Hope 독점권을 진지하게 고민하고 있었다. 패션계에 몸담고 있지만 뼛속 깊은 인문학자인지라 바잉을 할 때면 항상 그 나라의 문화와 국민성을 신중히 살핀다. 브랜드의 정체성과 철학, 스타일을 제대로 알기 위함이다.

그래서 스웨덴을 비롯하여 노르웨이, 핀란드, 덴마크, 코펜하겐, 네덜란드 암스테르담까지 찬찬히 둘러보았다. 스웨덴, 노르웨이, 핀란드가 '스칸디나비아 3국'으로 불리지만 실제 경제적인 측면특히 패션에서는 덴마크를 포함한 4개국이 마치 한 나라처럼 움직이는 것이 보였다. 4개국의 패션을 주도하는 나라가 스웨덴이라는 것도 알았다.

세계에서 행복지수가 가장 높은 국가답게 국민성 역시 신뢰할 만하다는 결론을 내렸다. 그 후 독점을 체결하고 스웨덴을 중심으로 북유럽 브랜드를 꾸준히 소개하고 있다. 그 결과 현재 국내에서 '북유럽 브랜드' 하면 스페이스 눌을 떠올릴 정도로 많은 북유럽 브랜드를 갖게 되었다.

그래서인지 북유럽이 화제가 될 때마다 많은 패션지나 백화점 바이어들이 이런저런 질문을 해온다. 그중 가장 자주 듣는 질문 중 하나가 '왜 북유럽이 뜨고 있는가? 이런 경향이 얼마나 지속될 것인가?'다. 이 질문에 대한 다섯 가지 대답과 함께 이 파트를 시작하려고 한다.

첫째, 스칸디나비아 스타일의 등장이다. 스웨덴 명품 브랜드 아크네가 파리 패션 위크에서 큰 주목을 받기 전까지 북유럽은 사실 패션 변방에 가까웠다. 노르웨이, 스웨덴, 덴마크 등의 스타일이 하나로 합해지며 스칸디나비아 스타일로 자리 잡게 되었다.

패스트패션을 선도하는 H&M, 코스와 앤아더스토리즈 &Other Stories가 대표적인 스웨덴 브랜드다. 대중 백화점 올렌스 Ahlens가 있는 드로트닝가탄 Drottninggatan 거리에는 위 브랜드 외에도 칩먼데이 Cheap Monday, 멍키 Monkie 등이 입점해 있다. 이곳을 둘러보고 있으면 그야말로 스파 브랜드의 천국이라는 생각이 절로 든다.

명품 브랜드 아크네와 스파 브랜드 H&M 등이 세계 패션의 중심으로 들어오게 된 데에는 또 다른 이유가 있다. 북유럽 브랜드는 스칸디나비아 4개국 외 기타 북유럽 시장을 중심으로 지속적인 성장을 이뤄왔다. 그것만으로도 충분히 큰 마켓이었기 때문이다. 하지만 시장은 포화상태에 이르렀고 곧 정체기에 접어들었다. 성장 동력이 사라진 것이다. 결국 북유럽 브랜드들 역시 세계 시장으로 눈을 돌릴 수밖에 없었다.

과거 스칸디나비아 브랜드들은 덴마크의 코펜하겐 컬렉션에만 참여했다. 지금은 상황이 크게 변했다. 코펜하겐에서 엄청난 인기를 누리고 있는 스웨덴 브랜드 타이거오브스웨덴 Tiger of Sweden은 뉴욕과 LA의 매직쇼에, 호프 또한 파리와 뉴욕 패션 위크에 참여하기 시작했다. 덕분에 유명 편집숍에 입점했고 패피들의 눈에 들어오기 시작했다.

둘째, 파워블로거의 등장이다. 블로그 캐롤라인스모드 Caroline's Mode를 운영하는 캐롤라인 블롬스트 Caroline Blomst, 스타일바이클링 Style by Kling을 운영하는 엘린클링 Elin Kling 등 스칸디나비아 출신 파워 블로거가 SNS 에서 큰 인기를 누리기 시작했다. 그들이 즐겨 입는 브랜드 호프, 필리파케이 Filippa-K 등 깔끔하고 편안한 스타일은 연일 화제로 이어졌다. 누구라도 따라할 수 있을 것 같은 스타일 역시 패피들의 열렬한 지지를 받았다. 이는 곧바로 스칸디나비아 패션에 대한 관심으로 이어졌다.

셋째, 가성비를 중시하는 젊고 영리한 패피들의 증가다. 이들은 고가의 명품보다 자신의 개성을 살려주는 합리적 가격의 브랜드에 대한 열망이 강하다. 영리한 패피답게 단순히 가격뿐 아니라 질과 소재, 브랜드의 이미지도 본다.

아크네를 제외한 스웨덴과 덴마크 브랜드들은 다른 유럽 브랜드에 비해 가격이 정말 착하다. 스트리트웨어의 종주국이라고 해도 무방할 정도로 질이 좋고 저렴한 브랜드가 많다.

넷째, 전 세계적으로 수년째 불고 있는 스트리트웨어 붐 역시 북유럽 패션에 대한 관심을 지속시키는 데 일조하고 있다.

다섯째, 북유럽이 가진 상징성이다. '북유럽' 하면 떠오르는 이미지들이 있다. 친환경, 디자인, 가성비 등. 이는 지친 현대인들에게 너무도 필요한 요소다. 특히 오염되지 않은 파랗고 높은 하늘, 순록의 자연 등 친환경적인 이미지는 파리나 런던, 뉴욕의 패션 위크에서는 결코 얻을 수 없다.

이러한 이유 때문에 북유럽 컬렉션이 한자리에 모이는 코펜하겐 컬렉션은 점점 더 중요해지고 있다.

참고로 『패션 MD : 바잉 편』을 통해 코펜하겐 컬렉션을 소개한 바 있다. 이후 코펜하겐 컬렉션을 방문하는 국내 바이어들이 깜짝 놀랄 정도로 많아졌다고 한다. 『패션 MD : 바잉 편』이 현장에서 뛰는 바이어들에게 많은 도움이 되고 있다니 매우 행복하다.

그렇다면 노르웨이와 핀란드의 패션은 어떨까?

바다를 향해 있는 노르웨이는 바이킹의 자손답게 박물관 역시 호전적으로 구성되어 있다. 자신들의 고유 문화보다는 타국의 문화재가 차지하는 공간러시아 룸, 일본 룸 등이 훨씬 크다. 패션 역시 비슷하다. 노르웨이 고유 브랜드보다는 스웨덴과 코펜하겐의 브랜드가 압도적으로 많다. 물론 노르웨이 독자 브랜드가 있지만 컬렉션의 수준이 너무 낮아 관심의 대상이 되지 못한다.

핀란드는 마리메꼬 Marimekko나 이바나헬싱키 Ivana Helsinki에서 보듯 알록달록하고 원색적인 스타일이 강하다. 강한 컬러가 인상적이긴 하지만 시크함을 추구하는 우리 감성에는 살짝 유치해 보이는 감도 있어 대중성을 얻기 힘들다. 오히려 리빙에 강할 수 있다.

결론적으로 북유럽 국가 중 패션계에서 파워를 발휘하는 곳은 스웨덴과 코펜하겐이다. 그중 스웨덴의 국민 브랜드라 불리는 호프, 필리파케이, 타이거오브스웨덴을 눈여겨볼 필요가 있다.

스칸디나비아반도 전체에서 워낙 인기 높은 브랜드들이지만, 특히 스웨덴에서는 아크네보다 유명하다. 아크네를 모르는 스웨덴인은 있어도, 필리파케이나 호프를 모르는 스웨덴인은 없다.

반드시 주목해야 할 세 개의 브랜드를 먼저 살펴보고, 그 외 훌륭한 북유럽 브랜드들을 알아보겠다.

BRAND

for Scandinavia

Hope / Filippa K / Tiger of Sweden / Ann-Sofie Back
By Malene Birger / Cecilie Copenhagen / Designers Remix
Designers Remix / Henrik Vibskov / House of Dagmar
Henrik Vibskov / House of Dagmar / Hunky Dory / Rodebjer
Samsoe&Samsoe / Whyred / Wood Wood
Other Brand

PART 7

Hope since 2002

High Contemporary	🇸🇪 Stockholm
Ann Ringstrand&Stefan Söderberg Creative director : Frida Mard	

살짝 아방가르드한 핏을 보여주는 편안하고 개성 있는 스웨덴 브랜드다. 2002년 론칭 당시 아우터 웨어, 팬츠, 액세서리 라인으로 출발했지만 현재는 남성복 라인을 포함한 풀 컬렉션을 선보이고 있다.

'호프' 하면 '팬츠'가 먼저 떠오를 정도로 바지에 강한 브랜드다. 노세일 제품임에도 불구하고 호프의 팬츠는 늘 베스트셀러다. 스웨덴뿐 아니라 국내에서도 레벨 팬츠, 로우 팬츠, 크리시 팬츠, 뉴스 팬츠 등 시즈널 컬러 전 제품을 구매하는 팬츠 마니아가 많다. 매 시즌 새로운 스타일의 팬츠를 추가하는데 이 역시 좋은 반응을 얻고 있다.

스칸디나비아 특유의 실용적인 시크함과 프렌치 아방가르드 시크함이 묻어나는 가성비 좋은 브랜드다.

상복도 많아서 스웨덴 정부가 주는 상뿐만 아니라 올해의 디자인상, 2007년의 디자이너 등 많은 상을 휩쓸었다.

2015년, 13년 동안 아크네 스튜디오를 이끌었던 디자이너 프리다 마르드 Frida Mard가 호프의 크리에이티브 디렉터로 합류했다. 이와 관련된 재미난 에피소드가 하나 있다.

2015년 당시 나는 아크네와 깜짝 놀랄 정도로 비슷한 스웨터와 티셔츠를 발견하고는 호프 본사에 '두 디자인이 너무 비슷한 것 아니냐'라고 물어봤다. 그러자 아크네를 이끌었던 디자이너 프리다 마르드의 의상으로 '아크네 아이템이 아니라 프리다의 아이템'이라는 대답이 돌아왔다. 아크네와

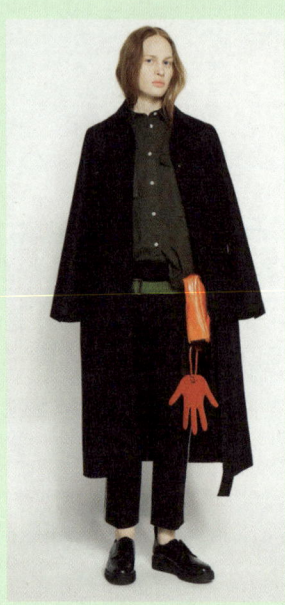  

▲ 중성적인 매력이 흠뻑 묻어나는 Hope의 2016 FW 컬렉션

비슷한 스웨터와 티셔츠였지만 호프답게 큼지막하고 귀여운 옷핀 장식을 달아놓았던 기억이 난다. 가격 역시 아크네보다 30~40퍼센트 정도 저렴했다.

프리다 마르드가 합류한 후 호프 컬렉션에는 이전에 볼 수 없었던 형광 연두, 형광 핑크 등 편하고 강렬한 색채가 등장했다. 셔츠와 셔츠 드레스 등에서도 오뜨 꾸뛰르 느낌이 흠뻑 묻어난다.

브랜드의 정체성은 그대로 간직한 채 살짝 장난기 넘치는 요소를 가미하여 에너지와 힘을 전달하는 컬렉션, 클래식하면서도 카리스마 있는 디자인을 선보이고자 한다는 디자이너 프리다의 바람이 잘 나타나고 있다.

프리다의 합류로 컬렉션과 브랜드 이미지가 한 단계 업그

▲
'Changes' 캡슐 컬렉션

레이드된 것은 물론 도버스트리트마켓과 오프닝세리머니 등 유명 편집숍에도 입성하게 되었다.

2016년도에 선보인 체인지Changes라는 캡슐 컬렉션에서는 성별에 관계없는 중성적인 룩으로 남녀 모두에게 매우 좋은 반응을 얻었다.

2017 SS부터는 모든 옷에 남성과 여성 사이즈를 같이 표시하고 있다. 이는 성Gender이라는 규범에서 벗어나 새로운 시선으로 컬렉션을 바라보게 하며 남성복, 여성복이라는 고정관념에서 탈피하여 의상 선택의 폭을 넓혀준다.

깔끔한 아방가르드 컷, 톤 다운된 컬러가 기본이지만 톡톡튀는 핫핑크, 일렉트릭 블루 등 시즈널 컬러가 컬렉션에 재미를 더한다.

디자이너 프리다의 합류로 전반적인 가격은 높아졌지만 팬츠만큼은 동일하니 로우 팬츠나 레벨 팬츠, 뉴스 팬츠 등은 반드시 입어 보길 권한다. 예쁜 팬츠를 찾는 바이어라면 바잉해야 하는 넘버원 브랜드다.

가성비 좋은 제2의 아크네가 될 잠재력이 큰 브랜드로 국내에서도 곧 호프의 모노 매장을 만나볼 수 있기를 기대한다.

Scandinavia

Filippa K *since 1993*

| Contemporary | 🇸🇪 Stockholm | Filippa Knutsson |

필리파케이는 깔끔한 스칸디나비아 패션의 정수를 보여주는 브랜드다. '북유럽의 띠어리'라고 불리며 스웨덴에서 가장 널리 알려진 브랜드이기도 하다.

스웨덴 시내에서는 그 어느 곳이든 반경 500미터 내에서 이 브랜드의 스토어 간판을 찾을 수 있다. 그 정도로 숍이 많다. 핏감이 좋은 단색 셔츠, 재킷, 팬츠, 스커트, 정장 코트가 유명하다.

요즘 유행하는 패치, 와펜, 블링블링과는 완전히 상반된 고전적 미니멀리즘의 정점에 서 있다. 차분한 컬러 팔레트, 똑떨어지는 컷, 아삭한 면으로 된 셔츠 등 군더더기라고는 단 하나도 찾아볼 수 없는 깔끔한 디자인을 선보인다. 고급스러운 소재, 훌륭한 테일러링, 착한 가격까지 무엇 하나 나무랄 데가 없다.

스포츠 웨어 라인이 따로 있는데 100퍼센트 캐시미어로 만든 후디 hoodie는 일찌감치 완판되는 인기 아이템 중 하나다. 2005년에는 미니멀한 남성 라인도 론칭했는데 이 역시 직장인들에게 매우 큰 인기를 얻으며 승승장구하고 있다.

필리파케이는 환경과 동물보호에 앞장서는 브랜드로 프런트 러너 Front Runner라는 프로그램을 실천하고 있다. 프런트 러너는 2030년까지 컬렉션 전체를 재활용 소재로 만들겠다는 목표로 실행된다. 브랜드 택, 쇼핑백 역시 재활용 페이퍼를 사용하며 라이닝, 브랜드 택을 다는 실, 심지어 지퍼도 재활용 폴리에스테르를 사용한다. 폴리백도 자연 분해

Scandinavia

가 되지 않는 폴리우레탄이 아니라 옥수수 녹말로 만들어진 것을 사용한다.

단추를 만드는 과정 또한 범상치 않다. 상아야자 Corozo 단추를 쓰는데 에콰도르의 야자열매가 익어서 떨어지면 그 씨앗을 주워 햇볕에 말려 단추를 만든다. 당연히 천연 염색이다.

니트 스웨터도 재생울을 사용하는 라인이 있고, 버려지는 패브릭을 최소화하고자 스커트는 한 장의 천으로 만든다. 프런트 러너 프로그램을 통해 만든 아이템은 그레이 라벨로 표시한다.

국내 백화점 바이어들이 띠어리의 인기가 다소 시들해졌다며 이를 대체할 필리파케이를 입점시켜 달라고 찾아온 지가 벌써 두어 시즌이다. 내가 필리파케이 입점을 망설이는 이유는 단 하나, 아이러니하게도 환경보호에 앞장서는 브랜드 철학 때문이다.

우리나라에서는 '구스다운 패딩이 없으면 겨울 장사는 망한다'라는 말이 있을 정도로, 구스다운 패딩은 겨울 매출의 견인차 역할을 한다. 단추 하나도 야자열매 씨앗으로 만드는 브랜드에 구스다운 패딩이 웬 말인가. 구스다운 패딩 없이 겨울 장사를 할 수 없기에 필리파케이의 국내 모노 브랜드 론칭은 회의적이다.

디자이너를 설득해 구스다운 패딩을 라이센싱으로 만드는 방법 밖에는 없다. 하지만 단단한 철학을 가진 디자이너를 설득하는 과정이 결코 쉽지 않을 것이다.

▲
북유럽의 Theory라고 불리는
Filippa K의 SS 컬렉션.
미니멀리즘의 정수를 보여준다

Tiger of Sweden since 1903 / Relaunch 1993

| Contemporary | 🇸🇪 Sweden | Marcus Schwartzman&Hjalmar Nordstrom |

    타이거오브스웨덴은 100년이 넘는 역사를 자랑하는 스웨덴의 대표 남성 정장 브랜드명이었다. 한때 스웨덴 정부가 이 브랜드를 인수하여 운영했는데, 현재는 코펜하겐의 거대 패션기업인 아이씨그룹 IC group 이 타이거오브스웨덴을 소유하고 있다. 아이씨그룹은 이 브랜드를 1993년 여성복과 남성복 라인으로 재론칭했다.

    원래 남성 정장을 만들던 회사여서 지금도 여성복보다 남성복 정장 라인이 강하다. 스톡홀름, 런던, 코펜하겐 등 패션 거리에 있는 타이거오브스웨덴의 크고 웅장한 플래그십 스토어를 보면 절로 브랜드의 인기를 실감하게 된다.

세컨드 라인인 타이거오브스웨덴진Tiger of Sweden Jean도 있는데 오리지널 브랜드보다 가격이 많이 저렴하고, 살짝 다크한 스트리트웨어 느낌이 난다. 타이거오브스웨덴진의 인기가 매우 높아서 현지 백화점에는 진 라인만 따로 파는 숍 인숍이 있을 정도다.

숍의 분위기와 컬렉션은 매우 깔끔하고 우아하며 럭셔리하다. 스칸디나비아 브랜드답게 가격 역시 합리적이다.

매 시즌 새로 소개하는 타이거만의 프린트가 들어간 블라우스와 스카프, 다양한 패브릭 선택이 가능한 테일러링 정장 재킷과 스커트, 정장 팬츠는 이 브랜드의 스테디셀러다. 한마디로 고급스럽고 여성스러운 브랜드라고 할 수 있다.

Scandinavia

Ann-Sofie Back *since 2001~2014*

| Contemporary | 🇸🇪 Sweden | Ann-Sofie Back |

앤 소피 백Ann-Sofie Back은 헨릭 빕스코브Henrik Vibskov를 제외하고 내가 아는 한 스칸디나비아 브랜드 중 가장 아방가르드한 컬렉션을 선보이고 있는 디자이너다.

일반적으로 시크하고 톤 다운된 아방가르드는 프랑스를, 과격하고 극단적인 아방가르드는 영국을 연상시킨다. 그중에서 영국 특유의 아방가르드함이 있는데 아무래도 그 근원지는 센트럴세인트마틴인 듯하다. 앤 소피 백 역시 영국 센트럴세인트마틴 출신이다.

앤 소피 백은 스파 브랜드 칩먼데이의 크리에이티브 디자이너를 거쳐 아크네 스튜디오의 여성복 디자이너로 활동했다. 상복도 많아서 2000년 스웨덴 <엘르>가 수여하는 '올해의 디자이너 상'을 수상한 후 여러 차례 다양한 '올해의 디자이너 상'을 받았다. 그녀의 명성이 괜한 것이 아님을 알 수 있는 대목이다.

스웨덴 패션계의 이단아라고 불러도 손색없을 정도로 반항적이고 혁명적인 이미지의 브랜드다.

'지적이고, 스타일에 신경 쓰는 여성들을 위한 컬렉션으로, 패션으로 혁명적인 사고를 대변하려고 한다'는 브랜드 철학이 컬렉션에 잘 반영되어 있다.

전위적이며 과격하고, 독특하고 예외적인 디자인이지만 의외로 매우 편안한 핏감을 선사한다. 유머와 재치가 가미된 실루엣과 독특한 컷, 다소 아방가르드한 분위기는 일본 브랜드와 닮았다.

Scandinavia

▲
북유럽 브랜드 중 가장
아방가르드한 스타일을
선보이는 Ann-Sofie Back

2001년 론칭한 브랜드 앤소피백은 안타깝게도 2014년 문을 닫았다. 현재는 2005년 론칭한 세컨드 브랜드 백 *Back* 만 운영 중이다. 현재는 스톡홀름 패션 위크에만 참여하고 있는데, 오리지널 브랜드보다 아방가르드하지 않고 가격도 훨씬 저렴하다. 오리지널 브랜드의 DNA를 엿볼 수 있는 아이템을 종종 선보이는 것도 장점이다.

비욘세, 리한나, 레이디 가가, 클로에 세비니 *Chloe Sevigny* 등 막강한 셀럽을 팬으로 두고 있다. 좋은 가성비로 꾸뛰르 감각을 느낄 수 있는 아이템이 많다. 온오프라인에서 빠르게 성장 중인 브랜드다.

By Malene Birger

| High Contemporary | 🇩🇰 Copenhagen | Creative director : Christina Exteen |

바이말렌비거 By Malene Birger는 클래식한 아이템을 모던한 시각으로 풀어내는 브랜드다. 성숙하고 우아한 여성에게 적합한 룩으로 루즈하면서도 편안한 실루엣을 선보이는 베이직한 아이템이 많다. 차분한 색조, 자연스러운 실루엣을 나타낼 수 있는 소재를 사용하여 우아한 세련미를 보여준다. 특히 팬츠, 스커트, 드레스의 퀄리티가 뛰어나다.

클린 실루엣, 샤프한 테일러링, 볼드한 디테일은 이 브랜드의 시그너처다. 이미지와 퀄리티는 럭셔리에 해당하나 가격은 컨템이다.

스웨덴의 명품 거리 비블리오텍스가탄 Biblioteksgatan 한가운데 커다란 플래그십 스토어를 가지고 있다.

Cecilie Copenhagen *since 2012*

| Contemporary | Copenhagen | Cecilie Jorgensen |

세실코펜하겐Cecilie Copenhagen은 이제 론칭 5년을 맞은 어린 브랜드다. 아이템이 채 20여 개가 되지 않을 정도로 컬렉션도 작다. 하지만 독특한 프린트, 심플하고 편안한 디자인, 밝고 귀엽고 여성스러운 컬렉션을 선보이며 단단한 팬층을 확보해가고 있다.

이 브랜드의 탄생 스토리 또한 흥미롭다.

2012년 어느 겨울밤, 디자이너 세실 요르겐센Cecilie Jorgensen이 친구들과의 약속을 위해 외출 준비를 하고 있었다. 아무리 옷장을 뒤져도 마땅한 옷이 없자 그녀는 낡은 스카프 두 개를 엮어 튜닉을 만들어 입는다. 주변 사람들이 튜닉의 구입처를 물어오기 시작했고 이것이 세실코펜하겐의 시작이 되었다.

브랜드 고유의 독특한 프린트가 새겨진 하늘하늘한 소재의 브이넥 셔츠, 라운드 셔츠와 짧은 반바지가 시그너처 아이템이다. 편안한 원피스 역시 시그너처 아이템으로 자리 잡는 중이다.

풀 컬렉션으로 성장하기까지 많은 시간이 필요할 듯 보이나, 편집숍을 재미있게 꾸며 줄 양념 같은 브랜드다.

Designers Remix *since 2002*

| Contemporary | 🇩🇰 Copenhagen | Charlotte Eskildsen |

디자이너리믹스 Designers Remix를 처음 본 것은 프랑스의 한 멀티 라벨 쇼룸에서다. 다른 브랜드와의 약속 때문에 찾은 곳에서 우연히 이 브랜드의 컬렉션을 보았는데 도저히 그냥 지나칠 수 없을 정도로 좋았다.

이후 디자이너리믹스의 풀 컬렉션을 모두 본 것은 스칸디나비아를 돌아볼 때였다. 코펜하겐 패션 거리 중심에 있는 거대한 플래그십 스토어도 매우 인상 깊었다. 숍 한편에 자리한 아동복 라인 리틀리믹스 Little Remix도 기억에 남는다. 성인 의류 디자인을 미니미처럼 만든 컬렉션으로 무척이나 귀여웠다.

디자이너 샤를로테 에스킬드센 Charlotte Eskildsen은 자신의 디자인에 모더니즘, 기능주의, 진정한 덴마크를 담으려고 노력한다. 스칸디나비아 스타일 특유의 미니멀리즘과 디자이너 특유의 건축적이며 구조적인 특징이 합해져 '미래주의적 컬렉션'이라는 평가를 받고 있다. 추상적인 미니멀리즘을 우아한 디자인으로 탄생시키는 능력이 탁월하다.

편집숍 바이어라면 누구나 자신의 숍에 맞는 아이템을 한두 랙 정도 골라낼 수 있을 정도로 큰 규모의 컬렉션을 자랑한다. 유럽, 아시아, 중동을 비롯하여 전 세계에 약 500여 개의 매장을 운영 중인 패션 전문 기업으로 잠재력이 매우 큰 브랜드다.

Henrik Vibskov *since 2003*

| Contemporary | Copenhagen | Henrik Vibskov |

헨릭빕스코브는 실험적, 파격적, 과격한 아방가르드라는 표현이 딱 어울리는 브랜드다. 실루엣과 컷, 디자인만 과격한 게 아니다. 마치 추상화가들이 사용할 법한 기하학적인 프린트와 강렬한 색채로 카리스마 철철 넘치는 컬렉션을 보여준다.

오버사이즈의 아방가르드한 디자인과 과감한 컷이 강렬한 색채와 합쳐져 일본 아방가르드의 느낌도 난다. 그래서인지 몰라도 일본 내 총판 distributor이 따로 있을 정도로 일본에서 인기가 높다.

마치 홈리스 같은 모습으로 다니는 디자이너 헨릭 빕스코브는 파리 패션 위크 공식 스케줄에 속해 있는 유일한 스칸디나비아 디자이너다.

그의 패션쇼는 과히 행위예술이라고 불러도 손색없을 정도로 파격적이며 전위적이다. 헨릭 빕스코브 역시 과격한 아방가르드의 산실이라고 볼 수 있는 런던 센트럴세인트마틴을 졸업했다.

현재 코펜하겐과 뉴욕에서 이 브랜드의 플래그십 스토어가 운영되고 있다. 숍의 인테리어 역시 디자이너에 의해 설계되었는데 환상적이고 독창적인 그의 컬렉션을 제대로 표현할 수 있는데 초점을 맞췄다.

재미난 디자이너의 재미나고 독특한 브랜드다.

House of Dagmar since 2005

| Contemporary | 🇸🇪 Stockholm | Karin Soderlind&Kristina Tjader&Sofia Wallenstam |

Designer : Dagmar 자매들

개인적으로 니트를 좋아해서 프랑스 니트 전문 브랜드 소니아리키엘Sonya Rykiel과 페라가모의 니트 제품을 한때 즐겨 입었다. 하지만 두 브랜드 모두 20여 년 전 디자인에 머물러 있다는 느낌을 지울 수 없다. 나 혼자만의 생각은 아니었는지 두 브랜드 모두 인기가 많이 시들해진 게 사실이다. 니트에 대한 사랑이 여전한 나도 더 이상 그들의 니트를 입지 않는다.

니트를 좋아하는 고객과 바이어에게 신선하고 독특한 니트 제품이 많은 브랜드를 소개하고자 한다. 가성비 역시 훌륭하다. 세 명의 다그마Dagmar 자매가 디자인하는 브랜드 하우스오브다그마 House of Dagmar다. 우븐, 테일러링 아이템도 많지만 특히 니트에 강한 브랜드다.

340 -

◀
니트에 대한 모든 것을 보여주는
House of Dagmar의 컬렉션

서로 다른 다양한 소재를 섞은 스웨터, 실크처럼 찰랑찰랑하게 떨어지는 얇은 니트 스커트, 구조적이고 아방가르드한 분위기의 독특한 니트 아우터 웨어 등 니트로 만들 수 있는 모든 룩을 만든다. 실험적이고 독창적이며 세련된 디자인으로 다음 시즌을 기대하게 만드는 브랜드다.

브랜드 이름인 '다그마'는 세 자매의 할머니 이름이다. 할머니는 능력 있는 테일러로 항상 자신감이 넘쳤으며 스타일도 훌륭했다고 한다. 이런 할머니의 DNA가 다그마 여인들의 청사진을 형성하는 자질이라고 생각하여, 하우스오브다그마라는 브랜드명을 만들었다.

세 자매는 건축, 현대 예술과 문화에서 디자인의 영감을 얻는다. 그들의 시그너처이자 컬렉션의 핵심인 니트를 보면 심플하지만 과히 예술적이며 건축적이고 혁신적이다.

트렌드, 하이 퀄리티, 관능미의 독특한 조합으로 유명한 컬렉션은 글래머러스함과 테일러링을 최고의 패브릭으로 버무려낸다는 평을 받는다.

이와 같은 설명만 들으면 젊은 사람들이 입는 옷이라고 생각하겠지만, 절대 20대의 옷은 아니다. 성숙하고 이지적인 고객에게 어울리는 아이템이 많다.

독특한 니트 바잉이 필요한 바이어나 남들과 다른 니트웨어를 찾는 고객이라면 반드시 관심을 가져야 할 브랜드다. 아마도 신대륙을 만난 듯 매우 흥미진진할 것이다.

Scandinavia

Hunky Dory *since 1996*

| Contemporary | 🇸🇪 Stockholm | Ulrika&Christopher Bjercke |

스웨덴 브랜드를 바잉하기 위해 연 2~4회 정도 스톡홀름을 방문한다. 명품 백화점 NK와 명품 거리 비블리오텍스가탄, 대중 백화점 올렌스, 우리나라 명동과 같은 메인 스트리트 드로트닝가탄 등을 둘러보며 볼거리 먹거리를 찾아 헤맨다.

그날도 속절없이 스톡홀름 거리를 헤매고 있는데 거짓말처럼 엄청나게 큰 숍 하나가 눈에 들어왔다. 브랜드 헝키도리 *Hunky Dory*였다.

영어로 '더할 나위 없는'이라는 의미를 가진 헝키 도리는 얼마 전 타계한 영국의 싱어송라이터 데이비드 보위 *David Bowie*의 앨범 제목이기도 하다.

백화점에서 처음 보는 브랜드라서 뉴 페이스인 줄 알았는데, 1996년도 론칭이라서 깜짝 놀랐다. 2030세대를 타깃으로 한 영하고 귀엽고 여성스러운 캐주얼 브랜드로 릴랙스 핏이 돋보인다.

니트, 데님, 셔츠가 시그너처 아이템이다. 밀리터리, 보헤미안, 로큰롤이 모두 들어있는 대형 컬렉션을 구성하고 있다.

HUNKYDORY
STOCKHOLM

Rodebjer *since 1999*

| Contemporary | 🇺🇸 New York | Carin Rodebjer |

톤 다운된 컬러의 편안한 릴랙스 핏, 찰랑찰랑하다못해 축축 흘러내리는 긴 카프탄과 롱 슬립 드레스. 매 시즌 반복되는 로데브예 *Rodebjer*의 시그너처 아이템이다.

로데브예를 처음 본 것은 뉴욕의 작은 쇼룸에서다. 브랜드 호프 스토어 반응이 좋던 때라 '스웨덴 디자이너의 브랜드'라는 말에 귀가 솔깃했었다. 컬렉션을 관심 있게 살펴보았지만, 우리 숍 고객에게는 과하게 치렁거리는 룩이라 바잉은 하지 않았다.

그리고 얼마 후 스톡홀름에서 로데브예 플래그십 스토어를 발견했다. 컬렉션이 크지 않은데 어떻게 모노숍이 가능한지 궁금했다. 문을 열고 들어가니 역시나 숍 안 행거에는 같은 제품이 여러 장 반복해서 걸려 있었다.

40대 이상 고객층이 타깃으로 조금은 올드한 디자인이다. 절대 20대가 좋아하거나 입어보고 싶어 하는 룩은 아니다. 우리나라 편집숍으로 예를 들면 트리니티 *Trinity*나 가드로브 *Gardrobe* 정도에 어울릴만하다.

뉴욕에서 론칭했고 베이스 역시 뉴욕에 두고 있지만 스웨덴의 거의 모든 백화점에 입점해 있을 정도로 압도적인 인기를 누리고 있다. 스웨덴 <엘르>가 수여하는 '올해의 디자인상'도 여러 번 수상했다.

북유럽스러운 컬러, 실용적이고 편안한 디자인이 강점이고 스웨덴 디자이너의 컬렉션이라서 북유럽 섹션에 포함시켰다.

Samsoe&Samsoe *since 1993*

| Contemporary | 🇩🇰 Copenhagen | Klaus Samsoe&Preben Samsoe |

특유의 심플함, 편안함을 기본으로 갖춘 전형적인 스칸디나비아룩의 스칸디나비아스러운 가격을 보여주는 브랜드다.

재미있는 브랜드명을 가지고 있는 삼소앤삼소Samsoe&Samsoe를 처음 만난 것은 스톡홀름의 한 백화점. 너무도 낯선 이름에 그곳 사람들에게 발음 교정까지 받았었다. 현지인들은 이 브랜드를 '쌈쒜 쌈쒜'라고 부른다.

클라우스 삼소Klaus Samsoe와 프레벤 삼소Preben Samsoe 형제가 만든 브랜드 삼소앤삼소. 스톡홀름의 비블리오텍스가탄과 코펜하겐에서 이 브랜드의 플래그십 스토어를 발견했을 때 나도 모르게 '쌈쒜 쌈쒜'라고 혼잣말하며 슬며시 웃었던 기억이 난다.

'오래 보아야 예쁘다'라는 말이 있다. 이 브랜드가 그렇다. 처음에는 삼소앤삼소의 매력이나 특징을 찾기 쉽지 않다. 나 역시 마찬가지였다. 오죽하면 판매 직원에게 브랜드의 특징과 잘 팔리는 아이템을 따로 물어봤을까. 스웨덴과 코펜하겐에 그토록 많은 스토어가 존재한다는 건, 분명 내가 모르는 다른 매력이 있다는 의미일 터다.

판매 직원에 따르면 브랜드 론칭부터 지금까지 재생산되고 있는 베이직한 티셔츠 퀄리티는 높고 가격은 저렴하다가 시그너처 아이템이다.

컬렉션의 50퍼센트는 유행과 상관없이 계속 생산되고 꾸준히 판매되는 베이직한 필수 아이템이고, 나머지 50퍼센

344 -

트는 유행 컬러, 유행 스타일을 반영한 아이템들이다.

그런데 이 베이직한 매장에서 내 눈길을 사로잡은 컬렉션이 하나 있었으니 그것은 바로 플레이 슈트 *playsuit*, 상의와 팬츠가 하나로 이어진 반바지 롬퍼였다. 스칸디나비아 브랜드에서 처음 발견한 플레이 슈트 컬렉션이었는데 종류도 많거니와 그리 여성스럽지 않고 시크한 매력을 풍겼다. 플레이 슈트 광팬인지라 망설임 없이 한 벌 구입했다.

시그너처 아이템을 경험해보지 않을 수 없어 부드러운 재질의 루즈 핏 티셔츠도 하나 샀다. 이게 벌써 몇 년 전의 일이다. 그런데 지금도 집에서 이 옷들을 엄청 편하게 입고 지낸다. 스칸디나비아 브랜드들은 기본적으로 가성비와 완성도가 높은 듯하다.

스톡홀름에는 북유럽의 띠어리라 불리는 필리파케이가 있고, 코펜하겐에는 필리파케이보다 상대적으로 유행에 민감하지만 여전히 베이직한 아이템이 많은 삼소앤삼소가 있다. 실용적인 코펜하겐 스트리트 스타일과 독특한 스칸디나비아 정신을 제대로 보여주는 삼소앤삼소다.

사무실, 업무적인 미팅, 개인적인 모임, 일상, 주말 등 때와 장소에 상관없이 어디에서나 입을 수 있는 다양한 룩을 보유한 풀 컬렉션 브랜드다.

Scandinavia

Whyred

| High Contemporary | 🇸🇪 Stockholm | Roland Hjort&Lena Patriksson |

인디 슈퍼 라벨 *Indie Super Label*이라는 별명을 얻은 브랜드 와이레드 *Whyred*. 이 브랜드의 목표는 '지적인 럭셔리의 창조'다. 노출이 심하고 섹시함이 뚝뚝 흐르는 럭셔리가 아닌 캐주얼한 럭셔리로 표현되는 우아한 룩을 만들고 있다.

이 브랜드의 디자이너들은 현대 음악과 예술에서 영감을 얻는다. 자신감 넘치고, 모험심 있고, 호기심 가득한 여성을 상상하며 컬렉션을 구상한다.

스톡홀름 브랜드 중 아크네 다음으로 비싸고 컷과 디자인, 믹스 앤 매치 소재는 아방가르드하다. 유행에 민감한 브랜드로 스칸디나비아 특유의 미니멀리즘이 전혀 느껴지지 않는 것도 특징이다.

컬렉션의 메인 컬러는 블랙이지만 빨간색, 주황색, 일렉트릭 블루 등 화려한 시즈널 포인트 컬러를 재치 있게 사용하여 재미와 즐거움을 더해준다. 매 시즌 빨간색 아이템을 소개하는 것도 이 브랜드가 가진 특징 중 하나다.

시크한 밀리터리 재킷과 볼드한 장식이 돋보이는 코트는 꼭 한 벌 장만하고 싶을 만큼 디자인, 디테일, 컬러 매치가 매우 독특하다.

재미있고 톡톡튀는 아이템 한두 랙 정도는 무난하게 골라낼 수 있을 정도로 크고 다양한 컬렉션을 선보인다.

Wood Wood *since 2002*

| Contemporary | Copenhagen | Karl-Oskar Olsen |

스포츠 웨어에 가까운 스트리트웨어 브랜드 우드우드 Wood Wood. 우드우드를 메인으로 하는 편집숍을 보면 대부분 아디다스, 리복, 나이키 등과 나란히 이 브랜드 아이템을 진열해놓는다. 우드우드가 얼마나 스포츠 라인에 강한지 짐작할 수 있는 부분이다.

깔끔한 라인과 클래식한 셰이프, 벙거지 모자, 브랜드 로고 W.W가 프린트된 스웨트셔츠가 시그너처 아이템이자 핵심 이미지다.

나이키, 아디다스, 아식스 Asics, 리복 등과 지속적인 협업을 진행하고 있다. 블링블링하거나, 아방가르드한 과장된 스트리트웨어 스타일은 아니지만 WESC처럼 스트리트웨어 정신에 충실한 깔끔한 컬렉션이다.

이 브랜드의 디자이너 칼 오스카 올슨 Karl-Oskar Olsen은 1990년대의 거리 문화와 그라피티가 익숙한 세대다. 자신이 경험한 스트리트 정신을 하이패션, 스포츠, 문화, 예술, 음악과 접목하여 스타일과 기능의 조화를 이룬 최상의 컬렉션을 선보이려고 한다.

칼 오스카 올슨은 '우드우드는 단순한 브랜드가 아니라 스타일이고 패션에 대한 태도'라는 철학을 가지고 있다. 언더그라운드와 하이엔드를 결합한 요소를 브랜드 고유의 미학으로 발전시켜 나가는 것이 목표다.

코펜하겐뿐 아니라 베를린과 모스크바에도 플래그십 스토어가 있다.

Scandinavia

Other Brand

　이밖에도 아방가르드한 분위기의 티셔츠, 독특한 핏의 편안한 저지 아이템이 많은 원헌드레드 Won Hundred도 추천한다.

　국내에서 골프웨어 또는 아우터 웨어로 널리 알려진 제이린드버그 J.Lindeberg는 실제 풀 컬렉션 브랜드다. 일반적인 컬렉션도 매우 강하다.

　카린웨스터 Carin Wester, 순한 아방가르드의 귀여운 컬렉션을 선보여 왔다도 괜찮은데 2016년 이 브랜드의 디자이너 카린 웨스터가 WESC의 크리에이터 디렉터로 영입되었다. 이에 자신의 이름을 건 브랜드 카린웨스터는 안타깝게도 잠정 휴업 중이다.

　국내 마켓에서 이탈리아와 프랑스 브랜드는 식상하기 시작했고 미국 브랜드는 몇몇을 제외하고 그다지 좋은 성적을 올리지 못하는 현실이다. 미국 브랜드는 우리나라 고객의 섬세한 취향과 잘 맞지 않는 듯하다.

　이런 상황에서 스칸디나비아 스타일은 국내 패션계가 발견한 신대륙이나 다름없다. 프렌치 시크와는 또 다른 노르딕 시크, 스칸디나비아 시크, 북유럽 시크는 훨씬 실용적이고 가성비도 좋다. '좋은 가성비' '착한 가격대'라는 표현을 '스칸디나비아스럽다'라고 해도 무리가 없을 정도다.

　하지만 여전히 스칸디나비아 브랜드 대다수가 스웨덴과 코펜하겐 패션 위크에만 참여한다. 현지에 직접 방문하지 않으면 볼 수 없는 브랜드가 많다는 의미다.

　특히 스웨덴 패션 위크에는 CIFF Copenhagen International Fashion Fair와 같은 대규모 트레이드 쇼가 없다. 따라서 바이

Won Hundred

J.Lindeberg

Carin Wester

어가 개별 브랜드와 컬렉션을 일일이 컨택하는 수고를 거쳐야만 한다. 브랜드 서치 역시 대부분 바이어가 직접 하는데 이러한 번거로움을 줄여줄 환상적인 편집숍이 하나 있다. 스톡홀름에 위치한 편집숍 어플레이스 APLACE다.

스웨덴 브랜드만 소개하는 편집숍으로 아네크, 호프, 필리파케이 등 유명 브랜드뿐 아니라 새롭게 떠오르는 신진 브랜드도 소개하고 있다.

스칸디나비아 패션의 중심인 스웨덴 브랜드를 보려면 어플레이스 방문을 강추한다.

PART
8

Japan
일본

One Point Lesson

수많은 색채가 공존하는 일본 스타일

흔히 우리나라에서 일본을 말할 때 '가깝고도 먼 나라'라는 표현을 한다. 패션 역시 마찬가지다. 가까이하기에는 너무 먼 브랜드다.

김포공항에서 하네다공항까지 걸리는 시간은 1시간 50여 분. 서울에서 대전 가는 시간 정도로 거리상으로는 한 국가나 마찬가지다. 체격 조건이나 디자인 선호도를 보면 우리에게 일본 브랜드만큼 좋은 것도 없다. 문제는 일본 특유의 홀세일wholesale, 도매 시스템과 그에 따른 가격이다.

높은 홀세일 가격에 관세를 합하면, 브랜드에 따라서는 랜딩 가격홀세일 가격+관세+선적이 일본 소비자 가격과 동일한 경우도 있다. 이것이 바로 일본 브랜드의 국내 소비자가가 일본 정가의 두 배나 되는 이유다.

유럽 브랜드는 FTA 체결 이후 관세가 사라져 과거보다 13퍼센트 이상 저렴한 가격에 국내에 유통된다. 우리나라와 일본은 FTA 체결 국가가 아니다. 일본 브랜드가 유럽 의류보다 훨씬 더 비싼 가격에 판매

될 수밖에 없다.

자칫하면 고객들에게 마크업markup, 상품의 판매 가격을 정하는 일이 심한 숍이라는 오해를 받기 쉽다. 상품의 가격을 판매가가 아닌 원가로 책정하면, 원가상승 요인을 소비자에게 전가할 수밖에 없기 때문이다.

일본은 홀세일이 매우 발달한 국가다. 덕분에 그 어느 곳보다 쇼룸 비즈니스가 활발하다. 우리나라를 예로 들면 타임이나 마인 등의 브랜드가 자체 모노숍과 백화점 숍인숍을 운영하는 동시에 전국의 다른 편집숍들에 홀세일을 진행하는 식이다.

우리나라에서는 결코 이해할 수 없는 일이지만 일본 백화점에서는 이런 경우가 흔하다. 백화점 한 층에 G.V.G.V 숍앤숍과 동일 브랜드를 판매하는 여러 편집숍이 함께 있다. 일본 브랜드들은 정가를 방어하는 동시에 자사 모노숍 비즈니스도 보호해야 한다.

상황이 이렇다 보니 일본 내 홀세일 가격은 대부분 정가의 60퍼센트 선이다. 대부분 유럽 브랜드가 35~40퍼센트인 것을 생각하면 턱없이 비싼 가격이다. 이런 시스템 아래서는 일본 브랜드의 국내 랜딩 가격이 정가의 약 80퍼센트를 웃도는 것이 하나도 이상할 게 없다. 소비자가를 고가로 책정하지 않으면 판매 자체가 불가능하기 때문이다. 사실 소비자 입장에서는 일본 현지에서 구입하는 게 제일 저렴하다.

프랑스나 미국 등에서 판매되는 일본 브랜드 역시 상황은 비슷하다. 일본 내 정가보다 대략 두 배 높은 가격에 판매된다. 마크업에 문제가 있는 게 아니라 순전히 일본의 높은 홀세일 가격 때문이다. 이는 일본 브랜드가 세계화되지 못하는 가장 큰 이유이기도 하다.

우리나라의 경우 문제는 더욱 심각하다. 가까운 양국의 지리적 여건상 국내 고객이 일본 현지에서 상품 가격을 확인하는 게 어렵지 않다. 만약 이세탄이나 다카시마야백화점 같은 곳에 입점해 있는 브랜드라면, 마크업을 포기해야 한다. 그러면서도 고객들에게 약간은 욕먹을 각오도 해야 한다. 제대로 된 마크업을 포기한다고 해도 여전히 일본 현지보다 비쌀 수밖에 없기 때문이다.

만약 바이어로서 일본 브랜드를 바잉하고 싶다면 유명하지 않은 브랜드를 찾아야 한다. 이세탄 등 일본 유명 백화점에서 보기 힘든 브랜드라면 바잉해도 좋다.

일본은 장인 정신은 있지만 상인 정신은 없는 국가다. 그들의 신뢰도와 충성심은 매우 높이 사지만 융통성은 정말이지 제로에 가깝다. 종종 거래처와 신용이 쌓이고 장시간 설득하면 홀세일 할인을 받을 때도 있다. 하지만 융통성이 별로 없는 일본인에게 큰 할인은 기대하지 않는 게 좋다.

일본 패션 위크에 방문한 지도 벌써 10년이다. 덕분에 일본 패션 전문가라고 해도 손색없을 정도로 그들의 시스템과 브랜드 특성을 잘 알게 되었다.

우선 일본 패션은 스칸디나비아 스타일처럼 '하나의 틀'로 규정하기 어렵다. 그들의 패션은 정말 다양하고 폭이 넓다. 크고 작은 브랜드가 수없이 많은데 모두 나름의 충성고객을 가지고 있다. 우리나라와 달리 유행과 트렌드에 따른 브랜드 쏠림 현상이 거의 없는 것도 특징이다. 일본 패션의 이러한 다양성은 정말 부러운 점이다.

일본은 유독 재미나고 톡톡튀는 브랜드가 많은 나라다. 그중 어느 정도 역사가 있는, 마켓의 검증을 받은, 저력 있는 브랜드를 중심으로 소개하려고 한다.

물론 우리나라 편집숍에 어울릴 만한 브랜드들이다.

Japan
BRAND
일본 브랜드

As know as de base / Clean² / Enfold / G.V.G.V
Hyke / Kamishima Chinami / Kolor / Limi Feu
Mihara Yasuhiro / Mintdesigns / Muveil
Theatre Products / Toga

As know as de base since 1989

| Low Contemporary | ● Japan |

▲
As know as de base&As know as olaca 숍인숍

불과 1~2년 전만 해도 신주쿠 다카시마야백화점 한편에는 자국의 새로운 브랜드를 소개하는 코너가 편집숍처럼 있었다. 다카시마야백화점의 바이어들이 엄선한 브랜드 중심으로 꾸며져 있어서, 시간 절약은 물론 트렌드 파악이라는 두 마리 토끼를 동시에 잡을 수 있는 공간이었다. 일본 출장시 반드시 들렸던 곳 중 하나다.

그곳에서 나는 일본 스타일의 아방가르드한 면 셔츠 원피스 한 벌을 발견했다. 그 브랜드가 바로 에즈노에즈드베이스 As Know as de base 다.

일본 브랜드의 케어 라벨 속에는 컨택 인포메이션 contact information, 일명 '컨택 인포'가 적혀 있다. 물론 필요한 경우 컨택 인포를 위해 케어 라벨만 사진으로 찍어올 수도 있다 그것도 몰래. 그러나 바잉할 생각이 있는 브랜드라면 대표적인 아이템을 구입, 고객의 입장으로 핏과 소재감을 느끼며 착용해보고 세탁 후 옷의 상태도 확인해야 한다. 이는 바잉을 시작한 후 나의 철칙 중 하나다.

결국 나는 당장 눈에 들어온 흰색 셔츠와 잔잔한 푸른색 줄무늬의 루즈 핏 셔츠 원피스를 구입했다. 지금은 집에서 잠옷처럼 입고 있지만 수십 번 세탁했음에도 불구하고 소재감이 참 좋다. 핏, 소재가 좋은 것은 물론 저렴한 가격도 장점이다.

2017년 홍콩 출장 시 잠시 들렸던 쇼핑몰에서 이 브랜드의 숍인숍을 발견했는데 컬렉션의 크기에 깜짝 놀랐다.

보다 어린 연령층을 겨냥한 에즈노에즈핑키As know as Pinky와 몸집이 조금 큰 사람도 얼마든지 귀엽고 사랑스러운 스타일링이 가능한 에즈노에즈올라카As know as olaca 라인도 있다. 대체로 걸리시하고 디테일이 강한 아이템이 많다. 귀엽고 여성스러운 룩을 좋아하는 실속파를 위한 의류다.

1994년 하라주쿠 쇼핑가에 첫 번째 플래그십 스토어를 오픈했다. 현재 일본에만 약 100여 개가 넘는 직영점이 있다. 홍콩에서도 매우 인기 높은 브랜드이며 상하이, 타이완, 베이징을 넘어 쿠웨이트에도 모노 브랜드 매장이 있다.

홀세일 가격이 약 35~40퍼센트 선이라면 모노 매장으로 구성해도 좋을 브랜드다.

▲
일본풍의 루즈 핏 드레스

Clean² *since 2014*

| Contemporary | 🇯🇵 Japan | Kyogo Sakayork&Masayoshi Sawatani |

모던한 캐주얼을 선보이는 브랜드 클린2Clean2, 레이스와 스웨트셔츠, 버버리 코트에 레이저 컷 코튼 레이스 등 일본 특유의 패브릭 믹스 매치가 독특하고 귀여운 브랜드다.

독특한 패턴, 고급스러운 소재, 훌륭한 테일러링 등 작지만 매우 개성 있고 여성스러우며 합리적인 가격대의 컬렉션을 선보인다.

특히 디자이너의 선한 웃음이 기억에 남는 브랜드로 컬렉션이 커지길 기대하고 있다.

▲
과장된 퍼프 소매, 아방가르드한
스트라이프의 깅엄 블라우스

Enfold *since 2012*

| Luxury | 🇯🇵 Japan | Mizuki Ueda |

    일본 디자이너들의 경력을 보면 정말 놀랍다. 예를 들어 존로렌스설리번 John Lawrence Sullivan이란 남성복 브랜드로 출발한 디자이너 아라시 아나가와 Arashi Yanagawa는 전직 권투선수였고 어떤 이는 헤어 디자이너였다. G.V.G.V의 디자이너 머그 Mug는 의류매장 판매원이었고 브랜드 엔폴드 Enfold의 디자이너 미즈키 우에다 Mizuki Ueda 역시 의류매장 판매원으로 일하다 엔폴드의 크리에이티브 디렉터가 되었다. 우리 관점에서는 매우 놀라운 일이지만 일본에서는 그리 드

▲
도쿄에 있는 Enfold 숍인숍

문 케이스가 아니다. 이들은 패션 디자인에 대해 공식적인 교육을 받지 않았음에도 불구하고 매우 다채롭고 개성 있는 컬렉션을 보여준다.

본론으로 돌아가서 엔폴드는 이세탄과 다카시마야 등 메이저 백화점의 커다란 섹션을 차지하고 있던 브랜드다. 캐주얼 엘레강스를 추구하며 순한 아방가르드 미니멀리즘의 세련되고 우아한 옷을 선보인다. 실루엣과 색상은 미니멀하지만 독특한 컷과 디자인은 아방가르드하다. 주로 자국의 고급 소재를 쓰고 때로는 이탈리아에서 수입한 소재도 사용한다. 매 시즌 컬렉션 테마는 바뀌지만 3차원적, 입체적, 구조적인 디자인은 일관적이다.

뉴욕에도 플래그십 스토어를 오픈했으며 파리의 유명 쇼룸에서도 매우 인기 있는 브랜드다. 한국에서도 제법 인기가 높아서 한 유통 대기업과 독점 이야기가 나오고 있다.

일본 내에서는 그리 비싸지 않지만 유럽이나 한국에서는 앞서 설명한 일본 특유의 홀세일 시스템 때문에 가격 적으로 럭셔리 브랜드가 된다는 점이 아쉽다.

G.V.G.V *since 1999*

| High Contemporary | 🇯🇵 Japan | Mug |

G.V.G.V는 약 10년 전 패션계에 발을 들였을 당시 처음으로 컨택한 일본 브랜드다. 처음에는 그저 귀엽고 여성스러운 룩이었는데 현재는 시크함이 더 강하다. 컬러풀한 시즌 아이템으로 역동적인 풀 컬렉션을 보여준다.

일본에서는 엄청 인기가 높아서 오모테산도힐즈 근처에 직영 편집숍이 있고 많은 유명 백화점에도 숍인숍으로 입점해 있다.

디자이너 머그가 브랜드 론칭 당시, 의류매장 판매원으로 함께 일했던 동료 두 명도 각기 다른 브랜드의 디자이너가 되었다. 처음 G.V.G.V를 바잉할 때 머그는 다른 두 친구의 브랜드와 자신의 브랜드, 즉 세 개의 브랜드가 나란히 걸려있는 게 소원이라며 함께 바잉할 것을 부탁해왔다. 그래서 G.V.G.V 외 나머지 두 브랜드도 함께 바잉했었다.

당시 바잉한 세 개의 브랜드 중 유일하게 살아남은 게 바로 G.V.G.V다. 디자이너의 저력도 무시 못 하지만 K3라는 패션 대기업이 뒤에 버티고 있는 덕분이었다.

G.V.G.V는 유행에 민감한 브랜드다. 유행에 민감한 브랜드답게 2016 SS에는 벨트와 테이프에 러시아어 자수를 넣는 등 러시아와 관련된 다양한 아이템을 선보였다.

G.V.G.V 역시 일본에서는 컨템이나 한국에서는 럭셔리 가격이 된다. 한두 랙 정도의 재미나고 톡톡튀는 아이템을 고르기에 딱 좋은 브랜드다.

Hyke *since 2013*

| Contemporary | 🇯🇵 Japan | Hideaki Yoshihara&Yukiko Ode |

하이크 Hyke는 검은색, 흰색, 회색, 카키색 등 극도로 절제된 색채와 컷을 보여주는 클린 미니멀리즘 브랜드다. 얼핏 보면 중석적인 느낌의 컷과 컬러지만 여성의 실루엣을 아름답게 표현하는 완벽한 컷이다. 감히 신진 디자이너의 것이라고 할 수 없는 완벽하고 성숙한 프로페셔널의 컷을 보여준다.

이세탄백화점에서 처음 이 브랜드를 보았을 때 론칭 1~2년 밖에 안 된 브랜드가 어떻게 이런 컷을 만들어낼 수 있는지 의아했다. 아니나 다를까. 하이크는 1998~2009년까지 여성스럽고 깔끔한 미니멀리즘룩을 만들던 브랜드 그린 Green 디자이너들의 작품이었다.

그린의 디자이너 유키코 오데 Yukiko Ode가 출산 후 육아에 전념하기 위해 3년의 휴지기를 가진 후, 2013년 FW부터 하이크라는 이름으로 돌아온 것이다. 하이크는 그린보다 훨씬 더 깔끔하고 성숙한 라인을 보여주고 있다. 밀리터리 봄버 재킷과 밀리터리풍의 아우터는 빼놓을 수 없는 시그너처 아이템이다.

2014년 출시한 매킨토시×하이크 Macintosh×Hyke와 아디다스오리지널스바이하이크 adidas Originals by Hyke 콜라보 라인은 지금까지도 많은 사랑을 받고 있다.

브랜드 그린을 좋아했던 사람으로서 하이크의 건승을 기원한다.

Kamishima Chinami *since 1998*

| Contemporary | 🇯🇵 Japan | Kamishima Chinami |

어른스럽고 편안한 내추럴룩을 선사하는 브랜드 카미시마치나미*Kamishima Chinami*. 축축 늘어지는 천으로 된 치마바지, 한 폭의 풍경화를 그려놓은 듯한 프린트의 넉넉한 원피스, 쿨한 셔츠와 아우터가 멋지다.

대부분의 스토어는 도쿄에 있지만 디자인실은 홋카이도에 있다. 바잉을 하러 갈 때면 디자이너는 늘 홋카이도에서만 판다는 독특한 스트로베리 화이트 초콜릿을 선물로 내놓는다.

디자이너 카미시마 치나미는 주로 자연에서 영감을 받는다. 자연스럽게 새, 나뭇잎 등의 시즈널 프린트가 이 브랜드의 시그너처다. 천연 염색 재료를 많이 사용하며 여성스럽고 편안한 룩을 좋아하는 사람들에게 인기가 많다. 2030세대보다 4050세대에게 어필하는 브랜드다.

2030세대를 위해 카미시마치나미옐로우*Kamishima Chinami Yellow*도 론칭했다. 오리지널 브랜드보다 가격이 저렴하고 영한 디자인이 특징이다. 두 라인 모두 가방, 우산 등 액세서리까지 갖춘 풀 컬렉션을 선보인다.

Kolor *since 2004*

| Luxury | 🇯🇵 Japan | Junichi Abe |

세련된 디자인과 절제된 색채를 색다른 포인트와 결합하여 활용도 높고 개성 넘치는 룩을 만들어내는 브랜드 컬러 Kolor. 독특한 디테일과 컷이 특징이다. 아방가르드하면서도 여성스러운 룩으로 다소 실험적인 스타일을 선보인다.

비대칭 컷과 불규칙한 컬러 블록, 텍스처 패브릭, 실험적인 디테일, 강렬한 디자인 등 지극히 일본 브랜드다운 독창적인 감각에 고급스럽고 세련된 테일러링을 더한 컬렉션은 매우 흥미롭다. 어떻게 보면 브랜드 사카이Sacai와 토가Toga 그리고 꼼데가르송을 얌전히 합해 놓은 듯한 느낌이 나기도 한다.

참고로 대부분 일본 브랜드는 다양한 패브릭의 믹스 앤 매치를 두려워하지 않는다. 아니 과감할 정도로 잘 사용한다. 그 실험정신이 정말 부럽다.

일본에서는 밑위가 긴 일명 '알라딘 팬츠'도 인기 아이템인데, 이러한 흐름에 따라 컬러 역시 밑위가 긴 팬츠, 밑단이 넓은 팬츠 등을 많이 소개한다. 꼼데가르송에서 일했던 디자이너 준이치 아베Junichi Abe의 경력이 느껴지는 부분이다.

유럽의 유명 쇼룸, 유럽의 다양한 편집숍과 우리나라 편집숍에도 여러 군데 입점해 있다.

편안하고 아방가르드한 캐주얼 브랜드지만 가격은 절대 캐주얼하지 않다.

Limi Feu *since 2000*

| Luxury | ● Japan | Limi Feu(Limi Yamamoto) |

오모테산도 힐즈에 있는 샤넬 건물 뒤쪽 골목에는 작은 디자이너 숍이 많이 모여 있다. 바이어로서는 마치 보물 찾기를 하는 느낌이 드는 곳이다.

언젠가 일본에 들렀을 때, 재미있고 독특한 브랜드를 만나길 기대하며 그 골목을 찾았다. 워낙 심한 길치에 방향치인 사람이라 길을 잃기로 작정하고 좁은 골목길로 들어섰다. 비뚤빼뚤한 작은 골목을 한참 헤매고 다녔다.

얼마나 걸었을까. 커다란 창문이 있는 낮은 단층 건물 앞에서 나도 모르게 걸음을 멈췄다. 창문 너머로 독특하고 예쁜 블랙 앤 화이트 의상들이 보였다. 바로 가게 문을 열고 들어가 컬렉션을 훑어보았다. 브랜드 리미푸 Limi feu 와의 첫 만남은 그렇게 시작되었다.

리미푸의 디자이너는 리미 야마모토 Limi Yamamoto. 우리에게는 리미 야마모토보다 리미 푸라는 이름이 더 익숙하다. 그런데 '리미 야마모토' 하면 떠오르는 한 사람이 있지 않은가? 맞다. 유명한 일본 디자이너 요지 야마모토의 딸이다.

요지 야마모토의 컬렉션이 핏과 각이 살아 있다면, 리미 푸의 컬렉션은 드레이핑 중심의 편안하고 여성스러운 룩이 주를 이룬다. 펑키한 스트리트 정신이 충만한 컬렉션이다.

그러나 핏줄의 힘이 어디 가겠는가. 형태는 다르지만 요지 야마모토의 블랙 앤 화이트와 과장된 볼륨, 어두운 컬러, 레이어링, 비대칭과 같은 아방가르드함은 그대로 닮아 있다.

리미 푸는 팔에 커다란 문신을 한 자유로운 영혼의 소유

▲
Limi Feu의 시그너처인 블랙 컬러, 박시한 오버 핏 그리고 실험정신

자다. 자신의 심장에서 타오르는 불길 feu는 불어로 '불'이라는 뜻이다을 표현하기 위해 브랜드 이름을 리미푸로 정했고, 자신의 이름 역시 야마모토 대신 '푸'라고 불리길 원한다.

블랙이 압도적으로 많아서 컬렉션이 다소 어두워 보이지만, 땋은 머리 형태의 디테일 스웨터나, 가방이 붙어 있는 재킷 등을 보면 그 귀여움에 웃음이 절로 난다. 옷은 대체로 오버사이즈인데 드레이핑이 시크하고 아름답다.

2007년부터 파리 패션 위크에 참여했으며 전 세계적으로 인기를 얻고 있는 브랜드다. 일본에 갈 때마다 매장에 들러 서로 정보를 교환하고 한두 피스는 꼭 사들고 돌아오는 브랜드이기도 하다.

Mihara Yasuhiro *since 1999*

| Luxury | 🇯🇵 Japan | Mihara Yasuhiro |

10년 전 스페이스 눌을 오픈했을 당시 숍에는 여성복과 남성복이 함께 있었다. 멋 부리는 남자를 좋아하지 않는 개인적인 성향 때문인지 스토어 매니저들 말대로 시대를 앞서 간 탓인지 모르겠지만…. 아무튼 남성복 라인은 실패했다.

당시 남성복 라인이 강하기로 소문난 브랜드 미하라야스히로 Mihara Yasuhiro를 바잉하러 일본에 갔었다. 스트리트웨어 정신이 충만한 살짝 어두운 컬렉션이었던 기억이 난다. 여성복 라인 역시 루즈한 데님 팬츠와 재킷, 밀리터리 냄새가 물씬 풍기는 셔츠 원피스와 아우터, 아방가르드한 티셔츠 등이 주를 이뤘다. 저력 있는 디자이너답게 훌륭한 컬렉션이었지만 역시나 홀세일 시스템은 원망스러웠다.

야스히로는 대대로 가죽을 다루던 집안이다. 그의 형 역시 브랜드 산San의 가죽 가방 디자이너다. 이러한 영향으로 미하라 야스히로 역시 가죽 슈즈를 가장 먼저 론칭했다. 그의 가죽 슈즈나 샌들은 자국에서 매우 인기가 높다.

편안하고 루즈한 핏, 매니시한 스트리트웨어 스타일이 매력적인 브랜드다.

MIHARA ✳ YASUHIRO

Mintdesigns since 2001

| High Contemporary | Japan | Hokuto Katsui & Nao Yagi |

민트디자인즈Mintdesigns는 약 10여 년 전 첫눈에 반한 브랜드다. 낙낙하고 아방한 핏, 흉내 낼 수 없는 독특한 재단, 매 시즌 보여주는 브랜드 오리지널 소재와 프린트, 가위를 든 여자아이의 모습브랜드 로고 등 모든 게 귀엽고 예뻤다.

면으로 된 컷앤소우 cut and sew 제품이 많아서 가격도 너무 착해 보였다. 하지만 아뿔싸! 홀세일이 정가의 약 70퍼센트에 육박할 정도로 비싼 브랜드였다. 국내에서 마크업을 안 해도 거의 일본 정가에 이르는 랜딩 가격이 나왔다. 고객들

▲
스트리트웨어 분위기를 물씬
풍기는 2017 SS 컬렉션

에게 부담스러운 가격으로 판매할 수밖에 없는 현실이지만 바잉을 감행했다.

지난 10년 동안 민트디자인즈의 인지도와 인기가 매우 높아졌다. 이를 증명하듯 2013년 봄 신주쿠 이세탄백화점이 리노베이션 후 재오픈했을 당시, 민트디자인즈가 일본 브랜드 조닝의 맨 앞자리를 차지하게 되었다. 이는 더 이상 국내 바잉이 불가능함을 의미했다.

도쿄를 여행하는 한국 사람 중 상당수가 이세탄백화점을 방문한다. 바보가 아닌 이상 당연히 한국과 일본의 심한 가격차를 알아볼 것이다. 자칫하면 숍의 이미지를 망칠 수 있다.

만약 누구라도 이 브랜드를 현지 가격 그대로 국내에서 팔 수 있다면 성공은 따놓은 당상이다. 하지만 융통성 제로인 일본인의 특성상 꿈에 불과한 일이다.

민트디자인즈의 컬렉션은 정말 귀엽고 편하고 펑키하다. 홀세일 가격만 빼면 딱 내 스타일의 브랜드다. 편함을 빼면 대체 패션이 무엇이고 인생이 무엇이란 말인가! 우리는 행복하기 위해 산다. 편하지 않은 인생은 절대 행복할 수 없다. 고로 나는 편하고 독특한 이 브랜드를 많이 사랑한다.

장대같이 키 큰 남자 디자이너 호쿠토 카츠이 *Hokuto Katsui* 와 나보다도 키가 작은 나오 야기 *Nao Yagi*. 참으로 고집스럽게 브랜드를 키워 온 천재 디자이너들이다. 예쁜 쇼룸에서 언제나 나를 반겨주는 사람들임으로 별점 하나 추가다. 다음 시즌에는 또 어떤 귀여운 프린트로 나를 기쁘게 할까 설렌다. 장난기와 매력이 철철 넘치는 매우 귀여운 브랜드다.

Japan

Muveil *since 2007*

| High Contemporary | 🇯🇵 Japan | Michiko Nakayama |

약 10여 년 전 뮤베일 Muveil 은 여성스럽고 독특한 니트가 많은 브랜드였다. 퍼프 슬리브의 은색 니트, 가장 자리에 면 레이스가 둘러져 있던 스커트, 원피스, 카디건이 참으로 독특하고 예뻤다.

당시만 해도 두 가지 패브릭을 하나의 아이템에 믹스 앤 매치하는 것은 매우 독특하고 낯선 방식이었다. 아마 브랜드 사카이 정도가 유일하게 믹스 앤 매치 패브릭을 사용했을 것이다. 사카이의 아방함과 달리 뮤베일은 매우 소녀스럽고 예쁜 브랜드로 니트에 강하다.

몇 년 전 유명 프랑스 쇼룸에 들어간 이후 국내에 많이 바잉되고 있는데, 컬렉션의 규모가 커진 만큼 바뀐 게 또 있다. 기존의 페미니즘 중심이 아닌 펀&펑키룩에 강한 브랜드가 된 것이다.

유행에도 민감하여 2016 SS에는 구찌의 너드 Nerd 룩, 긱 시크 Geek Chic 룩과 매우 닮은 컬렉션을 선보였다. 구찌 카피캣같이 느껴져 살짝 실망스럽기도 했지만 패치가 많이 붙은 카디건, 리본이 잔뜩 달린 스웨터들은 뮤베일의 오리지널 감성을 잘 표현해주고 있다.

2016 SS에는 다소 실망적인 모습을 보여주었지만 기본적으로 창의적인 디자이너. 다음 컬렉션을 기대해본다.

Theatre Products *since 2001*

| Contemporary | 🇯🇵 Japan | Akira Takeuchi&Miwa Fujiwara |

컬러, 컷, 디자인은 물론 이름까지 화려한 브랜드 시어터 프로덕츠Theatre Products. 현재 이세탄백화점 내 에스컬레이터 바로 전면에 큰 매장이 자리하고 있는 것을 보면, 일본 내에서도 매우 인기 높은 브랜드임을 알 수 있다.

약 10여 년 전 다카시마야백화점에서 이 브랜드를 처음 보았을 때, 스타일보다 화려함에 눈길이 먼저 갔다. 어찌나 휘황찬란한지 쉽게 눈을 뗄 수가 없었다. 화려함을 뒤로하고 아이템을 살펴보니 티셔츠와 프린트가 귀엽고 니트도 아주 좋았다.

다른 브랜드와 섞이기를 거부하는 듯한 강렬한 색채 그리고 금박, 은박 등이 이 브랜드의 시그너처다.

컬렉션 전체를 보면 조금은 과한 디자인이 많은 게 사실이다. 하지만 편집숍 바이어라면 충분히 웨어러블하면서도 독특한 디자인을 골라낼 수 있으리라고 본다. 어딘가 글래머러스한 구석이 있는 재미난 브랜드로 기본적인 퀄리티는 아주 높다.

Toga(Toga Pulla) *since 1997*

| Luxury | Japan | Yasuko Furata |

토가는 일본을 대표하는 글로벌 브랜드로 평범함을 거부한다. 이 브랜드에서 얌전한 스웨터나 카디건, 재킷 등의 베이직한 아이템은 기대하지 않는 게 좋다. 특이하지 않으면 그것은 토가가 아니다.

토가 특유의 원색적 색채의 해체적 미학은 지극히 일본적인 실루엣, 볼륨, 소재의 믹스 앤 매치와 서구적인 스타일을 재해석한 결과다. 토가의 컬렉션에는 무대의상 디자이너이자 스타일리스트였던 디자이너 야스코 푸라타^{Yasuko Furata}의 경험이 고스란히 녹아있다.

디자이너의 아방가르드한 비전은 모던한 서양적 요소와 일본의 전통적 디자인을 잘 융화시켜 정말 독특하고 충격적인 아이템을 만들어낸다. 우비에나 어울리는 비닐 소재를 주

◀

전위적이고 구조적인 실루엣으로 평범함을 거부하는 Toga의 컬렉션

재료로 사용하고, 앞쪽이 평범하면 뒤쪽이 깊게 패이거나 이도 아니면 그물 또는 밧줄로 엮는 식이다. 같음과 비슷함을 거부하는 파격적인 컬렉션으로 우리가 상상할 수 있는 패션의 모든 금기를 뛰어넘는다.

토가의 슈즈 라인도 빼놓을 수 없다. 스터드 장식 또는 은장 벨트 모양의 버클이 서너 개 붙어있는 토가의 앵클부츠는 웬만한 편집숍이나 백화점에 모두 입점해 있다. 스터드 장식 때문에 조금 무거운 편이지만 이 정도의 불편함은 얼마든지 감수할 수 있을 정도로 멋진 슈즈다.

2006년 파리 패션 위크에 참여하면서부터 전 세계 바이어와 패피들의 시선을 사로잡았다.

이 밖에도 여성스러운 아이템 중심의 컬렉션을 보여주는 디자이너 히데노리쿠마키리 Hidenori Kumakiri의 브랜드 뷰티풀피플 Beautiful People, 귀엽고 독특한 드레스가 많기로 소문난 디자이너 요시오 쿠보 Yoshio Kubo의 브랜드 뮐러오브요시오쿠보 Muller of yoshiokubo, 과장된 페미니즘으로 창의적인 드레스를 자주 선보이는 드레스캠프 Dresscamp, 일본 아방가르드 컬렉션을 보여주는 카온 Kaon도 볼 만하다.

아기자기한 니트 스웨터, 스커트, 카디건 등이 시그너처인 디자이너 히로키우에무라 Hiroki Uemura의 브랜드 byU의 니트 제품도 귀엽다. 마지막으로 타카이 Takai 자매가 뉴욕에서 론칭한 100퍼센트 메이드 인 재팬 브랜드 사와타카이 Sawa Takai도 있다. 루즈 핏 오버롤 팬츠와 테일러링이 돋보이는 재킷, 낙낙한 핏과 컷이 독특한 블라우스 등이 매우 귀여운 브랜드다.

Japan

One Point Lesson

트렌드를 완성하는 감초 같은 아이템, 액세서리

편집숍에는 RTW는 물론이고 소비자의 흥미를 자극할 가방, 신발 그리고 액세서리가 꼭 필요하다. 액세서리는 의류와 달라서 브랜드를 키우거나 장기적으로 가져갈 수는 없지만 편집숍 구성에 절대로 빠져서는 안 될 감초 같은 아이템이다.

가격대가 좀 나가는 옷은 여러 벌 구매하기 힘들지만 액세서리는 다르다. 톡톡튀는 귀걸이, 목걸이, 신발, 가방 하나만으로도 남부럽지 않은 패피가 될 수 있다. 편집숍 바이어라면 매 시즌 고객에게 한두 개의 재미난 액세서리 브랜드를 소개해야 할 의무가 있다. 고객의 입장에서도 시즌별 유행 아이템 하나 정도는 소장하고 있어야 '패션 좀 아는 사람' 축에 속할 수 있다.

편집숍에서 지속적인 바잉이 이루어지는 스테디셀러와 달리, 액세서리 브랜드는 시즌을 강하게 탄다. 바이어는 재고가 많이 남지 않을 정도로 예산을 잡는 게 무엇보다 중요하다. 고객의 입장에서는 합리적인 가격이 무엇보다 중요하다. 액세서리가 트렌디한 패션을 완성할 아이템은 분명하지만 샤넬이나 에르메스처럼 천년만년 쓸 것이 아니기 때문이다.

펀 액세서리 브랜드 소개를 마지막으로 길고 긴 여행을 마치려고 한다. 지금까지 함께해준 독자들에게 고마운 마음을 전하며, 유니크하고 재기발랄한 액세서리 브랜드의 세계로 떠나보도록 하자.

BRAND
for Fun Accessory

펀 액세서리를 만날 수 있는 브랜드

Servane Gaxotte / Le Briciole / Linda Farrow
Anya Hindmarch / Barbara Rihl / Cecilia Ma
Charlotte Olympia / Chiara Ferragni / Itu'
Les Petits Joueurs / Joshua Sanders / Q pot
Slow and Steady Wins the race

PART 9

Servane Gaxotte *since 1996*

| Luxury | 🇫🇷 France | Servane Gaxotte |

Fun Accessory

Designer : Servane Gaxotte

약 7~8년 전, 파리 메인 컬렉션 기간이었다. 식곤증과 출장 막바지 피로가 겹쳐 약간 몽롱한 상태로 튈르리 공원을 향해 걸었다. 대표적인 액세서리 트레이드 쇼, 프리미에 클라스 Premiere Classe가 펼쳐지고 있었기 때문이다.

약 70~80퍼센트의 브랜드가 매 시즌 단골로 참여하기에 주의 깊게 살펴보지 않고 지나가던 차, 정교한 미니어처 드레스를 입은 금속 동물 인형 펜던트가 눈에 띄었다. 10센티미터 정도로 펜던트 치고는 큰 편이었지만 귀엽고 발랄하면서도 펑키한 옷을 입고 있는 각양각색의 인형은 유니크했다.

1996년 론칭한 프랑스 핸드메이드 주얼리 브랜드 세르반 각소트 Servane Gaxotte의 펜던트였다. 디자이너 세르반 각소트는 웬만한 모델 저리 가라 할 정도로 예쁘고 시크한 여

▲
디즈니와 콜라보레이션으로 탄생한 귀여운 미키·미니 컬렉션

성이다.

디자이너는 어린 시절의 꿈, 자연에 대한 감상, 여행지의 추억을 바탕으로 독창적인 작품 세계를 보여준다. 디자이너의 상상 속에 있는 뮤즈이자 영원한 소녀가 펜던트로 구현된다.

아름다운 금속 인형의 이름은 '로즈'. 로즈는 귀엽고 매력적인 소녀 외에도 강아지, 고양이, 새, 사슴, 돼지, 토끼, 쥐 등 각양각색의 동물로 구성되어 있다. 미니어처 드레스에 가방과 신발, 왕관까지 갖춘 모습은 매우 시크하게 보인다. 인형들이 착용하고 있는 아이템은 매 시즌 자수, 조각, 패션 등 각 분야 전문가들의 디테일한 수작업으로 만들어진다. 최근에는 디즈니와 콜라보로 미키마우스 컬렉션을 선보인 바 있다.

매 시즌 새로운 의상과 소품으로 꾸며지는 로즈는 그 종류만 130여 개가 넘는다. 4,000여 벌 넘는 의상까지 만들었다고 하니 디자이너의 상상력과 창의성이 놀라울 따름이다.

펜던트는 7센티미터 40만 원대, 8센티미터 50만 원대, 10센티

▲
각기 다른 옷, 가방, 슈즈 등의 아이템을 선보이는 Servane Gaxotte의 로즈들

미터 60만 원대 등 총 세 가지 사이즈로 나뉜다. 첫눈에 반할 만큼 예쁘고 귀여운 브랜드지만 가격을 들으면 헉 소리가 절로 난다. 편한 액세서리는 가격대도 편안해야 한다는 것이 나의 지론이다.

홍콩, 도쿄, 뉴욕, 파리의 하이엔드 편집숍뿐 아니라 인터넷 쇼핑몰 파페치, 육스 등에서 만나 볼 수 있다. 우리나라의 고급 편집숍에서도 찾아볼 수 있지만 편하고 귀여운 디자인에 비해 가격이 착하지 않기 때문에 큰 유행은 어렵다.

브랜드 론칭 10년 만인 2006년, 파리에서 가장 패셔너블한 생제르맹데프레 Saint-Germain-des-Pres 거리에 부티크를 열었으며 콜레트를 통해서도 소개되었다. 우리 안에 살아 있는 장난스러우면서도 순수한 소녀 감성을 건드리는 브랜드다.

Fun Accessory

Le Briciole *since 2014*

| Contemporary | 🇮🇹 Italy | Marco Frasca |

2016년 여름 이탈리아 무역공사에서 '나폴리의 세계를 만나다Napoli Meets the world'라는 트레이드 쇼에 초대한다는 이메일이 도착했다. 출장 때문에 피렌체, 피사, 볼로냐 등은 방문한 적이 있지만 이탈리아 남부 쪽은 굳이 찾을 일이 없었다위험한 지역이라는 선입견도 있고, 그리 패션이 발달한 곳도 아니다.

항구도시 나폴리에서 열리는 트레이드 쇼라니…. 참석하지 않을 이유가 없었다. 무엇보다 호기심이 동했다. 퀄리티는 높지만 가격은 합리적인 캐시미어 스웨터를 발견할지도 모른다는 바이어로서의 바람과 새로운 것, 새로운 곳에 늘 호기심이 넘치는 개인적인 성향이 발휘된 것이다.

우리나라에서는 나를 포함하여 대기업까지 총 4개 업체가 초대되었는데 현장에 도착하고 보니 러시아, 일본, 미국, 호주 등 수백 명의 바이어가 참석한 큰 행사였다.

그런데 행사 규모에 비해 트레이드 쇼에 참여한 업체들의 수준은 실망스러웠다남성복 제외. 나폴리는 와이셔츠와 넥타이, 가죽 제품이 유명한 전통 브랜드가 많다. 실제로 와이셔츠와 넥타이는 사랑하는 사람들을 위해 사 오고 싶을 만큼 멋지고 귀여운 제품이 넘쳤다.

반면 여성복은 높은 퀄리티에 비해 유행에 뒤처지는 느낌이었다. 행사에 참석한 브랜드의 수도 많지 않았다규모에 비해 절대적으로 적은 수였다. 실망감을 감추지 못하며 트레이드 쇼에 대한 기대를 접을 무렵, 별처럼 반짝이는 브랜드 하나를 발견했다.

나폴리가 아닌 파리 인기 쇼룸에 있어야 할 것 같은 귀여운 액세서리 르브리치올레Le Briciole였다. 정말이지 "oh, my god! so cute, so cute!"를 연발하게 만드는 아이템의 향연이었다.

가격을 보자 다시 한번 감동의 물결이 몰려왔다. 몇 년을 헤맨 끝에 예쁘고 퀄리티 확실하고 가격도 착한 브랜드를 찾아낸 것이다. 세르반각소트의 30퍼센트 가격에 불과했지만 퀄리티는 동급이었다. 나폴리에서 만들어지는 100퍼센트 수작업 아이템이 어떻게 이 가격에 나올 수 있는지 놀랍기만 했다.

차후 안 일이지만 이 브랜드에는 디자이너 마르코 프라스카Marco Frasca의 아픈 개인사가 숨어있다. 마르코 프라스카는 약 20여 년 동안 귀금속 프리미엄 주얼리를 만들어온 장인이다. 미국 세계무역센터WTC에서 사무실 겸 공방을 운영했는데 2001년 발생한 9.11 테러로 모든 것을 잃게 된다. 슬픔을 가득 안고 고향인 나폴리로 돌아와 론칭한 브랜드가 바로 르브리치올레다. 그와 공방 사람들은 이 작은 인형 하나에 하이엔드 주얼리수억 원 하던를 만들던 노력을 그대로 쏟아붓고 있다고 한다.

디자이너의 이야기를 들은 후에야 비로소 나는 인형의 섬세한 디테일과 저렴한 가격대가 이해되었다. 단언컨대 이 브랜드가 파리나, 밀라노의 쇼룸에 있었다면 두 배 이상의 가격은 되었을 것이다.

디자이너 마르코는 과거 일본에서 2년 동안 생활한 경험이 있다. 그 영향인지 동양적인 느낌이 나는 인형도 많다. 재치 있게 국가별 전통 의상을 입은 인형까지 그 종류도 다양하다.

개인적으로 이탈리아 사람들의 사업 스타일을 좋아하지 않지만, 마르코에 대해서만큼은 이런 선입견을 적용하지 않

▲
'The World' 시리즈 중 독일, 일본, 그리스의 doll charm

기로 했다. 이렇게 귀엽고 사랑스러운 캐릭터를 만들어내는 디자이너의 마인드를 어떻게 의심할 수 있겠는가.

나는 마르코의 창의력과 아름답고 순수한 영혼에 감동했다. 그가 다시 하이 주얼리를 만들 수 있도록 성공적인 재기를 돕고 싶었다. 그 자리에서 독점 계약을 하고 돌아와 바로 신세계 편집숍 마이분, SK 플래닛의 프로젝트앤Project Anne 그리고 스페이스 눌을 통해 르브리치올레를 소개하기 시작했다.

고객들의 반응은 뜨거웠다. 돌체앤가바나와 콜라보한 제품은 완판에 완판 행진을 거듭했다. 리오더 제품을 받기 위해 몇 주를 대기해야 할 정도였다. 2017년 7월에는 입점이 가장 힘들다는 명동 롯데 면세점에도 입점했다. 바이어로서 편하고 좋은 가격의 액세서리 브랜드를 오래 찾아다닌 만큼, 고객들 또한 편한 가격의 재미난 브랜드를 긴 시간 기다린 느낌이다.

목걸이뿐 아니라 가방의 참장식으로 이용할 수 있으면 좋겠다는 백화점 바이어들과 고객들의 요청이 이어졌다. 이러한 의견을 전달하자 그는 바로 참장식 고리를 생산해주었다 오로지 한국 시장을 위해. 참으로 고마운 디자이너다.

마르코의 인형 목걸이는 스웨터나 티셔츠 위에 무심한 듯 하나만 걸쳐도 사람을 패셔너블하게 만드는 마력이 있다. 직장이든 모임이든 그 어떤 장소에서도 큰 거부감 없이 유니크한 매력을 뽐낸다. 손이 많이 가는 공정임에도 10만 원대를 벗어나지 않는 것도 강점이다.

여담이지만 나폴리에서 르브리치올레와 더불어 정말 사오고 싶었던 패션 시계 브랜드를 하나 발견했다 브랜드명은 아직

▲
Dolce&Gabbana×Le Briciol
콜라보레이션 아이템

밝히기 어렵다. 천으로 만든 스트랩이 돋보이는 시계였는데 직물이 발달한 곳이어서 그런지 나폴리에는 이런 시계 브랜드가 두어 개 더 있다. 가방 끈에 돌돌 말거나 리본으로 묶을 수 있는 트윌리와 세트로 구매하고 싶었다. 하지만 안타깝게도 현지에는 남성용 행커치프만 세트 구성이 되어 있었다.

개인적인 아쉬움을 마르코에게 토로했다. 별 생각 없이 한 말이었는데 그가 적극적으로 도와주겠다고 나섰다. 시계 브랜드의 디자이너 겸 대표와 친구라서, 콜라보로 트윌리를 만들어 줄 수 있다는 것이다. 다양한 천으로 된 스트랩과 세트인 트윌리를 만날 날이 머지않았다고 생각하니 마냥 기분이 좋다.

바이어는 상품을 골라내는 안목도 중요하지만, 필요한 아이템이 있으면 디자이너에게 창의적 영감을 주어 마켓을 창출해낼 줄도 알아야 한다. 그 점이 바로 보통 엠디와 슈퍼 엠디의 차이다.

Linda Farrow *since 1970 / Relaunch 2003*

| Luxury | 🇫🇷 France | 1970~ Linda Farrow / 2003~ Simon Jablon |

린다페로우Linda Farrow는 개인적으로 제일 좋아하는 선글라스 브랜드다. 린다페로우갤러리Linda Farrow Gallery라는 독자 라인도 있지만 에르뎀, 매튜윌리엄슨, 알렉산더왕 등 린다페로우와 협업하는 럭셔리 브랜드 리스트가 차고 넘친다.

린다페로우는 유명 트레이드 쇼에 모든 라인콜라보 포함을 전시하는데 그들의 부스는 쇼장 초입에 위치한 경우가 많다. 전 세계 바이어에게 자신의 브랜드를 알리기에 이보다 좋은 홍보수단은 없다. 명품 대열에 끼고 싶은 브랜드라면 린다페로우와 협업을 권하고 싶을 정도다.

개인적으로 린다페로우x에르뎀 콜라보 라인에서 출시한 캣 아이 선글라스, 린다페로우x매튜윌리엄슨 콜라보 라인에서 출시한 알이 크고 동그란 선글라스 더불어 린다페로우x프라발구룽 콜라보 라인에서 출시한 레트로룩의 사각 선글라스를 즐겨 낀다. 특히 린다페로우갤러리럭셔리 라인의 로즈골드 티타늄 선글라스는 글래머러스한 룩을 연출하기 좋다. 결국 1년 사시사철 린다페로우의 선글라스를 착용한다는 이야기다.

디자이너 린다 페로우가 1970년에 론칭한 브랜드다. 그녀의 아들 시몬 자블론Simon Jablon가 2003년 재론칭했다. 럭셔리, 혁신, 창의성을 모토로 대를 이어 명품 선글라스의 정석을 제대로 보여주고 있다.

Fun Accessory

Anya Hindmarch since 1987

| Luxury | 🇬🇧 UK | Anya Hindmarch |

나와 영어 이름이 같은 내 영어 이름 아냐(Anya)는 러시아어 아나스타시야의 애칭이다 영국 디자이너 안야 힌드마치 Anya Hindmarch가 1987년 런던에서 론칭한 가방 브랜드다.

아주 오래전부터 파리 트라노이에서 작은 리본 로고가 붙은 가방이 내 눈길을 끌긴 했지만, 꼭 사야 할 브랜드는 아니어서 몇 번을 그냥 지나쳤다. 괜찮은 아이템이긴 하지만 우리나라에 꼭 소개해야 할 정도로 개성이 강하지도 않고 뚜렷한 아이덴티티도 보이지 않았다. 약 4~5년 전까지 만해도 안야힌드마치는 내게 그런 브랜드였다.

그런데 펀&펑크 럭셔리 캐주얼 붐에 맞춰 브랜드가 젊어지고 편해졌다. 켈로그 콘플레이크 상자를 모티브로 한 가방, 구겨진 알루미늄 봉투 같은 가방 이 가방은 귀엽고 예쁘지만 정말 너무 무겁다! 등을 보면 말 그대로 '우리 안야힌드마치가 달라졌어요'다.

▲
켈로그 콘플레이크 상자를
모티브로 한
Anya Hindmarch의 가방

디자이너 안야 힌드마치는 '입을 수 있는 예술을 만든다'라는 철학을 가지고 있다. 핸드백도 값비싼 보석만큼 아름다워야 한다고 믿으며 런던, 이탈리아, 스페인의 럭셔리 가방을 만드는 공방들과 협업한다 최상의 가죽과 테크닉을 위해.

20세기 상징주의자 symbolist들의 말처럼 더 이상 지구상에 새로운 창조는 없다. 재창조만이 있을 뿐이다. 제대로 하면 재창조이고 잘못하면 카피다. 안야힌드마치의 '스마일리'를 모티브로 한 양털 시리즈, 켈로그 콘플레이크 상자 시리즈 등을 보면 이해가 쉬울 것이다. 이들이 이번 시즌 만들어

▲
'All over stickers' 컬렉션의 화이트 빅백과 'Pixel series' 컬렉션의 다양한 가방

낸 픽셀 시리즈 역시 4~5년 전 이미 다른 브랜드에서 만들었던 레고 시리즈의 연장선상에 있는 아이템이다.

　전 세계적으로 여섯 개의 안야비스포크스토어Anya Bespoke store를 운영하고 있는데, 고객이 자사 제품과 함께 자신이 그린 그림 또는 손글씨를 가져오면 장인이 그 자리에서 수를 놓아 주거나 새겨준다.

　수제품, 세상에 단 하나뿐인 나만을 위한 아이템에 열광하는 일본에서 특히 인기가 높다. 장인과 고객을 이어주고자 하는 브랜드의 노력을 알아주는 국가인 듯하다.

Barbara Rihl *since 2000*

| High Contemporary | 🇫🇷 France | Barbara Rihl |

샤넬의 수석 디자이너 칼 라거펠트, 깔끔한 컷의 대명사 질 샌더, 일본의 전설적인 디자이너 다카다 겐조Takada Kenzo가 디자이너 바바라 릴Barbara Rihl의 멘토다. 그녀는 전설적인 멘토들로부터 단순히 옷을 잘 만드는 법뿐 아니라 상상 속의 디자인을 자신만의 스타일로 표현하는 법을 배웠다고 한다.

훌륭한 멘토들 덕분이었을까? 겐조에서 진 컬렉션 수석 디자이너로 일할 당시, 진이 아닌 가방류의 액세서리에 꽂힌 그녀. 2000년 마침내 자기 이름을 딴 독자 브랜드 바바라릴을 선보인다.

재미나고 유머러스하며 귀엽고 펑키한 드로잉으로 가득한 브랜드다. 파리지엔느 캐릭터를 일러스트 형태로 그려 넣은 가방은 한 번 보면 절대 잊을 수 없을 정도로 독특하다.

어린 시절부터 다양한 여행을 통해 수많은 사람을 만났는데, 이러한 개인적 경험이 가방을 장식하는 일러스트 안에 녹아있다. 론칭 첫해, 전 세계 패션계와 패피들을 단숨에 사로잡았고 지금 이 순간에도 무섭게 성장하는 브랜드다.

▲
귀엽고 펑키한 드로잉과
일러스트로 가득한 Barbara Rihl
의 가방

디자이너 바바라 릴은 자신의 세계를 '예술Arty', '발랄함Cheerful', '스토리텔링Storytelling'이라는 세 단어로 요약한다. 더불어 '약간의 유머, 자존감, 용기, 열정만 있으면 세상은 당신의 것이다!'라는 모토를 가지고 있다. 철학에 맞게 그녀의 컬렉션에는 유머, 약간의 광기, 용기, 젊음에 대한 존중이 담겨 있다. 가끔 위로와 격려의 메시지도 써넣는다고 하니 느

굿하게 찾아볼 일이다.

마지막으로 이 브랜드의 선배 바이어로서 후배들에게 전하고 싶은 팁 하나가 있다. 외국에서는 PVC나 진짜 가죽이나 큰 가격 차이가 없다. 일명 '3초 백'으로 알려진 루이비통의 모노그램백 역시 가죽이 아니다. 가죽과 견줄 만큼 좋은 퀄리티를 자랑하는 PVC다.

하지만 잘 알다시피 우리나라 고객은 절대적으로 가죽을 선호한다. PVC 가방이 아무리 예뻐도 가격이 비슷하면 가죽 가방을 선택하는 게 우리나라 소비자의 심리다.

바바라릴은 가죽 가방과 PVC 가방의 비율이 대략 5:5 정도다. 디테일이 강한 일러스트를 그려내는 데는 아무래도 PVC가 유리할 수밖에 없다. 디자인 역시 PVC 가방이 훨씬 귀엽다. 하지만 가격은 PVC와 가죽이 비슷한 수준이다.

수년간 세일즈를 한 결과, 같은 값이면 우리나라 고객은 가죽을 선호한다 디자인이 PVC보다 뒤처져도 그렇다. 그러니 가능하면 가죽으로 된 재질을 바잉하는 게 좋다.

Cecilia Ma *since 2013*

| Low Contemporary | Hong kong | Cecilia Ma |

 2013년 파리 트라노이에서 눈에 띄는 작은 부스 하나를 발견했다. 1960년대로 돌아간 듯한 착각이 들 만큼 앤티크한 분위기를 풍기는 핸드백이 진열된 곳이었다 살짝 장난감 같기도 했지만 여성스럽고 귀여웠다. 퀄리티와 디자인에 비해 가격도 매우 훌륭했다. 홍콩 디자이너 세실리아 마Cecilia Ma가 자기의 이름을 따서 만든 홍콩 브랜드 세실리아마였다.

 세실리아 마는 '2015 보그 탤런트Vogue Talent 2015'를 거머쥐었고 홍콩 레인크로포드백화점이 수여하는 '2016 차세대The Next New 2016' 상을 수상할 정도로 실력을 인정받은 디자이너다.

 그녀는 아주 어린 시절부터 옷을 디자인하고 만드는 것을 좋아했으며 여행, 예술, 프랑스 영화, 아르 데코art deco, 기하학

▲
홍콩의 작업실에서 수작업으로 탄생하는 Cecilia Ma의 클러치. 모양과 문구가 다양하고 앙증맞다

적 무늬와 강렬한 색채를 특징으로 하는 장식 미술의 한 양식**와 빈티지 아이템에 관심이 많았다.**

2011년 예술적 영감과 디자인 철학을 현실로 구현하기 위해서 자기 이름을 딴 RTW 브랜드를 론칭했다. 2012년에는 가방 외 다른 액세서리 라인을 출시했다.

트라노이에서도 단연 눈에 띄던 직사각형 클러치 라인은 미디어의 시선 역시 한눈에 사로잡았다. 세실리아마의 직사각형 클러치는 여러 이미지로 변신할 수 있는 신기한 아이템이다. 청바지에 티셔츠 하나 걸쳐 입고 클러치에 끈을 달아 크로스로 매치하면 남과 다른 개성을 표현할 수 있는 유니크한 아이템이 된다. 이브닝드레스에 매치해도 전혀 어색하지 않다. 여러 패션 매거진에 소개된 바 있고 아시아, 유럽, 미국, 중동의 편집숍과 명품 백화점에도 입점해 있다. 우리나라 편집숍에서도 쉽게 찾아 볼 수 있다.

이 브랜드의 강점 중 하나로 디자이너의 애티튜드를 빼놓을 수 없다. 매 시즌 열심히 초대장을 보내는 열정, 한 시즌도 거르지 않고 트라노이에 참석하는 성실함, 디자이너 자신이 직접 바이어를 만나고자 하는 적극성 역시 감동이다.

풀 컬렉션으로의 성장을 지켜보고 싶은 브랜드다.

Fun Accessory

Charlotte Olympia *since 2008*

| Luxury | 🇬🇧 London | Charlotte Olympia Dellal |

약 3~4년 전부터 슬립온, 단화 등 편하고 실용적인 신발이 큰 인기를 누렸다. 눈에 띄는 아이템이 몇 개 있었는데 고양이를 모티브로 한 샬롯올림피아*Charlotte Olympia*의 단화가 그중 하나다.

응용력이 매우 높은 우리나라 특성상, 단순 카피를 넘어 창의력이 돋보이는 유사 디자인이 많다. 그래서일까? 최근 귀 달린 고양이 신발이 유독 눈에 많이 띄긴 했다.

자신의 신발만큼이나 귀엽게 생긴 디자이너 샬롯 올림피아 데럴*Charlotte Olympia Dellal*은 1960년대 할리우드를 누볐던 아름다운 여배우들과 그 시대의 화려한 패션을 동경한다. 그 시대의 사랑과 향수에서 영감을 받아 럭셔리 슈즈와 액세서리 디자인을 시작했을 정도다.

◄◄
다양한 표정의 키티 플랫슈즈와
키티 가방 컬렉션

자신의 꿈을 현실화하기 위해 런던 코드웨이너스대학 Cordwainers College에서 신발 디자인을 공부했다 지미추가 졸업한 곳이기도 하다. 이곳에서 그녀는 자신의 머릿속에 있던 디자인을 고급스러운 신발로 구체화하는 과정을 공부했고, 2008년 졸업과 동시에 샬롯올림피아를 론칭했다.

우리나라에는 키티 플랫슈즈 시리즈가 주로 알려져 있지만, 귀엽고 화려한 디테일이 재미난 아일랜드 플랫폼 일명 가보시, 판도라 클러치 박스 등 여성스럽고 장난기 넘치는 시그너처 아이템이 많다.

모든 제품은 최고급 소재로 이탈리아에서 수작업으로 만들어지며, 신발 바닥은 금색 거미줄 무늬로 마무리된다.

거미줄 무늬는 샬롯올림피아의 브랜드 로고이기도 하다. 거미줄에 곤충이 걸리듯 귀엽고 톡톡튀는 브랜드의 매력에 한번 걸려들면 고객도 쉽게 빠져나가지 못한다는 것을 상징적으로 표현하고 있다. 전 세계 셀럽과 패피들의 사랑을 한 몸에 받고 있으니 그녀의 바람은 이미 이루어진 게 아닌가 싶다.

영국의 헤롯백화점, 미국의 버그도프굿맨과 니먼마커스 백화점, 파리의 쁘렝땅백화점과 일본의 이세탄백화점에도 당당히 한 섹션을 차지하고 있는 브랜드다.

참고로 얼마 전 일본 신주쿠의 이세탄백화점을 방문했다. 우리나라 고객이 많이 신는 키티 플랫슈즈 시리즈는 작은 섹션에 불과했고, 앞굽에 플랫폼이 있는 하이힐이 많았다. 그들의 다양성이 부러운 순간이었다.

Fun Accessory

Chiara Ferragni

| Contemporary | 🇮🇹 Italy | Chiara Ferragni |

블로거라는 단어조차 생소하던 2009년, 스물한 살의 이탈리아 법대생이 더블론드셀러드닷컴 theblondesalad.com이라는 블로그를 만들었다. 당시만 해도 그녀가 2015년 <포브스> 선정 '30세 이하의 30인 아트 스타일 부분'에 들 정도로 막강한 파워를 발휘할지 아무도 몰랐다. 키아라 페라그니 Chiara Ferragni의 이야기다.

Designer : Chiara Ferragni

그녀는 주로 캐주얼룩을 많이 선보이는데 다양한 컬러와 패턴을 믹스 앤 매치하는 것을 두려워하지 않으며 그 어떤 스타일도 완벽하게 소화해낸다. 웬만한 모델도 울고 갈 정도의 미모를 지닌 그녀이기에 몸빼바지를 입어도 패션이 될 것이다.

패션 파워 블로거로 유명해진 키아라 페라그니는 곧 전 세계 유수의 패션 잡지 표지를 점령했다. 루이비통, 캘빈클라인 등 명품 브랜드와 콜라보를 할 정도로 지명도와 영향력도 높아졌다. 그녀가 들면 세계가 들었고, 그녀가 입으면 세계가 입었다. 한마디로 살아있는 홍보물이 된 것이다.

이런 기회를 이탈리아 펀드가 놓칠 리 없다. 이탈리아 펀드를 등에 업은 그녀는 곧바로 자신의 이름을 내건 키아라페라그니 슈즈 브랜드를 론칭했다. 시그너처 아이템은 윙크를 모티브로 한 슈즈. 그녀의 인스타그램, 블로그는 새로운 아이템이 나올 때마다 자신의 브랜드로 도배가 된다.

이탈리아 브랜드 치고는 가격도 높은 편이 아니다. 슈즈 브랜드의 성공을 불러온 윙크 모티브는 휴대폰 케이스, 가

▲

Chiara Ferragni의 시그너처인 윙크 모티브를 이용한 다양한 아이템

방, 티셔츠, 스웨트셔츠까지 이어지고 있다.

다만 몇 년째 메인 테마로 사용하고 있는 윙크 모티브에서 벗어날 때가 되지 않았나 싶다. 어떤 형식으로 업그레이드될지는 두고 볼 일이다.

파워 블로거, 파워 인스타그래머이자 디자이너인 키아라 페라그니가 패션 아이콘으로 건재하는 한 그녀의 브랜드는 계속 커질 것이다. 엄청난 규모의 펀드가 버티고 있으니 아마 수년 내에 토털 컬렉션 브랜드로 성장하지 않을까 싶다.

Fun Accessory

Itu'

| Contemporary | 🇫🇷 Paris | Yoshi Itu' |

2017년 3월 파리 출장에서 이 브랜드를 만난 것은 우연을 가장한 필연이라고 말하고 싶다.

2017 FW 메인 컬렉션이 진행되던 3월 초 파리는 '10년 만에 맞이하는 최악의 날씨'라고 할 정도로 연일 비가 내렸다. 웬만해선 우산을 들지 않는 성격 탓에 장대비가 내리면 움직이지 않고, 가랑비가 내리면 비를 맞으며 쇼룸을 돌아

Designer : Yoshi Itu'

다녔다.

 다음 쇼룸 미팅을 위해 마레 지구를 걷고 있는데 엄청난 장대비가 쏟아지기 시작했다. 비를 피하기 위해 가까운 곳에 있는 작고 귀여운 숍으로 들어갔는데, 그곳에서 말도 안 되게 귀여운 스니커즈를 발견했다. 이츄ltu'의 신발이었다.

 흰색 가죽 스니커즈에 무지개 도트가 장식된 신발은 정말이지 예뻐도 너무 예뻤다. 신발 아래에는 메이드 인 프랑스가 선명하게 찍혀있는데, 품질에 대해 더 말해 무엇 하겠는가?

 매장 직원에게 한국 어카운트가 있는지 묻고 디자이너나 브랜드 대표와의 미팅을 부탁한 후 명함을 두고 왔다. 그날 밤 다른 미팅을 끝내고 호텔로 돌아오니 자신의 스토어에서 만나자는 디자이너의 메일이 도착해 있었다.

 디자이너 요시 이츄Yoshi Itu'는 단순한 디자이너라기보다는 예술가에 가까운 사람이다. 노란색 체크 스커트에 주황색 스타킹을 신고 약속 장소에 나타난 그. 게다가 머리는 빨주노초파남보로 염색된 상태였고 손끝에는 화려한 매니큐어가 빛나고 있었다. 얼핏 들으면 패션 테러리스트 같지만 그 모든 조합이 묘하게 어울렸다. 무엇보다 카리스마가 철철 넘치는 눈빛이 인상적이었다.

 일본인인 요시 이츄는 파리가 주는 예술적 영감에 반해 그곳에 기반을 잡았다. 마레 지구에 플래그십 스토어를 내고 예술가로 활동하고 있다. 그에게는 흰색 가죽 스니커즈도 하나의 캔버스일 뿐이다. 화가가 빈 캔버스를 자신의 영감으로 채워나가듯 그 역시 흰색 운동화 위에 자신의 영감을 쏟아붓는다. 얼핏 비슷해 보이지만 100퍼센트 핸드메이드 작업으

Fun Accessory

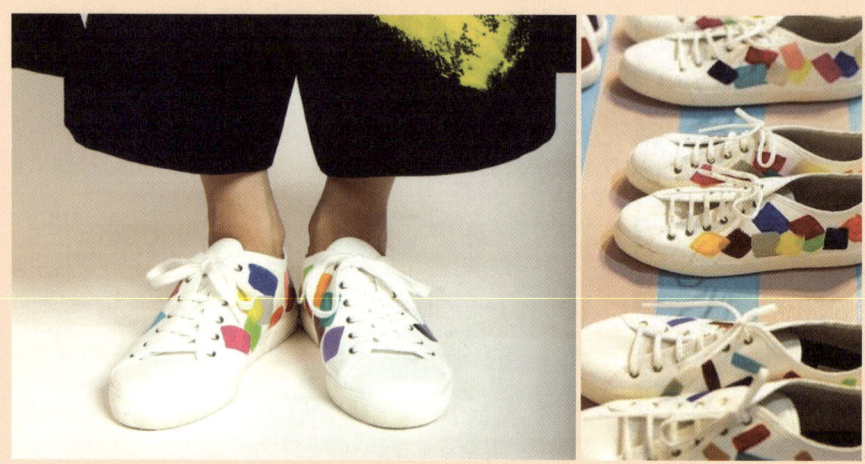

로 같은 모양은 단 하나도 없다.

 패션에 민감한 일본 바이어들의 러브콜로 오모테산도와 롯폰기 힐즈에서 팝업스토어를 진행했는데 약 33만 원이라는 가격에도 완판 행진을 거듭했다고 한다.

 여러 패션 미디어와 비비씨러시아 BBC russia에 소개되었으며, 하얏트 그룹 계열의 럭셔리 호텔 Hyatt Group Luxury hotel 안다즈도쿄 Andaz Tokyo에도 다양한 그의 예술 작품 신발 포함이 소개된 바 있다.

 처음 만난 순간부터 지금까지 나는 그에게 끊임없이 한국 시장의 중요성을 강조해왔다. 오랜 시간 그를 설득한 결과, 프랑스 최고급 가죽 신발에 예술가가 손으로 직접 그린 작품을 한시적으로나마 소개할 기회가 생겼다. 그것도 매우 특별한 가격에 말이다 요즘 같은 불경기에 신규 브랜드는 반드시 가격 경쟁력을 갖춰야만 한다.

 샘플 슈즈를 본 마이분 외 많은 어카운트가 앞다투어 오

▲
행위예술가이기도 한 디자이너
Yoshi Itu'의 작업 사진

더를 넣어왔다. 편집숍 매니저들 역시 열광적인 반응을 보였다. 2017년, 한국의 다양한 패피들의 발끝을 예술 작품이 그려진 하얀 스니커즈가 수놓고 있다. 가볍고 편안한 신발이다. 무엇보다 발을 매우 작아 보이게 하는 효과가 있어서 큰 발이 콤플렉스인 고객들에게 좋은 아이템이 될 것이다.

2017년 SS에는 슈즈만 소개하고 있지만 가방, 모자 등 풀 컬렉션을 지향하고 있다. 톡톡튀는 예술가 디자이너의 톡톡 튀는 행보가 기대되는 브랜드다.

Les Petits Joueurs since 2013

| Luxury | 🇮🇹 Italy | Mariasole Cecchi |

레뻬띠주 Les Petits Joueurs는 클래식&베이직한 형태의 가죽백에 기발하고 재미난 아이 같은 상상력을 접목하여 세계적으로 성장한 브랜드다. 아마도 레고 블록을 핸드백에 접목한 최초의 브랜드가 아닐까 싶다.

전통적인 고급 핸드백이 주는 세련되고 지적인 이미지에 레고 모형 패치로 키치 감성을 더해 론칭과 동시에 전 세계 패션계의 이목을 끌었다. 레고 블록으로 LOVE라는 장식을 만든 '알렉스아이즈 Alex Eyes 시리즈'가 바로 그것이다.

알렉스아이즈시리즈는 곧바로 <보그> <엘르> <바자> 등에서 앞다투어 다루었고 곧이어 전 세계 셀럽과 패피들이 들고 나오기 시작했다. 론칭과 동시에 전 세계 유명 편집숍에도 모두 입점되는 쾌거를 이뤘다.

레뻬띠주는 '어린 여자아이'를 일컫는 프랑스어다. 브랜드 이름처럼 아이들 놀이용 레고와 전통적인 럭셔리 가죽백의 접목이라는 소재의 모순에서 오는 위트와 디자이너의 과감함이 돋보인다.

가죽에서부터 레고 블록까지 최고의 소재만 고집하며 피렌체의 공방에서 수작업으로 만든다. 100퍼센트 메이드 인 이탈리아다.

현재는 다양한 브랜드에서 고급 소재를 바탕으로 재미난 가방을 많이 만들지만 레뻬띠주가 론칭했을 때만 해도 이 브랜드의 아이템은 꽤나 신선한 충격이었다.

아래를 바라보고 있는 눈동자, 하트, 곰돌이, Love 등 레

Fun Accessory

고 블록을 이용한 강렬한 디자인이 특징이다. 위트 넘치는 그래픽과 팝아트 패턴으로 브랜드 특유의 볼드하고 활기찬 미학을 표현한다. 재미나고 생동감 넘치는 컬러는 브랜드의 유니크함을 더하고 있다.

파리 트라노이에서 작은 부스로 시작했던 레뻬띠주는 이듬해 더 큰 부스로 그 다음 해에는 더 큰 부스로 옮겼다. 그리고 어느새 가장 핫한 액세서리 쇼룸이라고 할 수 있는 마시모보니니Massimo Bonini의 한 룸을 차지했다어느 순간 트라노이에서 사라졌다.

레뻬띠주처럼 급성장하던 브랜드가 갑자기 트라노이에서 사라지는 경우가 종종 있다. 이럴 경우 가장 먼저 모노 쇼룸을 만든 것은 아닌지 알아봐야 한다. 브랜드가 커질 만큼 커지면 더 이상 새로운 고객이 생기지 않는다. 이런 브랜드는 독자적인 모노 쇼룸을 낼 수밖에 없다. 아니면 좋은 고객을 많이 확보하여 막강 파워를 발휘하는 쇼룸으로 들어갔다는 의미일 수도 있다.

만약 주의 깊게 보던 브랜드가 갑자기 트라노이에서 사라진다면 모노 쇼룸을 찾아보거나, 그 브랜드에 어울리는 분위기를 가진 커다란 멀티 라벨 쇼룸을 둘러보면 된다.

여담이지만 꼭 하고 싶은 이야기가 있어 사족 아닌 사족을 덧붙인다. 내가 이 브랜드를 처음 본 것은 약 4~5년 전 파리의 트라노이에서다. 레뻬띠주의 가방을 모두 살펴본 후 쇼룸 세일즈 매니저에게 가격을 물어봤다. 독특한 디자인과 높은 퀄리티에 반해 살짝 높은 가격임에도 불구하고 오더를 결심했기 때문이다.

본격적인 오더 전 국내 어카운트를 물어보니 전무한 상황

▲

Les Petits Joueurs의 다양한 레고 블록 컬렉션

▶
장난스럽게 올라앉은
커다란 퍼볼이 돋보이는
FW 시즌 핸드백

이라 제품 사진을 찍고 룩북을 받아왔다. 그런데 한국에 돌아오니 상황이 급변해 있었다. 내가 한국에 돌아온 사이 많은 국내 편집숍이 그곳을 다녀갔고 그들 역시 오더를 준비하고 있다는 소식이 들려온 것이다.

다른 편집숍이 하는 것은 웬만하면 피하는 성격이라 그대로 오더를 취소했다. 이와 비슷하지만 더 귀엽고 가격 좋은 브랜드를 반드시 찾아내리라고 다짐하면서. 이는 절대 흔들리지 않는 나의 바잉 철학이자 1세대 편집숍 중 유일하게 살아남을 수 있었던 가장 큰 생존 이유이기도 하다.

Joshua Sanders

| High Contemporary | 🇮🇹 Italy | Joshua Sanders |

Designer : Joshua Sanders

키아라 페라그니가 자신의 유명세와 더불어 펀드의 힘으로 브랜드를 출시했다면, 조슈아 샌더스 Joshua Sanders 는 비토리오 코델라 Vittorio Cordella 라는 비즈니스맨의 힘으로 세상에 나올 수 있었던 브랜드다.

비토리오 코델라는 재능을 가진 디자이너를 찾아 브랜드를 론칭할 수 있도록 투자하고, 자신이 보유하고 있는 판로를 통해 상품을 팔아준다. 나아가 전 세계적으로 브랜드 이미지를 높일 수 있는 컨설팅까지 해준다.

비토리오 코델라는 2012년 파리에서 조슈아 샌더스라는 신진 디자이너를 발굴한다. 죠슈아는 그에게 '스트리트 꾸뛰르 Street Couture'라는 새로운 컨셉의 브랜드를 제시한다.

보통 스트리트웨어라고 하면 우리나라 명동이나 가로수

- 408 -

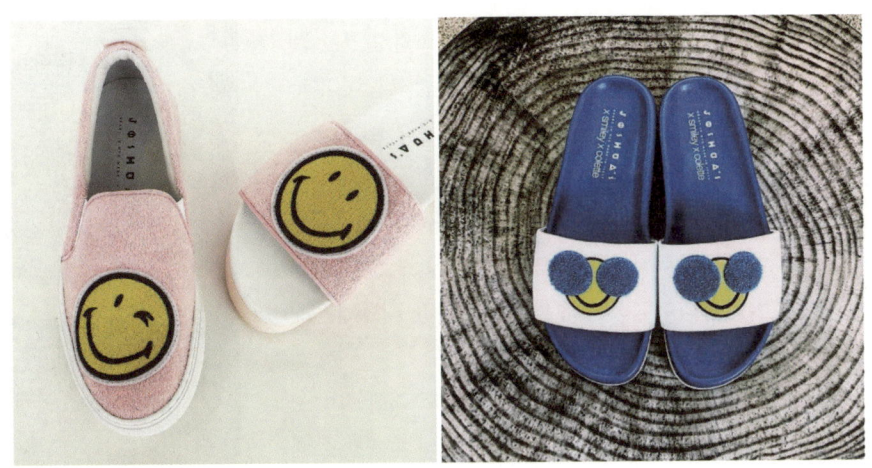

 길 등에서 볼 수 있는 캐주얼하고 영한 옷가격도 저렴하다을 말한다. 반면 꾸뛰르는 명품 의류에 붙이는 하이 컬렉션, 고가 정책을 의미한다. 스트리트 꾸뛰르란 한마디로, 캐주얼의 편안함을 유지하는 고품질 명품 브랜드라는 뜻이다. 요즘 대세인 럭셔리 캐주얼, 럭셔리 스포츠와 가깝다.

 '자고 일어나니 하루아침에 스타가 되었다'라는 말이 있는데 조슈아 샌더스가 바로 그렇다. 그는 평범한 신생 브랜드는 꿈도 꿀 수 없는 이탈리아의 가장 좋은 쇼룸에서 브랜드를 론칭했다.

 론칭 첫 시즌 브랜드가 전 세계 유명 멀티숍에 소개되는 것은 거의 기적에 가까운 일이다. 우리나라의 비싼 멀티숍도 예외는 아니다. 그런데 조슈아 샌더스가 그 어렵고 힘든 일을 해냈다. 비토리오 코델라의 비즈니스 파워 덕분이다.

 2012년에 론칭한 조슈아샌더스는 첫 번째 컬렉션에서 유러피안 감성, 미국 스포츠의 영향, 일본의 귀엽고 펑키한 느낌, 홍콩의 블링블링한 스타일 등 전 세계 문화를 반영한 컬렉션을 선보였다. 우리나라 케이팝의 영향을 받아 한국어 패치가 붙은 아이템도 출시했다.

이 브랜드의 인터내셔널 세일즈 담당자는 한국을 매우 좋아하는 사람이다. 그는 내게 개인적으로 압구정에 자주 방문하며 지드래곤 G-Dragon과 친구라고 했다. 앞으로 한국 대중문화를 반영한 아이템이 많이 출시될 것이며, 지드래곤과 콜라보도 생각하고 있다는 말을 덧붙였다.

펑키하고 아방가르드한 스타일을 지닌 그와 대화하며 느낀 점은, 인터내셔널 세일즈 담당의 아이디어나 호불호도 브랜드에 적극 반영될 수 있다는 것이다.

키아라페라그니가 펑키걸 느낌이라면, 조슈아샌더스는 중성적인 펑키보이 느낌이다. 컬렉션의 메인 파트 역시 키아라페라그니처럼 귀엽고 편한 패치가 잔뜩 붙은 짝짝이 슈즈다.

이 슈즈와 어울리는 백팩과 크로스백, 비니와 모자도 있다. 슈즈만 이탈리아에서 생산하고 있는 키아라페라그니와 달리 모든 아이템이 메이드 인 이탈리아다. 스타일은 스트리트 패션인데 퀄리티는 꾸뛰르 수준이다.

조슈아샌더스의 모토는 '심장은 뉴욕에, 제조는 이탈리아에!Heart in NYC, Made in Italy'다. '스트리트 꾸뛰르'라는 브랜드 콘셉트를 그대로 반영하고 있다.

젊은 브랜드답게 모든 아이디어에 열려 있는 느낌이다. 디자이너는 '패션이란 자고로 힘들거나 어려워서는 안 된다. 패션은 재미있고 열정적이며 에너지 넘쳐야 한다'라는 철학을 가지고 있다. 그의 이런 세계관은 슈즈와 가방 등에

▲
다양한 패치가 재미있는 Joshua Sanders의 2016 FW 컬렉션

- 410 -

그대로 드러난다.

  미국의 대표적인 길거리 스포츠인 농구, 스트리트 스타일, 대중문화, 아이콘 등에서 많은 영향을 받았지만 모든 아이템은 이탈리아에서 정교한 수작업으로 탄생한다.

  조슈아 샌더스의 인기는 럭셔리 캐주얼, 럭셔리 스포츠의 붐이 지속되는 한 계속되리라고 본다.

Q pot *since 2002*

| Contemporary | 🇯🇵 Japan | Tadaaki Wakamatsu |

패션계에 첫 발을 내디딘 2008년, 신주쿠 이세탄백화점을 여행객이 아니라 바이어로 처음 방문했을 때의 일이다. 숟가락과 포크 모양의 귀걸이를 발견했는데 너무 예뻐서 하나씩 구입할 수밖에 없었다.

이 브랜드의 귀걸이는 대부분 한 짝씩한 쌍이 아니다판다. 숟가락&포크, 평범한 숟가락&끝에 반짝이는 큐빅이 달린 숟가락 등 믹스 앤 매치로 액세서리를 구입했던 기억이 있다. 그 브랜드가 바로 큐팟Q-pot이다.

큐팟은 2002년 론칭과 동시에 일본 전역에서 선풍적인 인기를 끌었다. 리미티드 에디션은 출시한지 2~3시간도 안 되어 완판되는 등 일본 내에서 어마무시한 사랑을 받았다.

2012년 액세서리와 똑같이 생긴 초콜릿, 커피, 사탕, 크루아상 등을 판매하는 큐팟 디저트 카페를 도쿄에 오픈했다. 그곳에 한 시간만 앉아 있어도 이 브랜드의 고객 충성도와 인기를 실감할 수 있다.

디자이너 타다아키 와카마츠Tadaaki Wakamatsu는 한때 모델을 했을 정도로 잘 생긴 남성이다. 액세서리를 하는 사람과 그것을 보는 사람을 행복하게 만드는 게 디자이너의 목표다. 달달하고 귀여운 디저트코믹하고 창의적인 형상화 액세서리에 미소가 절로 나오는 걸 보면 이미 그의 목표를 달성했지 싶다.

그는 매년 엄청난 양의 디저트 모형 귀걸이, 목걸이, 참장식, 열쇠고리를 만들어낸다. 케이크, 사탕, 쿠키, 치즈, 초콜릿, 마카롱, 아이스크림, 젤리, 크루아상 등에서 영감의 원

▲
아이스크림 가게처럼 꾸며진 Q pot의 팝업스토어

▲
아이스크림, 마카롱 등 각종 디저트를 모티브로 한 액세서리 컬렉션

천을 얻는다.

타다아키 와카마츠는 자국에서의 성공에 힘입어 세계 시장 진출에 과감한 출사표도 던졌다. 이를 위한 전초전으로 전 세계 바이어가 모이는 파리 트라노이의 공식 후원자가 되기도 했다. 그 시즌 바이어들의 입장 패스가 바로 큐팟의 아이스크림 목걸이였다. 큐팟의 현지 가격을 잘 아는 일본 바이어들이 아이스크림 목걸이를 두 세 개씩 챙겨갔다. 생각보다 훨씬 많은 목걸이를 제공해야 했기에 디자이너가 울상을 지을 정도였다.

그런데 결과적으로 큐팟의 세계화 전략은 실패했다. 이 역시 일본 특유의 홀세일 시스템 때문이다. 볼 때마다 탄성을 자아낼 정도로 정말 예쁘고 귀여운 액세서리인데 높은 도매가격이 안타까울 뿐이다.

Slow and Steady Wins the race

| Contemporary | 🇺🇸 USA | 두 명의 여성 디자이너 |

약 8~9년 전이라고 기억된다. 발렌시아가 모터백, 샤넬의 2.55백, 에르메스 벌킨백을 모티브로 한 옥양목 가방이 있었다. 10~20만 원 사이로 부담없이 가볍게 들을 수 있는 슬로우앤드스테디윈즈더레이스 Slow and Steady Wins the race의 가방이었다.

슬로우앤드스테디윈즈더레이스는 이솝우화 <토끼와 거북이>의 교훈처럼 '느리더라도 꾸준히 성실하게 행동하는 자가 결국에는 승리한다'라는 의미를 담고 있다.

당시 10꼬르소꼬모를 비롯해 웬만한 국내 편집숍에서는 다 만나 볼 수 있을 정도로 큰 인기를 끌었다. 진품과 모조품 사이, 위트 넘치는 발칙한 즐거움이 넘치는 페이크 백 fake bag 이 출시되기 전이라 아이디어가 더욱 돋보이던 브랜드다.

샤넬과 에르메스, 발렌시아가 등 수백만 원대의 가방을 20만 원대 버전으로 만들어낸 것에서 알 수 있듯, 이 브랜드는 하이엔드 디자인이라도 모든 사람이 다가갈 수 있어야 한다는 믿음 아래 만들어졌다. 시대를 반영하는 유니크함을 추구하지만 영구적이고, 보편적인 새로운 형태의 클래식을 창조하고자 노력한다.

론칭 당시만 해도 부직포로 된 가방과 유별난 모양의 선글라스가 전부였지만 지금은 귀걸이, 목걸이뿐 아니라 의류까지 추가된 컬렉션을 선보이고 있다.

이 브랜드의 디자이너들은 패션계에 한 획을 그은 역사적인 브랜드를 끊임없이 관찰하고 공부한다. 각 브랜드의 기

▲
페이크 백 시리즈의
선두주자였던 Slow and Steady
Wins the race의 부직포 가방

본적인 특징을 바탕으로 가장 단순한 패브릭 소재를 이용, 재미나면서도 의미 있는 아이템을 만들어낸다. 자신들이 만들어내는 작품 자체가 살아있는 아카이브가 되도록 노력하는 것이다.

'패션은 계속해서 변해야 한다'라는 고정관념을 탈피하려 노력하며 지적이고 감정적인 반응을 일으키는 디자인은 시간과 공간, 문화의 경계를 넘는다는 것을 온몸으로 증명하고자 한다.

안타깝게도 최근 에르메스 같은 거대 브랜드가 자사 시그너처를 패러디할 수 없도록 각종 소송을 준비하고 있다. 더 이상 옥양목으로 된 샤넬, 에르메스 가방을 볼 수 없겠지만 이들은 상관하지 않는다. 브랜드명과 같이 느리지만 성실한 태도로 자신의 길을 개척하며 컬렉션을 전개하고 있기 때문이다. 뚝심있는 그들에게 아낌없는 응원을 보낸다.

▲
가죽 가방을 선보인
2017 FW 컬렉션

이 밖에도 이탈리아의 럭셔리 액세서리 핸드백 브랜드 안나리사카리카토Annalisa Caricato와 사라즈백Sarah's bag 등 매 시즌 재미난 브랜드가 넘쳐난다. 액세서리야말로 늘 새로운 브랜드가 등장하고 기존 브랜드도 끊임없는 변화를 추구하는 섹션이다.

덕분에 트라노이나 프리미에 클라스에서 두 눈 크게 뜨고 주위를 살펴보면 반드시 한두 개의 새로운 액세서리 브랜드를 찾을 수 있다. 시차 때문에 반쯤 감기던 눈이 보석 같은 브랜드를 발견한 후 절로 동그랗게 떠지는 것을 느낀다. 바이어로서 이런 브랜드를 발견하는 건 그만큼 기쁘고 즐거운 일이다.

Epilogue

패션은 살아 있는 생물이다

　많은 사람이 "옷 잘 입는 것도 노력하면 되나요?" "패션 감각, 즉 고객이 좋아할 만한 옷을 고르는 '감'이라는 것도 노력하면 생기는 것인가요?"라고 묻는다. 이 세상에서 노력으로 안 되는 일은 거의 없다. 패션에 대해 타고난 센스와 감각을 가진 사람도 분명 있지만, 패션 감각이나 센스 역시 노력으로 얼마든지 업그레이드가 가능하다.

　패션 감각을 기르고 싶으면 가장 먼저 인터넷, 잡지, 신문 등을 통해 패션에 관련된 모든 것을 섭렵해야 한다. 낯설고 어색하더라도 이것저것 시도하면서 감각을 키우는 연습이 필요하다. 감각을 기르는 연습으로 다양한 시도와 시행착오만큼 좋은 게 없다. 하루 이틀 그렇게 시간이 지나다 보면 패션 감각이 섬세해지고 각 스타일에 맞는 슈즈, 가방, 액세서리 등의 큐레이션curation이 가능해진다. 하나의 아이템이 아니라 전체를 보는 눈이 생긴다. 감각의 기본 근육이 단단해지는 것이다.

바잉이 연애라면 브랜딩은 결혼이다

'패션에 대한 감'과 '바잉에 대한 감'은 몇 년 배우면 어느 정도 선까지 습득이 가능하다. 그런데 '이 브랜드를 어떻게 전개할 것인지' '이 브랜드를 과연 한국 시장으로 가져오는 게 맞는 것인지' '국내 시장에서 어떤 포지셔닝으로 포장할 것인지' '한 시즌 반짝하고 사라질 브랜드인지 아니면 지속 성장할 가능성이 있는 브랜드인지' 무엇보다 '이 브랜드를 어느 누구보다 사랑할 수 있는지'에 대한 감을 아는 것은 전혀 다른 문제다. 브랜딩은 바잉보다 훨씬 더 큰 책임감이 따르기 때문이다.

패션계에 발을 들이기 전까지 별문제 없이 평탄하게 살아온 내 인생에서 지난 10년은 정말이지 힘들고 치열하고 고통스러운 시간이었다. 하지만 그 시간 덕분에 패션, 특히 편집숍 패션과 유통의 미래 그리고 바잉에 대해 전문가로 인정받게 되었다.

성공적인 브랜드 매니저가 되는 방법을 물어오는 사람이 많은데, 기본적으로 개인의 인성과 그릇 크기가 중요하다고 생각한다. 브랜드 매니저는 현재 브랜드의 가능성과 앞으로의 성장 가능성, 브랜드 디자이너의 철학과 융통성, 자신의 세계관을 지키면서도 마켓의 요구에 귀를 기울일 줄 알아야 하기 때문이다.

디자이너들 가운데 자기 자신을 예술가로 생각하는 사람이 많다. 실제로 창의적인 일을 하는 사람이므로 예술가적 고집과 근성이 분명 필요하다. 하지만 사소한 수정 하나로 판매율이 크게 달라질 수 있는데 디자인의 변경이나 어떤 코멘트도 허락하지 않는다면 그 브랜드의 시장성은 포기해야 한다. 역으로 디자이너가 바이어의 말만 듣고 무조건 디자인을 뜯어고치는 것 역시 경계해야 한다. 디자이너의 근성과 인성을 파악하는 일도 브랜드 매니저의 중요한 업무다.

브랜딩을 책임져야 하는 슈퍼 엠디는 각 브랜드의 비하인드만 갖고도 디자이너의 근성과 세계관을 파악할 줄 알아야 한다. 당장 눈앞에 놓인 시즌, 눈앞의 시장만 보는 사람은 좋은 바이어는 될 수 있을지 몰라도 좋은 브랜드 매니저는 될 수 없다. 능력 미달의 브랜드 매니저이기 때문이다.

만약 잠재력과 가능성을 가진 브랜드라면 기다릴 줄 아는 인내도 반드시 필요하다. 디자이너와 함께 브랜드의 아이덴티티를 유지한 채 마켓을 개발하려는 의지도 있어야 한다. 부족한 부분을 같이 고쳐 나가며 브랜드를 함께 일군다는 목표의식과 사명감도 무시할 수 없다. 마치 자기 브랜드인 것처럼 정성과 진심, 사랑을 담아야만 함께 성장해 나갈 수 있다. 패션 역시 사람과 사람 사이의 일이다. 절대적 신뢰를 보여줄 뿐 아니라 디자이너의 브랜드를 마치 자기 브랜드처럼 사랑한다는 것을 끊임없이 알려줘야 한다. 이 과정을 거치면 아무리 큰 회사가 10배, 100배의 미니멈을 제시해도 그 브랜드는 언제나 나의 브랜드로 남을 것이다.

이미 시작된 유통 빅3의 반란

요즘 우리나라 패션 시장, 특히 브랜드 시장을 보면 재미있는 현상을 하나 발견할 수 있다. 우리나라 백화점도 외국 백화점처럼 '자주 엠디' 영역을 넓혀가고 있다는 사실이다. 참고로 자주 엠디는 해외에서 직접 상품을 구매하여 편집숍을 구성하거나 해외 브랜드 도입을 추진하는 전문적 영역이다. 지금까지 벤더Vender를 통해 운영하던 수입 편집숍을 직접 개발하는 것은 물론이고 바잉, 판매, 재고까지 모두 관리한다.

우리나라 시장에 들어오는 유명 브랜드 가운데 독점인 경우가 많다. 외국처럼 같은 브랜드를 수입해서 바잉으로만 차별화를 둘 수 없는 것이 현실이다. 거대 편집숍이나 마찬가지인 백화점의 생존을 결정하는 차별화를 위해서라도 브랜드 사업은 필수적이다.

이에 향후의 패션 브랜드 사업은 롯데, 현대, 신세계 등 유통업계 빅3 위주로 재편성되리라고 보인다. 사실 유통업계에서 패션 브랜드 사업이 대세가 된 지 이미 오래다.

가장 먼저 신세계를 보면 수입 브랜드로 쉽게 이윤을 낼 수 없는 상황임에도 불구하고 지속적으로 새로운 브랜드를 소개하며 모노 브랜드로 키워내고 있다. 쉽지 않은 길을 묵묵히 걸어가는 그들에게 패션계의 일원으로 경의를 표하지 않을 수 없다.

다만 3.1필립림3.1. Philip Lim처럼 자립할 준비가 아직 되어 있지 않은 브랜드를 섣부른 욕심 때문에 모노 브랜드로 꺼내는 일은 주의해야 한다. 패션 시장의 특성상 한 번 실패한 브랜드는 동일 마켓에서 재기 불가능한 경우가 많다. 단 한 번의 실패가 브랜드에 치명타를 입힐 수 있기 때문이다.

과거 국내 수입 마켓은 신세계가 유일무이한 자이언트로, 대부분의 명품과 하이 컨템 브랜드를 독점하다시피 했다. 그러던 차에 현대백화점이 국내 시장에 강한 패션의류 전문 기업인 한섬을 인수하면서 도전장을 내밀었다.

　모르는 사람들은 현대백화점이 갑자기 이런 결정을 했다고 생각할 수도 있는데, 이는 절대 사실이 아니다. 당장 눈앞의 이익보다 크고 먼 미래를 내다보며 고리타분하고 보수적이라는 현대백화점의 이미지를 바꾸어 나간 전 상품본부의 리더현 현대백화점 사장가 있었기에 가능한 일이었다.

　눈앞에 놓인 실적을 걱정해야 하는 샐러리맨임에도 그는 새로운 브랜드를 시도하는 데 주저함이 없었으며, 자고 일어나면 새로 생기는 브랜드에 대한 공부도 게을리 하지 않았다. 주변의 반대에도 잠재력 있는 브랜드라고 생각되면 뚝심 있게 기다리는 인내심까지 발휘했다. 이는 샐러리맨 마인드로는 절대 불가능한 일이었다.

　그 결과 불과 5년 만에 현대백화점은 신세계, 국내외 패션계에서 상징적 위치를 점유하고 있는 갤러리아백화점과 경쟁할 정도로 패션을 리드하는 백화점으로 자리 잡았다. 어느덧 신규 브랜드를 테스트하는 장이 되었을 뿐 아니라 낡고 보수적이라는 이미지에서 벗어나 패션을 선도하는 핫한 백화점이 되었다.

　롯데는 유니클로와 자라 등을 한국 시장에 들여온 후 스파 시장의 강자로 떠올랐다. 최근에는 스페인 브랜드 빔바이롤라*BIMBA Y LOLA*를 들여와 열심히 키우고 있다. 편집숍에서도 유통 3사 가운데 가장 다양한 시도를 하고 있다. 블라우스 편집숍, 패딩 편집숍, 100퍼센트 위탁으로 진행되는 5온더고*5 on the go* 편집숍 등 차별화된 백화점을 만들기 위해 자주 엠디를 도입한 결과다. 올바르고 적절한 방향이자 긍정적인 시도로 보인다. 유통 3사 중 가장 능력 있고 진취적인 인력풀을 보유하고 있는 것도 강점이라고 하겠다. 구심점이 없는 것이 조금 아쉽지만 그것만 제대로 갖춘다면 수입이나 자주 엠디 분야에서 기대 이상의 성과를 거두리라고 본다.

결국 남은 것은 컨템 브랜드다

다시 한 번 강조하지만 앞으로 유통 3사는 자신만의 콘텐츠를 개발해 더욱 차별화된 백화점을 만드는 데 주력할 것이다. 패션 종사자라면 누구나 알고 있겠지만 요즘 백화점 에스컬레이터 주변 숍을 보면 이런 경향이 더욱 분명하게 나타난다.

각 백화점에서 A급 자리로 분류되는 곳은 누가 뭐래도 에스컬레이터에서 가장 가까운 매장이다. 신세계백화점의 에스컬레이터 주변은 자사 독점 브랜드나 자주 엠디로 둘러싸여 있다. 현대백화점과 롯데백화점도 예외가 아니다.

국내 시장에서 유통업계의 패션 브랜드 사업 진출은 막을 수도 되돌릴 수도 없는 거대한 물결이다. 그럼에도 이를 부정하거나 "유통회사가 패션 브랜드 사업을 하는 건 옳지 않다"라고 말하는 사람이 있다. 이런 그릇된 생각과 잘못된 신념은 암울하기만 한 현 경제적 상황에서 비롯된 일시적 판단착오가 아닌가 한다.

결국 남은 시장은 컨템 브랜드다. 컨템은 명품으로 갈 수 있는 가능성을 가진 창구다. 라이센싱 등을 통해 국내 제조 경험을 쌓는다면 좋은 이윤 구조를 가져갈 수 있는 교두보이기도 하다.

편집숍의 성공을 위해서는 절대적이고 무조건적으로 인내와 시간이 필요하다. 미래의 가능성이 아니라 지금 당장 매출을 낼 수 있는 브랜드만 고집하고, '수익성'이라는 잣대만으로 판단하는 것은 위험천만한 일이다.

신세계는 20년 넘게 크고 작은 시행착오를 겪으며 명품 시장을 선도해 왔고, 한섬은 국내 제조 시장domestic manufacturing market에서 우위를 선점하며 마인과 타임 등 훌륭한 브랜드를 탄생시켰다. 신세계의 분더샵과 마이분, 현대의 스페이스무이Space Mue와 톰그레이하운드가 어느 날 갑자기 이루어진 게 아니라는 사실을 기억해야 한다.

신생 편집숍이 일정 궤도에 오르면 그 어느 모노 브랜드 스토어보다 충실한 고객층을 가지고 안정된 사업을 해나갈 수 있다.

'잠재적인'이라는 뜻의 퍼텐셜potential은 풍부한 과실에 대한 미래의 희망을 품고 있다. 씨를 심고 물을 주고 돌보는 과정이 없다면 미래의 희망인 과실에 대한 약속도 없다.

이 책을 읽는 독자 모두의 소망과 희망이 열매 맺기를 바라는 마음이다.

나는 만물에 생명을 나누어주는 태양이 좋다.
두바이 사막에서 날것 그대로의 태양을 삼키며…

- 슈퍼 엠디 김정아 -

1판 1쇄 인쇄 2017년 8월 28일
1판 2쇄 발행 2021년 2월 2일

지은이 김정아
펴낸이 김영곤
펴낸곳 (주)북이십일 21세기북스

디자인 elephantswimming
영업팀 한충희 김한성 이광호 오서영
제작팀 이영민 권경민

출판등록 2000년 5월 6일 제406-2003-061호
주소 (10881) 경기도 파주시 회동길 201 (문발동)
대표전화 031-955-2100 팩스 031-955-2151 이메일 book21@book21.co.kr

(주)북이십일 경계를 허무는 콘텐츠 리더

21세기북스 채널에서 도서 정보와 다양한 영상자료, 이벤트를 만나세요!
페이스북 facebook.com/jiinpill21 포스트 post.naver.com/21c_editors
인스타그램 instagram.com/jiinpill21 홈페이지 www.book21.com
유튜브 www.youtube.com/book21pub
서울대 가지 않아도 들을 수 있는 명강의! 〈서가명강〉
네이버 오디오클립, 팟빵, 팟캐스트에서 '서가명강'을 검색해보세요!

ⓒ 김정아, 2017

ISBN 978-89-509-7186-1 13320

・ 책값은 뒤표지에 있습니다.
・ 이 책 내용의 일부 또는 전부를 재사용하려면 반드시 (주)북이십일의 동의를 얻어야 합니다.
・ 잘못 만들어진 책은 구입하신 서점에서 교환해드립니다.